JN062524

村山知義の演劇史

井上理恵
INOUE Yoshie

社会評論社

1927 年頃の知義と籌子
(『3 びきのこぐまさん』婦人之友社 1986 年より)

『村山知義の演劇史』目次

第Ⅰ部　村山知義の演劇史――7

第Ⅱ部　演劇的足跡――239

第Ⅲ部　村山知義と朝鮮——277

第Ⅰ部

村山知義の演劇史

第1回　はじまりの時

（『テアトロ』二〇一二年四月号）

村山知義（一九〇一～一九七七）が亡くなって三五年が経った。今年は村山の美術の催しが各所であるらしい。村山美術の研究は盛んでまさに花盛り、種々の研究成果がでているが、村山知義という巨人の演劇史的な位置付けは、未だなされていないように思う。二〇〇五年に研究仲間と出した『20世紀の戯曲3』（社会評論社）の序論に「演劇の100年」（一八六八～一九六八）という演劇史を書いた。その時、左翼劇場以降の現代演劇へ繋がる歴史の研究が手薄であることを実感したのだが、村山知義は、まさにその時代から現代演劇の中心で生きてきた演劇人である。彼の演劇史における足跡を検討すれば新しい〈演劇の100年〉が誕生するのではないかと考えている。

1　美術

日本演劇史上に村山知義（一九〇一～一九七七）は、非常にセンセーショナルな存在として登場した。有名な築地小劇場の「朝から夜中まで」（カイザー作・北村喜八訳・土方与志演出・千田是也主演、一九二四年一二月）の構成主義的装置がそれに当たる。「全七場が、一つの舞台に、恰も巨船の断面のやうに構成されてゐて、ある場ではその右端を、或る場では上層を、また下部を使用するめずらしい舞台を観せる。この舞台装置だけで一つの呼び物になれる。」（都新聞　一九二四年一二月一四日）と称賛されたデヴューの華々しさがそれである。

彼の華々しさはこの時だけではない。その存在の特異さは、十代の頃から目立っていた。今、把捉出来る幾つかの場面での〈知義登場〉を見て演劇史上の村山の仕事へと進むことにしたい。

まず第一高等学校時代、同級生の村山を久保栄は次のように評した。「西寮十二番という部屋で、一八歳の僕がレクラム版の「群盗」を読みふけっていた。同室の同い年の村山知義は、カントとショペンハウァーの研究に、まったく気違いじみた読破力を示していた。（久保栄「ノアの方舟」一九三七年）」

当の村山も一高時代を書き残している。「よくいえば民主主義的、悪く言えば放任主義で、（略）規定の出席日数さえ取れれば、落第などということは殆んどなく、（略）怠けようと思えば、いくらでも怠けることが出来た。（略）私はこれまで通りの勉強癖で勉強したから、たちまち首席になってしまった。（村山知義『演劇的自叙伝』一巻 一九七〇年、以後『自叙伝』）」

装置の真似事のような飾り物も寮の記念祭で作っている。記録に現れている限りでは二度作ったようだ。始めは一年生の時、一九一九年三月で、「吾らの地獄」という「向陵名物の『ストオム』に悩まされる一年生の姿」（久保栄「村山知義の今と昔」一九二九年）を作り、二度目は一九二〇年三月の「青い鳥」の飾り物だ。この製作年はこれまで誤って伝えられている。『自叙伝』の記述を根拠にしていて、実際の上演に当たっていないからだ。わたくしは二〇年前から村山の記憶違いを指摘しているが訂正されず、村山年譜も誤り続けている。

記念祭「青い鳥」の作り物は一九二〇年の事である。

それはこの年二月、民衆座（後の新劇協会）がメーテルリンク作・楠山正雄訳・畑中蓼坡演出「青い鳥」（水谷八重子のチルチル、夏川静江のミチル、友田恭助の犬、於有楽座）を上演したからだ。これはかなりいい出来であったらしく、メーテルリンクが「見に来ても決して不服は言わなかったろう」（「『青い鳥』を見て」一九二〇年）と小山内薫が絶賛した舞台であった。

村山もこれを観ていた。舞台に「驚天動地の感動中」だったという村山は「一高生を幸福の青い鳥を模索する子供にたとえ、チルチルとミチルが部屋の窓から空を見あげているところ」（村山前掲書）を造った。久保栄は「豆電球で照明を施したきれいなメエテルリンク劇の模型舞台」（「ノアの方舟」）と記している。これが舞台装置らしきものを作った最初だろう。

まだある。Gallery TOMが主催した「埋もれて70年　村山知義の未発表の童画展」（二〇〇二年一二月〜翌年一月）によると、はやくも五年生で日本水彩画展に入選し、そして一九二〇年八月には児童雑誌『子供之友』（婦人之友社）にTom（トム）のサイン入り挿絵を書き始めている。童画は亡くなる前まで続く生涯の仕事になった。村山は、「荒々しく粗暴な画は好きになれなかった。合理的で緻密な画が好きなのである。」（『自叙伝』二巻）という記録をのこしている。そういわれて見ると、画は確かに緻密だが、合理的といえるかどうかは議論の余地があるだろう。

いずれにしろ村山知義は、十代の終りに美術でまず芸術領域のスタートラインに立ったのである。そしてこの後彼には転機が二度訪れて、演劇へと歩みを進めたとわたくしは見ている。

2　留学――ダンス

初めの転機はベルリン留学（一九二二年一月〜二三年一月）だった。ここで彼の中に潜んでいた〈新しもの好き〉が開花してダンスに夢中になる。「一九二二年にベルリンで開かれた舞踊発表会で私の見なかったものはない程」（『自叙伝』）と記録されたように舞踊にのめり込む。そして「最後的に魅せられたのが、ニイツディー・イムペコーフェン」であった。

当時ベルリンは「新しいダンスの創造」で湧き立っていて、ディアギレフの〈ルシアン・バレエ〉、ボルランの〈スウェーデン・バレエ〉が来演していた。村山はそれらを観て感動したと『自叙伝』（二巻）に記録している。

なお、ディアギレフのバレー・リュスを再現した舞台は、今、見ることが出来る。一九九〇年一月収録のパリ・オペラ座の“PARIS DANCES DIAGHILEV”（ワーナー・ヴィジョン・ジャパン）のＤＶＤに収録されている。

ニジンスキー振り付けの『牧神の午後』もあり、村山がどんな斬新な舞台を観ていたのか、知ることができる。お勧めのDVDだ。

村山はバレエ・ルュスではなく、なぜ〈ニイツディー・イムペコーフェン〉に夢中になったのか……とわたくしは思う。もしかすると、それは彼女が〈変わった美少女〉であったから……という憶測も可能であるかもしれない。村山――岡内壽子も〈変わった美少女〉だったから。

イムペコーフェンとの出会いは、後年綴った『自叙伝』(一巻)にかなり詳細に記されている。余程衝撃が大きかったと推測され、この感動は帰国後にセンセーショナルな行動になって出現する。そしてこれが結果的に演劇への道を拓く。

五十殿利治の「村山知義の意識的構成主義――ダダの破壊」(『彷書月刊』六号)に、帰国後の村山のセンセーショナルな登場が述べられている。五十殿は「新ダダが旧ダダを駆逐した」と評した。「構成派と感触主義」に関する諸論、「村山知義の意識的構成主義的小品展覧会」(全三回)、「マヴォ」の結成、ブーベンコップの頭髪で踊るダンス、意識的構成主義者としての身体的な主張等々、決して眉目秀麗でも長身でもない村山だが、若さと新しさという一点で一九二三年の、東京という都会で最先端の衣服を纏って〈旧いもの〉を壊す存在として華々しくデヴューしたのである。

この時、未来派協会に失望して新しい組織を作ろうとしていた柳瀬正夢や尾形亀之助と知り合い〈マヴォ〉を結成する。そして二度目の転機が訪れる。社会革命思想との出会いだ。

3 柳瀬正夢&〈マヴォ〉

柳瀬正夢(一九〇〇～一九四五)が道を拓く。村山に尾形亀之助や柳瀬正夢について触れた「二十三歳」(『自叙伝』二巻)に興味深い記述がある。

「柳瀬は私を社会主義に導こうと骨を折ってくれた人であり、日本の無産階級が持った誇るべき漫画家」だといって、村山よりも早熟だったという柳瀬の行動を好意的に記述している。実はこの記述にも幾つかの誤りがあるのだが…。柳瀬の年譜を見ると、人と人とのつながりで彼が成長し、世界が拡がるのがよく分る。〈マヴォ〉の同人で、村山の思想のへ道を拓いた存在であり、日本の思想的な演劇集団を興したメンバーの一人だから少し見てみよう。

柳瀬正夢は、一九〇〇年一月松山に生まれた。松山第四尋常小学校で丸山定夫と同級になり、この後長く付き合うことになる。貧しさゆえに何度も引越しを繰り返すが、図画が得意であったから柳瀬の未来への夢は無限に拓かれていた。父の反対を押し切って、門司尋常高等小学校卒業後に上京、日本水彩画研究所に入所して絵の勉強をする。

そして一九一五年に第二回日本水彩画会に〈午後の会社〉が初入選。このとき既に正夢のファンの会〈ブラジル会〉が出来て第一回個展が九州で開催されている。一〇月には第二回院展に〈河と降る光と〉が入選、小宮豊隆が『新小説』（一一月号）に批評を載せている。たしかに村山が言うように〈早熟〉だ。「無名の少年に祝電、新聞社のインタビューがあり天才少年とさわがれた」。

一五年八月に柳瀬は「社会主義に触れた」。堺利彦の売文社社員で「へちまの花」に執筆していた松本文雄と小倉の洋画三人展で知りあい啓蒙されるのだ。はやくも一七年には、「黒田清輝の裸体画に対する警察の干渉」に美術講演会で言及し、初めて検束される。

その後長谷川如是閑と知り合い、可愛がられて交友も広がり、職も得る（読売新聞社編集部勤務）。この間に未来派に興味を持ちだす。

一九二一年、ヴェルレーヌ没後二五年際で小牧近江・佐々木孝丸・金子洋文らを知り、『種蒔く人』の発刊で同人となり、創刊号の装丁をする。これは大評判を呼んだ。未来派美術協会第二回展覧会に出品し、「未来派の中のダイナミックな社会的要素の追求を試みる」と日記に記録していた。ロシア飢饉救済の美術展にも出展。この頃柳瀬の漫画を有島武郎が「認めてくれて」柳瀬は大いに感激している。

童画を描いていた村山は、二一年に一高を卒業し、叔父たちから借金をして一一月に渡欧する。村山がドイツで舞踊を見ている頃、柳瀬は第三回展〈三科インデペンデント〉にも油彩や彫刻を出展していた。

一九二三年に柳瀬は演劇運動にも関わるようになる。村山知義はこの年一月に帰国していた。そして自宅――「たった千円の家」にアトリエを設け、「三角の家」と呼ばれるようになる家の改装をし、何度も意識的構成主義的個展を開いていた。

4 先駆座

関東大震災前後の東京の芸術文化状況は、活気に満ちていた。先頭を切ったのはフランス現代思想を核として演劇運動を展開するグループ――秋田雨雀・神近市子・佐々木孝丸・能島武文・佐藤誠也・柳瀬正夢などの小さな演劇集団〈先駆座〉であった。新宿中村屋の相馬愛蔵・黒光夫妻の援助で、一九二三年三月麹町にある中村屋所有の邸宅内土蔵で表現派風の作品――雨雀「手投弾」、ストリンドベリー「火あそび」を上演、柳瀬は装置を担当した。観客は会員制で一番が島崎藤村、二番が有島武郎であったという。

この年一月には菊池寛が『文藝春秋』を創刊し、四月に『エコノミスト』と『赤旗』が創刊、日本共産青年同盟が結成される。そして六月に有島武郎が自死し、社会主義者が射殺される。六月二〇日、帰国した村山を誘って、尾形・柳瀬・門脇・大浦ら五人で〈マヴォ〉が結成され、第一回展覧会が浅草伝法院で開催される。柳瀬は一八作品出展、村山は〈劇の幕の図案〉他、数点出展した。

そんな時の九月一日に関東大震災が襲う。朝鮮人虐殺が公然と行われ、南葛労働組合員で演劇運動を進めていた平沢計七が軍隊に殺され、『民衆演劇論』を訳したアナーキスト大杉栄と『青鞜』の伊藤野枝が特高の甘粕憲兵大尉らに殺された。天災は権力の狂気の暴走を生み、社会変革は潰される。秋田雨雀は、震災時の朝鮮人虐殺を取り上げて「骸骨の舞跳」という表現主義の一幕物戯曲を書いたが、これが掲載された『演劇新潮』（一九二四年一月創刊）の四月号は直ちに発売禁止にされた。国家の暴力と若者たちの新興芸術は、同時期に起ったのだった。

若者集団の先駆座は、震災で土蔵が崩壊してこのあとの上演は不可能になる。そして早稲田のスコットホール（第二回一九二四年四月二六日、二七日　ストリンドベリー「仲間同士」、秋田雨雀「水車小屋」、A・フランス「運まかせ」）と万世橋アーケード（第三回　一九二五年四月二二〜二四日　オニール「鯨」、雨雀「アイヌ族の滅亡」、長谷川如是閑「エチル・ガソリン」）で二回の公演を持つ。その後このグループが核となって二年後には労働争議の現場へ芝居を出前するトランク劇場結成へと繋がるのだが、佐々木孝丸は「資本家と労働者との対立関係を描いた表現派風な風刺喜劇」の「エチル・ガソリン」上演がトランク劇場から前衛座へ行く一里塚になったと書く（『風雪新劇志』）。土蔵劇場で旗上げした先駆座は日本の革命的演劇運動の〈先駆〉となったのである。

村山知義はこの時期の先駆座には関係しなかった。第一回公演の頃は、展覧会の準備と童話作家岡内壽子との恋愛で忙しかったのだ。それにまだ柳瀬と知り合っていなかったのかもしれない。柳瀬が村山の持ちかえったグロッス作品集をみて強い影響を受けるのは四月で、尾形と柳瀬が未来派協会に失望し、新たな集団を画策していたのは五月であるからだ。そして最後の第三回公演を見た村山は、「私が日本の多少とも社会主義的な芝居を見た最初の経験」（『自叙伝』二巻）と記した。

柳瀬は、当時の村山や〈マヴォ〉のことを次のように書き残している。これは村山も『自叙伝』で触れている一文だ。

「大正十一年に明けて経済的挫折と共に『未来派美術協会』は解体した。解体の前提として尾形君との間に策謀が用意されてゐた。五人の同人組織で『マヴォ』が成立された。（略）帰朝早々の新鋭村山知義君の顔が並んだ。当時村山君は保守的芸術至上主義者であつた。

そのころ村山君に新らしいフォルムには社会主義思想の核が必要である事を説いたが容れなかつた。その頃は私自身さへアナーキズムとコムミユニズムの判然りした区別がつかなかつた、（略）かくて私には抽象的なもの以外に繪画運動に於ける具体的な懸案の持ち合わせなかつたのも無理はない。村山君と僕はよく争つた。私は団体に汪溢するヒロイズムを軽蔑した加へて貧困のために分担出資の滞納で、マヴオ運動が第三期第四期と転廻して行くうちに知らず知らずに遠退してしまつた。絵画運動の社会主義化に此の未熟者は見事失敗した。」（復刻「自叙傳」『ねじ釘』1号）

この後、柳瀬とは革命的芸術運動を共にするようになるが、この時期には村山は〈社会主義〉には惹かれなかったのである。

5　築地小劇場の登場

関東大震災は旧い建物を壊し、東京は街全体が新しく生れかわざるを得なくなる。東京中の劇場も一新する。新築の劇場は全て椅子席になり、遅ればせながら劇場にも近代がやってくる。そして一九二四年六月、どこよりも早く若者の演劇の殿堂となる築地小劇場が登場した。京橋区築地二丁目二五番地（借地二四〇坪、建坪八〇坪）に建築費約一〇万円をかけ、中栄一徹・浦田竹次郎設計で舞台間口四〇尺、奥行二五尺、高さ四〇尺の小劇場ができた。特徴は舞台奥にクッペル・ホリゾントがあり、舞台前面中央にプロンプター・ボックスがつくられたことだった。

土方与志が私財を投じて建設し、集団は同人組織で、小山内薫・土方与志・友田恭助・和田精・汐見洋・浅利鶴雄の六名であった。客席は一階のみで傾斜があり、六人掛けの木のベンチが並び、収容人数約四五〇名。観客数千人以上の大劇場が大半の東京の劇場の中ではまことに少ない客席数であったから小劇場と名付けられたのだ。この劇場で芝居をする演劇集団には、集団名がなかった。土方・小山内の座付き演劇集団であったから名前を付ける必要がなかった。ただ他集団に劇場を貸すようになると紛らわしくなって後年誤解されることになる。*

この劇場の存在は、青年達の現在と未来に大きく影響した。もちろん村山もその一人であった。「これはわれわれ、当時の芸術青年にとっては大事件であり、もしこの劇場が生まれなかったら、私の演劇人としてのその後の発展はもちろん、日本の演劇史はずいぶん変わったものとなっていたろう。そしてその変わり方は、ずいぶんマイナスの方向へであったろう。」（『自叙伝』二巻）と村山は記している。この指摘は的を射たものと、わたくしは思う。

いよいよ築地小劇場へ村山の歩みは向かう。「海戦」「白鳥の歌」「休みの日」で一九二四年六月に開場した築地小劇場は、「新しい機構の劇場での、ヨーロッパの新しい戯曲の本邦初演の連続」で「全くワクワクする饗宴の連続だった」と築地小劇場の新興芸術を村山は熱をこめて記している。そして土方与志に、「僕に舞台装置をお手伝いさせて下さいませんか。舞台装置にかけては絶対の自信がございます」と手紙を出し、土方から「アッというようなものをつくってくれ」と「朝から夜中まで」（G・カイザー作、北村喜八訳、土方演出）の装置を依頼され、「欣喜雀躍して引き受け」（『自叙伝』二巻）る。

初日の朝一〇時ごろに出来上がった装置は、「ロシア式に緞帳はしめっこなしで、初めから舞台を丸出しにして」あったらしく、物珍しそうに観客がそばへ寄ってみていたという。現在は客入れ時に幕なしで装置を舞台上で見せるのは珍しくはないが、当時は確かに「アッというような」出来事であったと思われる。「今思い出しても、それは誠に緊張した、楽しい時間だった。初めてはいることを許された舞台裏は、魔法の国のような、あやしい魅力に満ちていて、とうとう、私を捉えて、一生逃れられない世界となってしまった」（『自叙伝』二巻）。村山は演劇世界に魅せられ、演劇人生を歩き始めることになる。

村山の装置は歌舞伎の大道具長谷川次郎が造った。「こうした複雑な構成舞台の製作を、歌舞伎の舞台から出発したまったくの職人気質の次郎さんが、トムさんの図面どおりに、きちんとつくりあげた（略）寸分の狂いもなく、しかも白一色のあがりも、張物のすみずみの角度のあがりもダイナミックにできあがっていた。（略）それは驚異にも近い道具製作のたまものだったと思う」（吉田謙吉『築地小劇場の時代』一九七一年）と、長谷川無くしてはこの装置が出来なかったことを吉田は告げている。そして組みあがった時に長谷川が「こりゃ、一体、何でえ！」と言ったそうだが、それほど奇抜であったのだ。装置だけでも「呼び物」になるはずである。千田が模型舞台を作って、色を塗る手伝いをしてくれたり、女優や男優と仲良くなったり、村山はまざまざと当時の様子を記しながら演劇の魔術にはまる。劇団四季の浅利慶太の父で製作担当の築地小劇場同人浅利鶴雄が〈第二の娘〉と〈仮面の女〉に扮した若宮美子という美少女と駆け落ちした話などにも触れながら、このセットが具体的に舞台でどのように使われたのかを書く。

この軍艦みたいな三階建の構築は、最後の救世軍の会堂を中央にして、右に銀行の店内を第一階に、出納係の家を第二階左にキャバレーを第一階に、ホテルを第二階に、そして一番高い所で、左と右を橋でつないで、そこを自転車競走の審判台にし、部分照明によって次々に進行する仕組みである。そのうち雪の野原などは、スノコ（舞台の天上）から殆んど垂直におろされた真っ白な縄梯子であり、その途中に直径三メートル程の真ッ白な円形がパックとして釣りおろされ、紙の雪がチラチラと降る。出納係は縄梯子をつたって、スノコから逃げておりてくる。その途中で、下手二階のホテルの屋上につくられた真ッ黒な骸骨のあかりが明滅する、というわけだ。（『自叙伝』二巻）

土方曰く、この装置の費用は「本当の家が三軒建つ」値段であったという。しかも村山の舞台装置料は百円という破格の値段であった。当時築地小劇場のスタッフ・キャストの月給は三〇円であったというからこの舞台に賭けた土方の想いが伝わる。村山の演劇デビューは大成功で、舞台は大好評であったのだが、秋田雨雀のこんな評も出ていたから、装置の衝撃的な存在が作品の主題より前面に出ていたことは否定できないだろう。

「朝から夜中まで」は構成派でやられたことは日本の芝居のレコードを破つたもので、私達に一つの自信を与えて呉れました。（以下略。そして演技に付いて…井上注）「共同作業」といふ点では「海戦」に次ぐものです。これこそ新しい芝居の生命です。

「構成派」の作製に関しては村山君の功績を充分認識してやつていゝと思ひます。「朝から夜中」までの成功は、構成派の舞台装置の驚異と好奇心も大部分負ふてゐるものと私は信じてゐます。たゞ私の主観からいへば、絵画的の要素はもう少し少かつた方がもつと、重厚な感じを与へはしなかつたかとも思つてゐます。

（「旅立の朝の光で」『築地小劇場』第二巻第一号　一九二五年一月）

この後、村山は築地小劇場の装置を二つ作り、演劇界に羽ばたいていくのである。

＊　その区別、所属劇団か劇場かについては本書ではその都度分かりやすくする予定でいる。

第2回　築地小劇場［1］（『テアトロ』二〇一二年五月号）

1　子供日の芝居

築地小劇場は、開場の年のクリスマスに子供のための芝居を上演した（一九二四年一二月二三日〜二九日、翌年一月三日〜七日まで再演）。「朝から夜中まで」の公演終了の二日後に催され、村山はこの装置を担当している。（築地小劇場について［注1］を参照されたい。）

近代社会になってからの子供芝居には、大人が演じて子供に見せるものと子供が演じて子供が見るものとがある。築地小劇場のは前者で、現在も多くの演劇集団がこの形態の子供の芝居を上演している。後者は保育園や幼稚園、小学校や教会などでしばしば上演されているものだ。

前者の子供のための芝居は、川上音二郎一座が一九〇三年一〇月三〜四日に本郷座で上演した「狐の裁判」と「浮かれ胡弓」が最初である。音二郎と貞奴は海外巡演中に子供芝居を見ていた。帰国後「お伽芝居」を提唱していた巌谷小波と子供のための「お話の会」を横浜で開いていた久留島武彦に、子供芝居の上演を相談して成立した公演であった。この辺りの詳細は拙著「初めてのお伽芝居」（『川上音二郎と貞奴Ⅲ　ストレートプレイ登場する』社会評論社二〇一八年）を参照されたいが、これは上演当時、社会に喜んで迎えられた意欲的な公演であった。予告時にも公演後にも反響が大きく、新富座と壽座ですぐに続演されている。殆んどの新聞雑誌が多くの劇評を載せ、貞奴の洒落た写真は拙著に載せた。開幕前の小波の挨拶（演説）は三〇分にも及び「新しい日本の児童演劇の開幕をつげる、歴史的なメッセージ」だったと冨田博之は記している（『日本児童演劇史』

東京書籍　一九七六年）。

この音二郎と貞奴の仕事が、大阪と東京に「お伽劇団」を生み出す事になり、「有楽座子供日」の一二年間（一九〇九年一月～一九二〇年四月）も続く子供のための芝居につながった。これは土日祭日のマチネーに上演され、対象は幼稚園児と小学生で中産階級や知識階級の子供たちが数多く観客席に座った。土方与志は定連で、「母が安心して、日曜日の娯楽として、私に与えたものは、有楽座の『子供日』だった」（『なすの夜ばなし』河童書房　一九四七年）と告げているし、八田元夫も「栗島すみ子がスターの頃で、年何回か連れて行かれることが私にとっては大へんな楽しみだった」と語っている（『少年演劇』少年演劇センター編　一九六七年）。

これを始めたのは、有楽座会長の柳沢保恵伯爵で、日本で始めての洋風劇場有楽座の開場が一九〇八年一二月一日だから、「有楽座子供日」は開場と同時に始まったことになる。第一回は巌谷小波作「玩具の窟」で、このあと「浮かれ胡弓」も上演された。一九二〇年に（株）帝国劇場と合併して〈子供日〉（こどもデー）は終りを告げる。この洒落た劇場は、小山内薫と市川左団次の自由劇場の開幕を告げた劇場でもあったが、一九二三年九月一日の関東大震災で焼けてしまった。

2　「遠くの羊飼い」の装置

築地小劇場の「子供の日」は、有楽座の〈子供日〉を受け継いだ形で計画されたと見ていいだろう。クリスマスと暮と正月に上演した第一回「子供の日」の演目は、ハドソン作・小山内薫・岩村和雄演出・パントマイム「遠くの羊飼い」（千田是也・若宮美子・田村秋子・青山杉作・友田恭助他）、舞踊「蝙蝠座の印象」（岩村和雄振付）、ヲオカア作・小山内訳・演出・児童劇「そら豆の煮えるまで」（山本安英・丸山定夫・東屋三郎・汐見洋・伏見直江・青山杉作らが出演）、舞踊「おもちゃの兵隊」（岩村振付）であった。村山知義は、『自叙伝』に「そら豆の煮えるまで」の装置を担当したと記していた。これについては後で触れるが記憶違いのようだ。公演の脚本がそのまま本になったようで、小山内薫著『築地小劇場「子供の日」脚本集』（築地小劇場発行・発売）の広告が『築地小劇場』にあるが、これは未だ読むことができないでいる。

小山内は、「元の題を『蚕豆が煮える間に通つた六人』と申すのです。『鞄劇場』（『ポオトマントオ、シアタア』）というものを案出したので有名な亜米利加のスチユァァト・ヲオカアが書いたもので、近代児童劇の傑作の一つ（略）単なる児童劇ではありません。（略、ヲオカアがいうには…井上注）芝居といふものは飽くまでも Make-belive でなければならないのです。無いものを有ると思ふ。嘘を本当だとする[2]。芝居の精神はそこにあると言ふのです。」と書く。小山内は子供に優れた演劇を見せることで、いい観客が育つと考えていたのだろう。

「そら豆の煮えるまで」は、上演中に口上役の青山杉作が子供（少年）の質問に答えるという奇抜なアイデアのある作品であったようだ。

「口上言ひは幕の明く前から幕の締まるまで、前舞台の端の方にゐて、見物の一人（楽屋からだしてある子供）が時々する質問に答へます。それは芝居をやつてる最中でも構はずにやるのです。（略）幕の明く前に、小道具が銅の鍋を持つて出て、それを見物に見せます。（略）舞台の前へ置いて（立ち去り）、（略）幕が上がると、その鍋がその侭芝居の小道具になる」（小山内薫『築地小劇場』第一巻七号 一九二四年一二月）。

ヲオカアは、幕で見物と芝居を「隔離」しないことを主張したらしい。現在ではどこの舞台でも取られている手法であるが、〈裏の行為を見せないのが舞台〉という考えが優先していた当時では、これは新しい試みであった。前回、触れた村山の「朝から夜中まで」の時も同じで、舞台の幕を閉めないという方法は、当時欧米で流行りだしていたのかも知れない。

「子供の日」についての情報は少ない。「遠くの羊飼い」については写真や楽譜が残されていて、何年か前に日本演劇学会で永田靖と井上とで再現を試みたことがある。「そら豆の煮えるまで」は写真がないと見られていたのだが、冨田博之の本にあった。村山は「子供の日」の装置について「真黄色の張物の真ん中に、直径二メートル余の円い切り抜きをつくり、そこに人物をシルウェトで出し、両扉で、開閉する、というだけのごく

小山内薫訳「遠くの羊飼い」（冨田博之『日本児童演劇史』東京書籍 1976年より）

「そら豆が煮えるまで」（冨田博之『日本児童演劇史』東京書籍 1976年より）

簡素なものだった」と『自叙伝』に書いている。これは、上の写真を見てもらえばわかるが「遠くの羊飼い」の背景と同じだ。村山の記憶違いで、「そら豆の煮えるまで」の装置ではなく「遠くの羊飼い」の装置を担当していたのだ。写真を見る限り、「遠くの羊飼」の方が洒落ていて村山らしい気がする。

築地小劇場の観客であった浅野時一郎が、一九七〇年に観劇記を出していて、そこに「子供の日」の様子が記録されている。「昼間の一時から、美しく楽しいクリスマスプレゼントが贈られた。音楽がふんだんに流され、小島政二郎の童話や、丸山正夫の帽子の手品があり、踊り・パントマイム・童話劇という番組だった（略）パントマイムも童話劇も美しい衣裳の色で目を奪った」（『私の築地小劇場』秀英出版一九七〇年）と。浅野は童話劇の主役は出ずっぱりの及川道子だったと書く。が、『築地小劇場』の出演者名にはなく、探してみたら水品春樹の「上演目録」に「少年　及川道子」と記録されていたから質問する子供（少年）の役であったのだ。これも写真で見ることが出来る。青山に質問する子供が主役というのも斬新で興味深い。「断続的にではあるが四年間の全部にわたって（及川が…井上注）出演」したと浅野が記しているから、〈子供の日〉は記録に残されていないが、続けられていたことがわかる。新しい試みの子供芝居が残されていないのは批評の側の問題だろう。

築地小劇場は大人のためばかりではなく子供のためにも、このような新しいことをやっていた。小山内は、子供を対象にする芝居も大人を対象にする芝居も、根本的な考え方は同じだとするヲオカアの姿勢に同感したのだと思われる。この作品は、一九一五年にニューヨークで非公開上演され、翌年ボストンで公開上演以来、鞄劇場は多くの児童劇をアメリカ各地で上演して、一九二一年には公演が六百回になっていたというから凄い。「鞄劇場」の発想は、世界の大人の演劇運動にも取り込まれている。後に村山も関係することになる移動する演劇――各地の労働争議に出前したトランク劇場がそのひとつである。

3　「劇場の三科」

一九二五年五月三〇日に「美術界の異端者達によつて組織された『劇場の三科』」（東京朝日新聞　五月二九日）と予告された公演が築地小劇場で持たれた。

築地小劇場は小屋貸しはしていなかったが、三科のメンバー吉田謙吉が築地の一員であったから一日だけの公演が実現した。「観客席は満員で大入袋まで出」、「開演中、ときに弥次も飛」ぶ「大デモンストレーション」だったと吉田は回想する（『築地小劇場の時代』八重岳書房　一九七一年）。

村山は、この日「子を産む淫売婦」（作・演出）を出した。そして「最後にちゃんとした踊りを二曲踊り、更に、パンツ一つだけで、丸禿げのかつらをかぶり、同じく裸のマヴォイスト三、四人と、無音楽のインプロヴィゼーションを踊った」という。羽仁説子の両親（自由学園経営）の好意で学校の講堂を使用してダンスの稽古をしていたから、その稽古の成果がこの時披露されたのだ。

吉田謙吉は開幕劇と次の作品の間に村山のダンスが披露されて「ノイエタンツとは、なんとトムさん一人の、ベートーベンの『ミヌエット・イン・ジー』だった。（略）見たのはこのときはじめてだった。」と「まともに大受け」した踊りについて触れる。

この時の踊りについて、石井漠は「非常に独創的ないい踊りだが、もう少し、基礎的な肉体訓練をすればもっとよくなる」といい、千田是也は「トムと踊り」で次のように告げる。

「私はトムの踊りを築地小劇場で二回ほど見ている。〈劇場の三科〉（一九二五年五月）と〈心座〉の第一回公演（同年九月）のときであった。私は長兄がダルクローゼの学校を出て踊り手になっていたせいか、中学の頃からロシャン・バレエやバレ・スウェドワやノイエ・タンツに凝ったり、築地ではまがりなりにもユーリズミックを岩村和雄について練習したりしていたので、踊りについてはかなり点が辛い方だったが、トムの踊りにはわりと感心した。少くとも石井漠よりは美しかったし、サカロフ引き写しの気取りに気取った岩村和雄よりは素直で気持がよかった。」（『テアトロ』特集村山知義氏追悼 一九七七年六月号）。

東京朝日新聞の予告記事では、この公演は一二部に分かれていて、演出は各自の独創、事前に漏らし出はいけない、「いづれも舞台けいこなど必要のない珍妙奇てれつなお芝居」、神原泰君の「消極的効果による喜劇」は観客が詰まらないといえば成功だ、村山のは「劇としての体裁を相当にそなへているので、これだけはけいこをしなくてはならない」等など……

吉田謙吉は、自作自演の開幕劇「白と赤との対立による開幕劇　鉛（ボタン）」に三〇人もの人を労働者役で出した「ペシミスティックな一幕三場」の破廉恥さや、オートバイの爆音で矢部友衛が登場する様子や簣の子から浅野孟府と岡本唐貴がロープで降りて来たり、観客席で鰯を焼いたり、柳瀬正夢が〈焼いた魚を持って観客席の通路を通過する〉等々を記録しているが、村山の「子を産む淫売婦」には触れていない。これは検閲で子を産む表現が禁止になった。

「子を産む淫売婦」人形模型らしい（報知新聞 1925 年 5 月 31 日より）

「子を産む淫売婦」は亜土が生まれたばかりだから作ったのだろう、とも言われているが、八木節（「悧巧なお方は子供を産まぬ」）や童謡（「お手々をつないで」）などが歌われたらしい。主役の子を産む淫売婦は渋谷修、子を産む淫売婦の友達淫売婦が花柳はるみ、吉田謙吉の新聞配達に、衝天する赤ん坊の人形一〇個が登場した。「暗い舞台へ黒衣を着た人物が登場して（略）八木節をうたった揚句渋谷修君が突っ立ったまゝ子供を生む、子供はぞろ〱と十匹ばかり、いづれも田沢のスカートの下からはひ出てするすると天上する」（東京朝日評 倉林誠一郎編『新劇年代記 戦前編』白水社 一九七二年）。

サンガー女史の産児制限運動などにも引っ掛けた着想が見受けられ興味深い。今ならそれほど衝撃的ではないが、当時は相当に飛んでいたに違いない。治安維持法が施行された直後の〈大正一四年〉だ。それは容易に推測される。この批評を書いた東京朝日の記者はついていけなかったようで、「見物の皆々あきれかへて降参」と末尾にある。「主題もなければ脈絡もない、めいめい勝手に掴むものを掴んで帰れといった突放し方、退屈な人生の眠気ざましには持って来いの代物」と評した新聞もあったらしい（村山『自叙伝』）。

驚きの新聞評もあったが、新しいものを求める若者達で、「劇場の三科」公演は、入場者が五百人を超え、〈爆音と閃光と抹香〉に驚かされて相当に湧いたのは事実であった。この衝撃が今現在（二〇一二年）、美術関係者の再現パフォーマンスを呼び起しているのだろう。

当事者たちは後年、吉田謙吉が「唐十郎や寺山修司君などには、ぜひ見せたいような情景だった」（略）デタラメともいえる催しでありながら、けっしてアナーキーのきざしとてなく、（略）絵画的に進歩的なきざしに燃えていた」と書いているし、村山は「四十七年前の催しに、現在流行のアングラ劇場的構想――不条理劇から、ハプニングにいたる――が、殆んどすべて含まれていた」（『自叙伝』二巻）と当時を振り返っている。

菅孝行は「20世紀演劇の精神史⑮」で、「劇場の三科」の試みに触れ、〈60年代の「アングラ」に40年先行していたという自己認識を村山は示している〉と指摘、「20年代アヴァンギャルドと60年代前衛芸術運動は、一面では共範――様式の先鋭性・強度の追求――であるが、反面では歴史的層の差異から来る断層――ヒューマニズムに対する信頼と不信――がある。しかし村山は両者をまるごと共範と捕らえ、自分たちの試みを「アングラ」は40年遅れで反復しているだけだと考えていたようである。」（『テアトロ』二〇一〇年一二月）と批判した。わたくしは、歴史的時間は異なるが、〈既存の状況を打つ〉という対抗的な意味で観客に与えた衝撃という点では、似たようなものを持っていたのではないかと思う。また村山は引用を見てもらえば分るように菅孝行が記した「40年遅れで反復している」だけだと書きはしなかったが、そう氏が受けとってしまいたくなるような〈村山の想い――気持〉が行間に流れているのも分るような気がする。彼らがかつてそれだけの衝撃を与えてきたのは事実であるからだ。しかしリアリズム演劇の追求も完成もない未分化な写実と前衛の入り混じった時代と強烈で完璧なまでのリアリズム演劇が存在し、それに対抗的に登場した60年代半ば以降の「アングラ劇場的構想」（村山の発言）が、「劇場の三科」と全く同じだとは見ていない。両者は全く正反対な状況から起こったのだ。村山たちは社会主義の洗礼を受けていない。

更に〈表現の問題〉でみると、村山たちのは一回きりのパフォーマンスだ。しかし60年代半ば過ぎのアングラと呼ばれた小劇場演劇運動は、芝居――演劇であった。そして舞台表現（演技も含め）は、前回触れた「社会主義的な芝居を見た最初の経験」と村山が記した先駆座の舞台（一九二五年四月）を、「築地小劇場で仕事をしていた私、ドイツの芝居を見て来た私には、この芝居は、劇場そのものからしてあまりに貧弱で、素人くさく、また内容も別に社会主義的でもなかったので失望した。私はマヴォ一党を引きつれて行って、軽蔑したような顔をして引き揚げたことを覚えている。」（『自叙伝』）と批判した。それと同様の評価――〈素人くささ〉を「劇場の三科」に向けることができると思っている。学生観客の一人としてみた経験では、早稲田小劇場も自由劇場も決して〈素人くさい〉芝居とは思えなかった。もっとも吉田謙吉の指摘のように、寺山修司や初期の唐十郎の集団に限れば、〈素人くささ〉はかなり当てはまるだろうが……。

更にいえば、前回もふれたが、社会主義にはこの時村山は興味を示していなかった。村山の回想には誤りも多い。が、回想には思い違いと美化が付物だ。殊更問題にする必要はない。重要なのはそれを読む側の問題だろう。

4 「爛酔」

さて、次に村山は土方演出のストリンドベリー「爛酔」の装置を担当（一九二五年六月一日〜一〇日）する。『自叙伝』では、「朝から夜中まで」は「重々しく静的であった」から「一歩進めて、もっと動的なものにしようとした。（略）三角形と円を主体にし（略）たくさんの色彩で、いっぱいに塗りつぶしたもの（略）真ん中の高さ五メートル半の角材の三脚を中心にした三階建て（略）直径三メートルと二メートルの二つの円形がグルグル廻る。（略）半円形その他の切り出しが釣りさがる。最後には大小たくさんの十字架がおりてくる。あちこちに紗が張ってあり、うしろの、いろいろの色の光線をすかす。」と記録されている。

「劇場芸術家としての村山知義の力量は確保せられた。（前作…井上注）とは異なった行き方で、よくその特色を発揮している」というＨ・Ｎ氏の批評を村山は引いているが、反対に〈作品が平凡で、土方演出はその平凡さを特に高（強の誤植か…井上注）調した傾きがあり、悲劇味は殆んど表現されていない。それは舞台装置の為であり、俳優があまりに近代的過ぎる点〉である、という「朝から夜中まで」と同じような演出と装置が疑問視された批評もあった（東京日日新聞　六月六日号『新劇年代記』）。「爛酔」の模型舞台（讀賣新聞　一九二五年五月三一日）を見ると、確かに丸みは帯びている。「装置は（略）意識的構成派（略）全幕明け通しの作りつけ舞台」と説明されていて前作と変わらないような印象を受ける。後年浅野時一郎は、「やはり構成派であったが、（略）

「爛酔」の模型舞台
1925 年　築地小劇場
(『いま、村山知義』村山委員会編 東京芸術座 1991 年 8 月より)

「爛酔」の模型舞台
(読売新聞 1925 年 5 月 31 日より)

複雑な組み立てはなくて、森や公園や料理店の場が、モンパルナスの墓地や簡単な食事所の上に重ねられていた。前作との相違の著しい点は、豊富な色彩の施されていること（略）土方演出は、自然主義的演技で演じさせていたので、演出と装置がぴったりしない気がした」と記録している。今回も装置が〈飛んで〉いたようだ。

築地小劇場の装置は、吉田謙吉・溝口三郎・伊藤熹朔などが殆んど担当していた。村山は新聞批評の所為かどうかは不明だが、このあと築地小劇場から遠ざかり、心座旗上げに参加し、その後革命的演劇運動へと向かっていく。したがって築地小劇場における村山知義の存在は、斬新な装置でデビューし、名前を売ったということになるだろう。

［注］

1　ここで使用する「築地小劇場」は、劇場に属する演劇集団であり同時に劇場であった。それが当時市民権を得た使い方であった。「築地で『朝から夜中まで』をやる」と言えば、両方を意味した。次の一文は、誤解を招くものである。傍線は劇場、網掛けは劇場と集団、劇場初演とは言わない。「～劇場で～集団が初演した」と表現する。

「最近、新国立劇場で三好十郎「斬られの仙太」の公演がありました。初演は築地小劇場です。彩の国さいたま芸術劇場でリーディング公演があったピランデルロ「作者を探す六人の登場人物」も築地小劇場で日本初演。ＳＦの古典カレル・チャペック「ロボット」の日本初演も築地小劇場でした。今でもよく上演される久保田万太郎「大寺学校」、久保栄「火山灰地」、森本薫「怒濤」も築地小劇場初演でした。」（二〇二一年日本近代文学館展覧会「芝居は魂だ！　築地小劇場の軌跡 1924-1945」紹介文編集委員　武藤康史執筆「本展について」）

2　小山内の言う「嘘を本当だとする」は、誤りだと思う。それをいうなら〈虚の中に真実を描く〉であろう。

第3回　挿絵、そして心座（『テアトロ』二〇一二年六月号）

1 「演劇的自叙伝」は二つある

村山知義は、新協劇団時代に「演劇的自叙伝」を『テアトロ』（一九三九年九月号から）に連載していた（以後「自叙伝」）。この頃「〜〜的自叙伝」というのが流行だったのか、村山も林房雄も「文学的自叙伝」を既に書いている。あるいは官憲につかまると上申書を書かされて出てきていたから、いやでも身近な過去を振り返ることになったのか……その理由はわからない。

雑誌連載の「自叙伝」は、私たちがよく知っている四冊の『演劇的自叙伝』（『自叙伝』）よりも個々の出来事に関する記述が短くて読みやすい。内容は似通った部分もあるが同じではなく、記憶が新しいだけに具体的だ。両者には齟齬もあるが、それを指摘するのではなく新しい情報を得るために少し見ていきたい。

父方・母方の祖父母の話、幼少時の映画演劇体験に始まり、高等学校時代の読書体験、日本館の少女歌劇、民衆座の「青い鳥」に刺激されて作った「飾り物」等々、一九二六年頃までが記述されている。これは一九四〇年八月に新劇事件で逮捕されて中断した。

一回目に触れた「青い鳥の飾り物」は二等賞を取ったらしい。本郷座の「生きる屍」を観た話や、東京美術学校洋画科教授岡田三郎助（劇評家岡田八千代は妻。八千代の兄は小山内薫）の画塾へ「デッサンをやりに通った」が三郎助は何も言ってくれなかったとか（一九二〇年頃）、ドイツへ行く前にサイレント映画女優ナヂモヴァ*に傾倒したことや「カリガリ博士」（一九二一年五月、日本封切り）を観たことなどが綴られている。

ドイツから帰国（一九二三年一月）したあとのことにも触れている。「ドイツから帰って四五年の期間を振り返ることは、実に苦痛である」（五回目）と記していて、批評家に「かかるが故に村山知義はいくらリアリストにならうとしても嘗てのダダイズムの思考形成や情操が基礎にあるために本物になれないのだ」と言われていたらしく、それでも書かないと彼らに材料を提供できなくなると皮肉っている。これは今でも新興芸術の方が村山の本意だという発言があるから、当時ならなおのこと多かったはずだ。二者択一のAかBかではなくAもBも、そしてCも、心惹かれるものが人にはある……と思われるのだが世間は択一を迫るのである。

ここで村山は、五月に文房堂で個展を開いてから新興芸術の同士たちが周りに集まってきたと書いている。柳瀬正夢たちに知り合ったのは個展が契機であったのかと早合点しがちだが、四巻本の『自叙伝』では、「彼（柳瀬）は私がドイツから帰った時、私のすぐ近くの人力車夫の家の二階に間借りしていたが、無二の親友となり、毎日のように私の家に来ていた。そして私が豊富に持って帰ったグロスの画集に熱中してしまった」と記述する。グロッスの画集については一回目で既に触れたように柳瀬は四月頃に夢中になった。

当時、村山は〈上落合一丁目一八六番地〉の家にアトリエ「三角の家」を増築したばかり。東中野の東口から出て小滝橋の方へ歩いた所にあったらしい。柳瀬は〈中野町の青木という家〉に下宿していた（そこの娘梅子と後に結婚）。上落合も中野町も隣接する地だから、新興美術に興味を持つもの同士が知り合うのに時間はかからなかったのだと思う。いずれにしろ四月には確実に親しくなっていたようだ。

連載四回目で、築地小劇場の「子供の日」に触れている。前回記したように、やはり村山は「遠くの羊飼い」の装置を担当していた。記憶は後になると誤りもあることがわかる。衣裳も担当したようだ。小山内薫は「童画をよく知つてをられたので、あの調子で自由に、充分ファンタスティックに」と言い、「注文はただ、装置はウンと簡単にして、張物を一枚真ン中に置き、それに円をくり抜き、戸を開け閉て（ママ）して、そこへ人物を出したりかくしたりするやうに、とそれだけであつた」という。丸くくり抜いた円は、小山内の注文であったのだ。

そして、この「自叙伝」では「朝から夜中まで」も「爛酔」も土方の「大体の具体的なプラン」にそって装置を作ったと記している。「朝から夜中まで」の直線的正方形的な一杯道具の奇抜な装置で「いろいろの部分に照明を当てることによつて、場面がどんどんと進行」する舞台や曲線と円と動く十字架という「爛酔」の装置のプランは、演出した土方与志の要求であったという。装置初心者の村山は舞台裏にテーブルを置いて演出者と相談し、実際の寸法を測って案を練り詳細な道具帳を作った。村山は、「私が演劇について、誰か先輩から指導されたといふのも、この三回の経験だけだ。あとは、美術や文学の分野においてと同じやうに、初めからまつたく一人立ちで歩かなくてはならなかつた。これは私の大きな不幸である」と書く。が、むしろ自由に歩んだからこそユニークな仕事が出来たのではないかとわたくしには思われる。

『忍びの者』3巻の解説で新藤兼人がビックリするようなことを書いていた。

「第二作『爛酔』（ストリンドベリ作、鈴木重信訳、土方与志演出）をやった村山は入座を希望したが、なぜか、断られ、以後ジャングルのような新劇の道を歩む。（略）村山知義のきらびやかな才能を、なぜ、築地小劇場は拒否したのか、人生はつねに、なぜか、である。人間集団には、つねに、なぜか、がつきまとう。」

この文章の根拠になる資料の出所はわからない。村山も築地小劇場入座については何も記していない。が、あるいはこんなこともあったのかもしれないし、あるいは新藤に限らずだれもが持つ疑問、どうして築地小劇場に入らなかったのかという疑問から派生した答えなのか……。「朝から夜中まで」の出納掛、「遠くの羊飼い」の羊飼、「爛酔」のエミールを演じた千田是也も、村山の築地小劇場入座希望の有無については触れていない。いずれにしろ村山知義は、別の道を歩き出すのである。

2　『時事新報』の挿絵

村山と一年遅れでドイツから帰った池谷信三郎（いけのや）が、一九二五年一月一日から『時事新報』にベルリン生活を題材にした小説「望郷」を連載する。これは時事新報社が募集した懸賞当選作で、賞金もでたらしい。村山はこの小説の挿絵を描く。連載第一回の紙面に〈懸賞作選評〉の様子、「事務完了報告」を選考委員の里見弴が書いている（他の委員は菊池寛と久米正雄）。選考方法がいい加減で、要するにコレと思うようないい作品はなかったという事を綴った。池谷には気の毒なような話が三回も載る。賞の選考は、作品はもちろんだが審査委員次第というところもあり、これは現在にも繋がる問題で難しい。

村山によれば、池谷は「菊池、久米というような先輩にたよって、その子分になって、文壇へ出て行くという方針を取った」といい、自分とは全く逆で、「思想的にも彼はただ芸術至上派・現状維持派だった。私の方もまだ社会主義者ではなかったが、少くとも、そういう方向に模索しながら近付きつつあった」（『自叙伝』）と書く。彼らがいずれ離れるのは目に見えていたのだ。

村山の挿絵には〈判らない〉という「ごうごうたる批難が出て、一ト月半で他の画家に変更されて」しまう。確かにこれまでの〈内容を表す写実的な新聞挿絵〉とはかけ離れた絵で、斬新で洒落ているが抽象的で、判らないといわれれば、確かにそうだ。村山は、児童書に描いたような絵と築地小劇場の構成派の装置のような絵と二種類を書き分けて毎回連載している。三七回まで描いた時に〈判りやすくしてくれ〉という注文が新聞社からきて「仕方なく画風を変えた」。たしかにその後何回かは人物中心の画になったが、分けわからない構成派風の回もある。第一回から四八回（二月一七日）まで村山の挿絵が載り、次から突然「他の画家」田中良（一八八四〜一九七四）の穏やかな感じのする挿絵に変わる。

田中は東京美術学校洋画科出身の著明な舞台美術家で、帝劇背景部に入り東宝の舞台美術を刷新したといわれている。新歌舞伎や新演劇の装置を作り、ヨーロッパで舞台美術を研究してきた大先輩だった。もちろん新聞・雑誌の挿絵も沢山描いている。新聞社としては、読者の批難を沈静するために、そして村山にも文句を言わせないための安全策を取ったのだろう。挿絵画家の交代についての知らせはどこにもないから酷い話しだ。参考までに『時事新報』の村山と田中の挿絵を載せておこう。

『時事新報』挿絵（5回）

『時事新報』「望郷」挿絵（第1回）

『時事新報』挿絵（9回）

『時事新報』挿絵（34回）

『時事新報』
田中良「望郷」挿絵

3　心座の〈裸舞台〉

心座（こころざ）を始めた河原崎長十郎は「築地の運動に加はりたくてたまらなかった」（「ある歴史のながれ」）が、築地小劇場には松竹で支払うだけの月給は望まれないから、公演のないときに築地小劇場の舞台（「夜の宿」）にちょい役で出させてもらい、「素晴らしい感激が若い私を包み」、自分で集団を持ちたいという思いにかられたという。

長十郎の師二世市川左団次と小山内薫の自由劇場にはじまり、既に若い歌舞伎役者の小集団がいくつも存在していたから余計に刺激されたのだろう。そしてドイツ帰りの若者たち――池谷信三郎と村山知義に声を掛けて集団を作る。村山はこの年の春頃に話があったという。

長十郎は村山たちに「新しい芸術家と組んで新しい芝居をやりたい、費用は一切私が引き受ける。左団次師の了解も得た」と言い、村山は「棚から牡丹餅の話なので、即座に引き受け」（『自叙伝』二巻）る。この出発時の「費用」について長十郎は、池谷の文学賞の賞金を当てたと書いているが……長十郎には「大きな御贔屓」がいたらしいからそこから出ていたのかもしれない。

村山は第一回の公演で自作の新舞踊三本を披露し、訳・演出・装置のカイザー作「ユアナ」を出す（一九二五年九月二六～二八日　於築地小劇場）。村瀬幸子のユアナは「ナポレオン時代の裾を曳いたコスチューム」、彼女を恋する男二人、ユアン（長十郎）・ヨルゲ（團次郎）は「ちょんまげ、帯刀の幕末の武士風」「セットはシンメトリカルにカーヴしたかいちょうばを左右に持つ純白のヴエランダにした。同じく純白のドアを持つ家の壁と一つのテーブルと二つの椅子。船室用の古いランプ」（「自叙伝」）を用意したという。

「セリフは割れるほどの大声でライオンのようにわめきほえる。動きは人造人間のような妙な動き」だったと長十郎は記しているから和洋折衷のかなりユニークな舞台だ。村山は「国境と時代を超越した演出」について歌舞伎の長十郎や團次郎の演技を生かすために考え出した独自の新しい演出なのだが、世間では「翻訳劇のちょんまげ演出」と呼んで「心座を注目の的」にした。松居松翁は模倣だと言って「大して新しくない」と否定し、小山内薫は「世界の何処にも見られない」独特の演出だと褒めた（『自叙伝』）。

第二回公演（一九二六年一月二八～二九日　邦楽座）で村山は作・演出「孤児の処置（ミナシゴノショチ）」をだす。長十郎は「作者演出家である村山自身が裸舞台の奥手のギャラリーの上に、黒マント、黒のマスクで目かくしをし、黒のソフトを深くかぶつて芝居の進行を観察している。その前で簡単な置道具程度で舞台は進行する。『何てまあみにくい沢山の顔なんでせう』とさけんで卒倒すると云つたような芝居だつた」（長十郎前掲文）と告げ、村山は「私はこの舞台で、ドアとか家具とかのほかは、一切の装置を使わず、邦楽座の舞台を、うしろの煉瓦と漆喰の壁をむき出しの裸舞台とし、昔のシェークスピア舞台のように、サインボードに場面を示す字を書いたものを置くだけにした。こういう裸舞台は、日本で最初の提出であったと思う。」（『自叙伝』）と記す。

外界から遮断され、精神を置き去りにし「肉体の発達」のみを重視して孤児たちを教育していた孤児院に対する考え方への「抗議」戯曲だと書く。「精神ある肉体」「純粋な、鬼の如き精鋭な軍隊」「生命を目的のために捧げる弾丸」に孤児を教育し直したが、「兄弟と思つてゐたもの」に「おう殺される」という作品だったという（『自叙伝』）。

築地小劇場の俳優丸山定夫が、これに出た村瀬幸子を見に邦楽座へ来た。村瀬はファンの多い築地の俳優だった。「『嘆きのピエロ』（岸田國士訳・池谷信三郎演出・吉田謙吉舞台「落伍者の群」…井上注）みたいなルノルマンの芝居と、どんちゃん騒ぎの人喰った村山知義の芝居と両方ですっかりぐわんと殴られた様になって来ました。面白かったのです。愉快でもあれば得る処もあり、且又興奮もさせられたのです。（略）俺達のとは違った。そして俺達のよりうまく彼等はやっている様な気さえするじゃあないか――」（菅井幸雄編『俳優・丸山定夫の世界』未来社　一九八九年）と衝撃を書き残している。村山の分け分らない舞台はよほど刺激的な斬新性を観客に手渡していたのだろう。

高田保は「河原崎長十郎を始めとして口に大きなメガホンを宛て、埒もない大声で見物に向つて『お前は馬鹿だよう』と怒鳴つたのである。見物はその凄まじい一斉射撃を受けながら、えへらと快げに笑つて肩を揺つた。（略）明らかにこれは一つの生活実行であつた。（略）新しい芸術の精神を胎んだ勇敢なる一つの示威でもあつた」（「自叙伝」）と告げる。

マル芸の仲間たちと村山獲得を画策していた千田は、この舞台をみんなで観て客席から「つまんねえ、つまんねえ」「お前の知恵はそれだけか」「早くこっちの仲間になれ」などと野次り、村山も「馬鹿野郎、手前らにゃ真似もできめえ」などと応酬し、野次か芝居か分らないほど、混戦したらしい。

佐々木孝丸はこの舞台を「僕が最も愉快に感じたことは、俳優諸君が、（略）如何にも自由に、人間らしく、つまり俳優らしくなく、振舞ってゐたことだ。（略）才物村山知義に、もう少しハッキリした思想内容を盛ったものをやって欲しいと注文する。」（高田保編輯『テアトル』一九二六年三月創刊号）と評した。戯曲「孤児の処置」はこの評が出た創刊号に載った（未見）。

何年か前に、正木喜勝がこの戯曲の再現を試みて、アヴァンギャルドの興味深い舞台をつくっていたが……、わたくしにはよく判らなかった。

池谷と村山と長十郎が〈ただ若い新進芸術家〉という共通点で始めた心座は、この後「情緒的ロマンチスト」（村山発言）の池谷が辞めて、その穴を埋めるように「朱門」の船橋聖一や今東光が参加し、退廃的芸術表現を好む船橋と左翼思想に興味を持ち始めていた村山と新しいものなら何でもいいと思っていた長十郎と、全く意識の異なる「同床異夢」集団になる。これがあとで村山脱退の一因にもなるのだが、村山は、相変わらずセンセーショナルな舞台を作り続ける。五月カイザー作「ユーディット」（久保栄訳）の演出・舞台（装置の意、以下同）、九月「二階の男」（舞台）、「兄を罰せよ」（作・演出・舞台）、前田河広一郎作「ストライキ中」（演出・舞台）、翌二七年五月「スカートをはいたネロ」（作・演出）。

この小さな集まりが、実は当時の現代演劇集団の現実を反映していた。体制批判を込めた思想的な舞台を作り始めた集団の登場（トランク劇場、前衛座）と体制批判思想とは無縁の演劇集団（築地小劇場、新劇協会、心座、その他多くの小集団）の存在である。そして時代の波は徐々に後者（特に築地小劇場）を前者の仲間にしていくのである。

村山もその流れに掉さす存在となる。そして佐々木の助言、「ハッキリした思想内容」を獲得するかのように三科を解散し、マヴォを抜け、「同床異夢」集団の心座を去って「ハッキリした思想内容」をもつプロレタリア演劇運動へと向かっていく。

＊ 美男俳優ヴァレンチノが共演した大女優。文芸協会の島村抱月演出・松井須磨子主演「人形の家」はナヂモヴァのノーラを手本にしたという。詳細は、安宅りさ子「文芸協会と抱月の『人形の家』」（井上理恵編著『島村抱月の世界』社会評論社二〇二一年所収）を参照されたい。近年では二〇一一年に宝塚歌劇団宙組が、小池修一郎作・演出、大空祐飛主演で「ヴァレンチノ」を上演し純矢ちとせがナヂモヴァに扮して絶賛された。

第4回　心座の「孤児の処置」（『テアトロ』二〇一二年七月号）

1

「孤児の処置」は、心座第二回公演用に書かれた村山知義の戯曲第一作である（一九二六年一月初演　邦楽座）。初出は高田保編纂の『テアトル』創刊号（一九二六年三月）。現在この戯曲は村山の「第一戯曲集」『スカートをはいたネロ　他11編』（原始社　一九二七年六月）で読むことが出来る。

この本の序で、ここには「数編のダダ的作品を除いた私の全部の戯曲及びシナリオが収めてある」が、「一九二六年の作品の多くは現在の私にとつて極めて不満」とし、「無産階級解放運動のために、演劇が演ずべき重大な使命と、演劇の広大な可能性とを考へるとき、私は自分の貧しい作品を恥ぢずにはゐられない」と結ぶ。

つまり村山はこの本を出した一九二七年の時点で、「孤児の処置」以降「広場のベンチで」までの七作品が気に入らなかった。それはあとで触れるように、プロ連の美術部に参加して革命的芸術運動に係わり始め、この年には前衛座の一員になっていたからであり、革命的視点に基づいて書かれていないと村山が判断していたからだと推察される。「孤児の処置」は、こんな自己評価をされた戯曲であったのだ。

村山研究を精力的に続けている正木喜勝は、この作品を「村山がコミュニズムに転じる前夜に」に書かれた作品で、この少し前から村山は〈「ネオ・ダダイズム」という新たな芸術運動が必要だと考えて〉、それを〈芸術的な表現で訴えようとした〉ものだと位置付けた（「様式の交代」『待兼山論叢』38号 二〇〇四年）。

正木より前、村山存命中に「村山知義小論」(『日本近代文学』16集 一九七二年)を書いた堀井謙一も、村山の「構成派に関する一考察」の〈構成派を用意するためのネオ・ダダイズムが必要である〉という視点から、「社会主義芸術を認めつつもそれを将来におき、その前段階として、全くの破壊として、意図的な頽廃として、ネオ・ダダイズムを置いた」と結論づけ、この作品をその主張を取り入れたものとみた。堀井はこの時期に村山が社会主義に傾斜していたと考えていたようだ。

二つの論は、「孤児の処置」が村山の構成派に関する理論の形象化という点では近いが、詳細は似て非なるものだ。共通しているのは、村山知義は社会主義芸術、あるいは革命的演劇運動を推進してきた存在という揺るぎのない視座が前提にあり、そこから、つまり〈後から前をみている〉ところであろうと思われる。わたくしはそうした〈前提〉をこの作品から取り除きたい。

執筆時に遡り村山の抱えている状況も踏まえて、メロドラマ「孤児の処置」(一幕九場)を読み直そうと思う。村山がメロドラマという概念をどのように理解していたのかは明らかではないが、とにかくメロドラマと角書きされているのである。

派手な装置で現代演劇の世界にデビューした村山の、第一回公演の演出は「翻訳劇のちょんまげ演出」という評価であった。これで世間を沸かせている。今度は始めての自作である。どんな舞台を作るのか、人々は興味深々であるだろう、と少なくとも村山は思っていたに違いない。つまり村山の裡に存在する〈目立ちたがりや〉*という点も考慮しなくてはならないし、芸術家が内包するであろう意識――〈他者よりも新しいものを創ろう〉という辛い想いも顧慮しなければならないと思う。いってみれば他に先んじて新しいことをやり、注目をあつめることができるかどうか……、ということである。

断っておきたいが、これをわたくしは否定的に捉えているのではない。〈もの〉を創る者の当然の覚悟だと思っている。

まず装置だ。構成派の派手な装置を築地小劇場で作った村山は、装置なしの裸舞台という意表をつく方法をとる。戯曲にはト書きに「クッペルホリゾントを露出しにする」と書かれている。クッペルホリゾントは邦楽座にはなかったから、上演時は舞台「うしろの煉瓦と漆喰の壁をむき出し」（村山）にし、長十郎が語ったように「裸舞台の奥手のギャラリー」が観客に見えていた。これは非常にセンセーショナルであったはずだ。

高田保は「故ら願つてあの一幕を、舞台のギャラレイから見物席に対つて、自分の椅子を持つことを許して貰つた」（「心座・村山知義」『演芸画報』一九二六年七月）らしい。高田は舞台奥から舞台と観客席を観ていたのだ。この評で「芸術と呼ぶにはあまりに無茶な、非形式的すぎる、いはゞ思ひつきの駄々であるにすぎなかつたかも知れない。けれども私は、あの大胆無法な演出構成に一方ならぬ友情を覚えた」と書いたのは、観客席からの観劇体験では味わえない〈何か〉を得たからだと思われる。

装置がないから場の転換にはサインボードに文字を書いて示した。一場は中央の張り物に「街」と書き、二場は下手に「孤児院入口」と示し、三場は下手に置道具の椅子とテーブルのみで、そのテーブルの前に「孤児院院長の部屋」と書く。四場は上手に椅子とテーブルで「貴婦人の部屋」、五場は「孤児院の体育室」のボード、六場は舞台が暗いからボードの代わりにセリフで劇場の奈落だとわからせる。七場は、三場と同じ「孤児院院長の部屋」。八場は「孤児院の庭」という立て札が出て、最後の九場は一場に戻って「街」だ。

短い時間にこれだけの場があるのだから、複雑な筋や構成が作れるはずはない。しかも登場人物は、二〇人を超える。もちろん上演時には一人何役もやったはずだが、当然にも短絡的で象徴的な表現で〈村山の意図〉を観客に理解させせざるを得ないだろう。

2

一場、「白い肥つたタンク様の男」が二人、少女一人（一七、八歳）と登場して狙い合い、消える。張り物に立っ恐れ入りますが、切手をお張り下さい。

〒113−0033

東京都文京区本郷

2−3−10

お茶の水ビル内

（株）社会評論社　行

おなまえ　　　　　　　　　　　　　　　　　　様

（　　　　　才）

ご住所

メールアドレス

購入をご希望の本がございましたらお知らせ下さい。
（送料小社負担。請求書同封）

書名

メールでも承ります。　book@shahyo.com

今回お読みになった感想、ご意見お寄せ下さい。

書名

メールでも承ります。　book@shahyo.com

ている少女。次に「サナギ形の男」が少女を海に行こうと誘うが、少女は「私は、駄目」と返事。男は去る。上手から貴婦人が赤ん坊を抱いて登場、「非常にのろ〳〵と、前舞台を下手へ進む」。痩せた青年が出て、「私は駄目でせうか」、少女「知りません。知りません。」〈髭の一杯生えた紳士が上手から出て、青年を突き飛ばし少女を「こつちへ、来い」と引ずつて行く。少女は物凄く叫ぶ〉少女は娼婦なのだろう。

貴婦人は下手に到着し、スポットがあたる。下手に「孤児院入口」の立て札。白い手袋の紳士登場。シルクハットを被っている。つまり貴婦人に対する正装の紳士ということで、「奥さん。安心なさい。（略）私はかう云う事件の引き受け手です」、貴婦人「おいくら?」、紳士「五百」。紳士に金貨と赤ん坊を渡し、紳士は孤児院の説明書を渡す。貴婦人が去ると、さっきの少女が赤ん坊を抱いて登場、紳士に赤ん坊を差し出すが、貧しい少女からは受け取らない。少女、泣く。暗転。

これが一場、発端だ。金持ちの貴婦人の恋の結果の赤ん坊は引き受けるが、娼婦かあるいはレイプされてできた貧乏人の子供は拒絶する。いかにも定番の話だが、写実ではなく少ないセリフで直裁に象徴的に表現したのが村山らしく、新しい。この場の展開はスピーディで導入部としては、なかなかいい。

第一次大戦後の新興芸術（詩や絵画や演劇）は、「女・性・戦争・貧困・労働・科学技術」などを対象に創造活動を展開して、旧い社会への叛旗を翻してきたから、村山もそこに隠された「矛盾」を描きだすつもりであったのかもしれない。これをもって社会主義と関連付けるのは性急だ。ヒロイズムで十二分に描出できる。

二場は、暗黒のなかで、送られて来た子供の箱を引き受ける声と拍手が聞こえる。この孤児院は金持ちから不幸な赤ん坊を買い取って、社会に触れさせず特殊な教育――〈考える〉という行為を捨象し、ただ強健な身体を持つ青年に育て上げる教育をしている。一八歳になったら共に育った男女を結婚させ、社会へ戻すという行為（商売）を二〇年もしていることがあとでわかる。

三場は、社会から訪れた正装の紳士。指定はないが、一場の白手袋の紳士と同じだろう。孤児院は「明るく」、外の社会は「暗い」という話を紳士と院長がする場。ここは冗漫なセリフが続く。紳士の訪問の真意はある伯爵夫人の赤ん坊を引き取ってもらいたいということであった。ここで「近頃の暗さはまた一種格別です。昔のとは全く違ふ。例へば——例へば——近頃の詩人は。」と紳士は叫び出す。（以下、／改行）

——ざまあつたらねぇや／眼も鼻も身躰中が泥だらけぢやないか！／手の先、足の先でくるくる廻る泥だらけの車輪！／頭の毛にひつつけた警鈴（ベル）！／やかましいベルだ！／力かぎり乗り廻さなきあならない！（略）俺のベルだ！　ベル！　ベル！　ベルだ！／街角だ——金庫だ——重役だ——固い壁——／高層建築知つたことぢやない！　急げ！／「混迷！」「雑閙！」「悲鳴！」／「壓死！」「強請！」「搾取！」／「格闘」「殺人」／群衆・群衆・群衆・群衆・／自動車！　警笛！　ヒュールム！（以下略）

この詩の作者の名を村山はあげていない。現在なら著作権上の問題が発生するだろう。「近頃の詩人」は、正木喜勝が探し当てた。初めにあげた正木の論文でこの詩が萩原恭次郎の詩集『死刑宣告』（長隆社　一九二五年一〇月）から引かれていることが記されている。

『死刑宣告』の後ろ書きは、岡田龍夫。高橋新吉の〈皿、皿、皿、……倦怠〉（一九二一年）に驚くのは序の口で、恭次郎の詩は、非常に激しく視覚的に出来ていてアナーキーだ。かつて詩は書かれたものを暗誦したり読み上げたりした。その既存の方法に対抗的に登場したと見ていいのだと思われるが、この詩集は声に出して鑑賞するというより、絵画のように文字の大小や色や配列が意味を持ち、視覚に訴えるように創られている。見て感じるもので、声に出さなくても充分に刺激的だ。伝達方法の交代——それだけ科学的になったといえるのかもしれない。「何物も無し！進むのみ！／〓小さき行進の曲〓」と名付けられた萩原恭二郎の詩の一部分を次頁に引く。先に引いた村山のセリフと部分的に表記は異なるが、ゴチや記号を利用して視覚的効果を狙った新しさがわかるだろう。

何物も無し！進むのみ！

＝小さき行進の曲＝

ざまあつたらねえや
眼も鼻も身體中が泥だらけぢやないか！
手の先き足の先きてくる〳〵廻る泥だらけの車輪！
頭の先きにくつつけた警鈴(ベル)！
やかましいベルだ！
力限り乗り廻さなきあならない！
細つこいタイヤ！破れんな！
どんなとこでも乗り廻すんだ！
ハンドルだけを狂はすな！
正確に！確實に！
メートル法を忘れんな！

ヘツト・ライト――危い！

除け！除け！群集！

ベルだ！ベルだ！

俺のベルだ！ベル！ベル！ベルだ！

街角だ――金庫だ――重役！固い壁――高層建築
知つたことぢやない！急げ！

「混迷！」「雜鬧！」「悲鳴！」「壓死！」「强請！」「搾取…」「格闘！」「殺人！」
●群集●群集●群集●群集
自動車→●●＋警笛＋＋ヒユールム！B！！！！QQQQQ＝CCCCC
ドツ！ドツ！グエル！グエル！ルン！ルン！ルン！
S＋W＋C＋O＋Z＋TNXU●●ーーー／／／／ーーーー
女！女！女！＋男＋男！男！男！ーーー車輪ーーBB！
行進→ザフツ！ザフツ！グツ！グツ！グエル！グエル！
フーフーフーダブ！ダブ！ダブ
メートル法を忘れんな！
正確に！確實に！
ハンドルだけを狂はすな！
ベルだ！ベルだ！俺のベルだ！
ベル！ベル！ベル！ベルだ！聞えないのか！俺のベルだ！
除きやあがれ！

早稲田大学図書館所蔵
「萩原恭二郎死刑宣告」

孤児院へ赤ん坊を連れて来ると言うのは、〈死刑宣告〉と同様という視点の導入のつもりかどうかは不明だが、「何物も無し!進むのみ!」から引かれた詩を社会的に優位な存在の正装の紳士に否定させて暗誦させる。詩のセンテンスを叫ばせることで、ある種のミスマッチを狙ったのかもしれない。しかしたぶん観客は、その意味が判らなかっただろうと思う……

四場は、初めの貴婦人が孤児院の規則を読む場。ここに入れたが最後、赤ん坊が大きくなっても会えないこと、身体訓練をしているから一定の年齢になると劇場で踊り子をさせること、一八歳になると孤児院で育った男女を結婚させて外に出す。二度と孤児院には戻れないこと。等などを読む。……これも長い。三場と四場は、モノローグのようで場がどれだけ持ったか疑問だ。

身体訓練の成果が劇場の踊り子になることで、その収入が孤児院の運営費になるなどというのもかなり奇想天外……。どんな踊りかはここではまだわからない。

五場は、もちろん身体訓練の場だ。1、2、3、ではなくてA、B、C……の掛け声でバレーの基礎訓練をするところが変っている……　そしてこの訓練がクラシック・バレーというのも当然のことだろう。村山が踊るダンスは、クラシックに叛旗を翻したものだから出てこない。旧い意識の院長がする教育は、体制内的で旧派の踊りでなければ話の辻褄が合わないからだ。ここで時間的推移がある。

六場は、初めて外界へ出た少女(一三、四歳)が劇場で踊る場面だが、舞台上で観客を見て、驚く。なにしろ孤児院の子供達は、〈純粋培養〉されていて色々な種類の大人に出会ったことがないからだ。この少女は、一場で貴婦人が売った赤ん坊だった。年月が経ったことを前の場で、院長と女教師(一七~八歳)が告げるが、これもどのくらい理解されたかは疑問だ。この場の少女セリフ、「あゝ。人間、人間。何て多勢の人間なんだらう。何ていろいろの顔なんだらう。何て醜い!」

七場、貴婦人が子供を返してと来る。断る院長。そして院長の息子が登場。一八歳になった男女を結婚させ、院から出す院長の父親。はなむけの言葉は「孤児院は君達には無だし、君達は僕には無だ」、これが恭次郎の詩「何物も無し！ 進むのみ！」を三場で紳士に叫ばせた理由なのかもしれない。が、その辺りは理解しにくい。帰宅した院長の息子は驚く。息子の問いかけに応えられない青年男女。息子は体育のみの教育を批判して父を殺し、院長になる。

八場、息子は魂の教育を始める。それは魂をもった肉体、兵士であった。「純粋な鬼の如き精鋭な軍隊。」彼の教育も誤っていた。そして彼らは舞台裏で殺し合う。貴婦人が子供を探しに来る。息子は、殺されたと告げる。「人殺し」と叫ぶ貴婦人。暗転

3

最後の「歓呼の声」で始まる九場、明るい現在を表しているようだ。明るい舞台、「天から五彩の紙片が烈しく降つて来る」「一様の服装、メークアップの人々が多勢、ザワめいてゐる。動き廻つてゐる。」（ト書き）。魂の教育も肉体の教育も受けなかった醜い存在が、生き残る。そして自由で醜い自身の存在を喜び合う。おそらくこれが、メロドラマという角書きのある所以だろう。

この場で「君は馬鹿だねえ」「ああ、君と同じにねえ」のセリフがある。この「馬鹿だねええ」が何人もの評者に取り上げられたのだが、これは観客席に向かって発せられたものではなかった。九場は八場までの展開から離れていて、終局の場とはいえ、これでは村山の意図（社会の矛盾の表出・特殊教育の否定など）は、明確には把握されなかったと思われる。もちろん村山の意図がそこにあったかどうかはわからない。あえて読めばそうなるということだ。

とはいえ村山の第一作は、パフォーマンスの域を確実に出て、戯曲になっている。冗漫なセリフもあるが表現形式としては、新しいものがあり、構成も展開も初めての作品としては非常によく出来ている。やはり村山知義は、〈新しもの好きの芸術的才人〉であり、「ダ・ヴィンチ」なのだろう。

ところで第一回でふれた秋田雨雀「骸骨の舞跳」は、日本の代表的な表現派戯曲で、関東大震災後に初めて文学で描かれた朝鮮人虐殺を取り上げた戯曲だった。一九二四年四月、『演劇新潮』に掲載されたが、直ぐに発売禁止になる。それゆえ当時、村山はこの戯曲を読んでいないと思われるが、読んでいたら……どうであったか、とも思う。

これにも詩のような人間の自由と解放を詠った青年の宣言が二箇所出てくる。奇異を衒わず説得力があり、そして新しい。この戯曲は、『日本の近代戯曲』(日本近代演劇史研究会編 翰林書房 日本文学コレクション 一九九九年)で読める。是非一読を薦めたい。

限られた時間内で表現せねばならない戯曲という形式は、どの芸術表現より困難がともなう。村山知義はその困難に、これ以降立ち向かうことになるのである。

＊

人は誰にでも「承認欲求」がある。〈若さ〉は時に激しく表出させ、それが〈目立ちたがりや〉と映る。

第5回　左傾化への契機〈無産者の夕〉（『テアトロ』二〇一二年八月）

1　「プロ連」参加

徳永直「太陽のない街」で知られる共同印刷の争議は、一九二六年一月に始まった。その前年の暮に日本プロレタリア文芸連盟（略称プロ連）は創立大会をもち、佐々木孝丸たちの小集団先駆座は演劇部に吸収されて佐々木を中心にトランク劇場（移動演劇）を結成、共同印刷の争議に出動して応援した（二月二七～二八日に争議団員の集合場所の神名会館と小石川倶楽部で三回公演）。先駆座手持ちの「ある日の一休」（武者小路実篤作）と「エチルガソリン」（長谷川如是閑作）を上演している。村山はこの上演を、「トランク劇場が争議団本部に出勤して、激励慰問の公演をしたのが、日本プロレタリア演劇史上、専門演劇人と労働者との最初の交流として、特筆すべき事件」と後日、記した（『自叙伝』二巻）。革新的労働者と演劇芸術の出会いであった。

この時、装置を柳瀬正夢と村山知義が担当したという説もあるが、村山は翻訳や文章書きで「大変な忙しさ」だったと記しているし、メイク用品や衣裳は調達できず、花見用ボテ鬘と歯磨きで顔を作り、衣裳は自前で「お粗末千万な、間に合わせのやり方で」（佐々木）上演した。「装置といっても、おくれて会場にかけつけた柳瀬が、近所で大型の画用紙を買ってきて、それに黒と白との構成派風の時計をかきあげ、これを幕にはりつけて、社長室の感じをだすという調子」（八田元夫「わが演劇的小伝」）だったというから、本格的なものではなく、村山はこの装置にも公演にも係わっていないとみていいだろう。

柳瀬との関係からと推測されるが、村山はこの頃プロ連の美術部に籍を置く。「私はこの大会（日本プロレタリア文芸連盟創立大会、一九二五年一二月六日、牛込矢来倶楽部）に出席し、その美術部員になった」（『自叙伝』）。美術部は神楽坂で毎夜街頭似顔絵を書き、その売上を争議団にカンパし、資金援助をしていた。柳瀬正夢の年譜によると、二月に「共同印刷の争議応援のため木部正行、村山知義、小林源太郎らと牛込神楽坂で街頭似顔絵市場を開催」とあるから、村山も街頭に立って似顔絵を描いている。トランク劇場員は、昼は争議団詰所で芝居をやり、夜は神楽坂で似顔絵の客寄せを手伝ったらしい。

村山もこれについて記している。二月二七日と三月六日の二回参加して、「街頭に立って似顔を描いて売る、ということは私にとって最初の経験だったが、これは私にとってのみならず、日本で初めてのことではなかったかと思う。（略）たとえ間接にであろうとも、プロレタリアートの闘いのために、私の芸術を役立てた最初の行為であった」（『自叙伝』）と後日記録する。

前回ふれた心座第二回「孤児の処置」は、一九二六年一月二八〜二九日に邦楽座で上演された。その後村山は、二月五日に『構成派研究』（中央美術社）を上梓、神楽坂で似顔絵を描き、三月末には、小山内薫総指揮の「路上の霊魂」を作った表現派監督村田実に招かれて京都日活撮影所へ行く。『日輪』（横光利一作）のセットと衣裳を担当するためで、村山の斬新性が買われたのだ。この仕事で美男俳優中野英治や女優岡田嘉子を知り、ほぼ一ヶ月京都に滞在して初めての映画撮影を楽しんでいる。

2 〈売れっ子〉の新しい風

心座のラジオ・ドラマ「出帆第一日」の収録をしたのは四月末だった。もちろんナマ放送だ。これは、「気に入らないから」と第一戯曲集には収録されなかった作品だが、『自叙伝』には、前年に小山内薫が初めてのラジオ・ドラマを作っていたから、二回目に当たるラジオ・ドラマの制作にかなり力を入れていた様子がわかる。収録後、また京都へもどる。この忙しさでは、とても心座次回作の翻訳はできないし、熟考した作品はできなかっただろう。五月の心座公演「ユーディット」（カイザー作）の翻訳を久保栄に依頼したのも理解される。卒業論文がG・カイザーであった久保のほうも大変な状況で、東京帝国大学独文科の卒業試験と重なりながら、カイザー作品を他者に委ねたくなくて翻訳をした（久保日記）。これが、村山と久保の演劇的出会いだった。このあと五年もしないうちに二人は同志になる。

さて、肝心のセットだが、これは散々であった。プラン料と大道具制作費の安さに驚いて、引き揚げたためにセットの出来上がりを見ていなかった。「貼紙細工みたいな制作で、皺が寄ったり、隙間があいたり」し、おまけに雨の場面では窓にシミまでできた。試写で見た村山は築地小劇場のセットと比較して仰天し、腹を立てた。しかし別のアイディアも得たようだ。

「日輪」の封切り（一九二六年五月二一日）で、「プロローグ『日輪』全三節。本邦最初、映画序幕。高田舞踊団出演、高田正夫振付考案」が「日輪」上映前に上映されたらしい。これを見て村山は、「映画と演劇とが将来協力して『一大スペクタクル』になるだろう、『連鎖劇』が劇場芸術の最高の形式になるだろう」と考えたと後日記している（『自叙伝』二巻）。

が、実は連鎖劇のことは既に書いていた。一九二五年の一一月に創刊された『文芸市場』（金子洋文・梅原北明編輯）に「連鎖劇」という短文を寄せているのだ。「連鎖劇は最も近代的なる総合芸術」「人間と機械、空間性と時間性、色彩と形態、幻と現実、虚偽と真実、音楽とセリフ、歌劇と活動写真、ドラマと舞踊、調和と不調和、等々の総合である。私はこれをやりたい。」と……。

村山が描いた連鎖劇が、どのようなものかこの限りではわからないが、連鎖劇は既に〈大正期〉に大流行していたから村山も観ていた可能性はある。舞台劇と活動写真を合体させたもので、舞台で芝居が進み、その途中にスクリーンが下りてきて映画が映写され、その後またスクリーンが上げられて芝居が続くというものだったらしい。最近の舞台で映像を入れると大いに喜ばれ喝采されるが、既にこれも演劇界ではほぼ一〇〇年前からやっていたのだ。こうしてみると、科学技術が進歩すると巧緻な方法や映像が提供されるが、技術の進歩を見せるだけで、アイディアは〈使用済み〉であることがわかる。科学技術の進歩を最大限に取り込んで舞台と映像を芸術的に作り上げたのは菊田一夫で、新帝劇のオープニング公演「風と共に去りぬ」だった（一九六六年）。

画期的なのは映画が演劇よりも低く見られていた時代に、それを取り入れて新派の人気俳優井上正夫が浅草へ進出し、無名だった山本有三の「塔上の秘密」を連鎖劇にして一九一五年に〈みくに座〉でやったことだろう。大好評で八カ月も連続公演されたというからその新しさに観客がどんなに惹き付けられたか想像できる。井上側には経済的な理由があって浅草進出を決めたらしいが、商業演劇の質的向上と新しさを求め続けた井上正夫らしい選択だ。この井上が舞台のレヴェル・アップのために、後に村山と芝居をすることになるのだから興味深い。

映画館や小芝居の小屋ではなくメジャーの大劇場といっていい日比谷の帝劇で活動写真*が初めて映写されたのは、一九一三年だ。以来「発声活動写真」を含め、度々外国の活動写真が上映されている。活動写真に刺激されていて、葵館の常連でもあった〈新しもの好き〉の村山なら連鎖劇に興味を示すのも当然だと思われる。が、これはこの時期には実現していない。

五月末に新橋演舞場で心座第三回「ユーディット」（カイゼル作・久保栄訳）の演出と装置をする頃には村山知義の名前はかなり知れ渡っていたと推測される。ここでも新しいことを試みようとするのだ。

初めて廻り舞台のある大劇場で演出することになった村山は、〈芝居の進行中に、舞台が運行する〉ということを考えたようだ。更に築地小劇場ではじめて観た吉田謙吉の丸太舞台の装置（「社会の敵」一九二五年一一月、「ベニスの商人」一九二六年一月）に衝撃を受けていた村山は、「ユーディット」に丸太を使い、螺旋階段を出す。「奇抜で大胆な舞台かざりがドギモを抜いた」（伊原青々園「都新聞」評）と評された装置は、丸太で組んだ上に螺旋階段を板で括り付け、建築現場の足場のようなものであった。

これは現在写真で見ることが出来るが、今見るとかなり素朴だ。しかし芝居の進行と共に廻り舞台の上で螺旋階段が動く様子は、どんなにか観客を興奮させたことかと思う。普通、廻り舞台が使用されている時は芝居の進行は止まっているからだ。現在では宝塚歌劇が――特に小池修一郎演出「カサブランカ」の廻り舞台と芝居の進行と映像の使用は見事だった――最も効果的に使用し、帝劇ミュージカルなどでも時々使われている。歌舞伎では、世話物で廻る舞台を役者の場の移動に使用していることがある。八〇年以上前に廻っている舞台を芝居に組み込むという村山の斬新なアイディアには驚きを禁じえない。

高田保は「立体的な構成、空間への飛躍」に喝采をしたが、演技と舞台の進捗にガッカリしたようだ。「爬虫動物のやうに懶く鈍い動作」「無意味な呟きのやうに単調な言葉を聞いた」「徒に疲労し、そして退屈した」と記す（「心座・村山知義」）。現在、動作の鈍い単調な呟き演技が小劇場演劇空間でさも新しいように横行しているから、高田の批判も何となく推測できる。それを村山は新橋演舞場という大劇場でやったのだから、スローテンポの〈アンチ写実〉の舞台に〈疲労と退屈〉が襲うのは当然だろう。どうやら時代は変わっても、若者が考え出す旧いものへの対抗的な表現は、〈アンチ写実〉〈アンチリアリズム〉で変わらないものであるようだ。それは演劇の基本が、どこまでいっても〈現実の反映――リアリズム〉にあるという動かしがたい存在理由があるからである。

3　〈無産者の夕〉一九二六年一〇月

心座第四回公演（一九二六年九月末、於築地小劇場）で、村山に転機が訪れる。シンクレア作・佐野碩訳・堤正弘演出「二階の男」の装置、「白い腕」（船橋聖一作）の演出・装置、「ストライキ中」（前田河広一郎作）の演出・装置、「兄を罰せよ」の作・演出・装置だった。一つ一つが短い作品であるとはいえ、一人で引き受けているのだから驚く。

「兄を罰せよ」は、次節で触れるが、この時上演した「二階の男」の舞台が、出演した女優（花柳はるみ）付きで翌月そのまま「無産者の夕」の舞台に乗る。いよいよ革命的演劇運動への本格的歩み寄りであった。

登場人物三人の「二階の男」は、手軽に上演出来るためにこのあと各地の争議団応援で度々上演されるようになる。村山はこの作品について次のように書いている。

「当時アメリカの大変に有名な左翼作家であったアプトン・シンクレアの作品で、（略）アメリカ帰りの前田河広一郎が彼の『ジャングル』（『藪』）を翻訳出版した（略）当時の日本では到底考えられないマッス・プロダクションの物凄い姿が描かれていた。（略）われわれは争ってシンクレアを読んだ。（略）日本にも菊池寛以後、テーマさがし、事件提供者、代作屋の類がだんだん出て来てはいたが、シンクレアのように大掛りなものがつくられたことはなかった」（『自叙伝』）と。

しかし〈事件が先走って、その事件をつくり出す肝心の人間たちの性格や心理がなおざりにされてしまう〉内容であったから段々彼の作品は関心を引かなくなったらしい。当時はよく上演されたが、その後登場しないのはそんな理由によるのだろう。革命的演劇が定着すると戯曲内の〈環境と性格〉が重視されるようになるからである。

トランク劇場は無産者新聞一周年記念「無産者の夕」で、「犠牲者」（久板栄二郎作・佐野碩演出）、「カムチャッカ行き」（久板作・小野宮吉演出）、「馬鹿殿評定」（長谷川如是閑作・千田是也演出）、「二階の男」（シンクレア作・堤正弘演出）を上演（芝協調会館 一〇月二～三日、川崎公会堂 一〇月四日）した。柳瀬正夢が前者三作の装置をつくり、先にも記したように「二階の男」の演出と装置は心座のをそのまま利用する（千田是也『もうひとつの新劇史』）。

それが、「舞台装置も例によつて柳瀬正夢が中心となつて、それに村山知義が献身的な応援をしてくれて、金のかからぬ簡素なものではあつたが、兎も角、本式に飾ることが出来た。（略）久板栄二郎がプロレタリア劇作家として第一歩を踏み出し、佐野碩が演出家としての才能の片鱗を示し、村山知義が、その多方面な才能をプロレタリア芸術運動のために役立てることとなった」（『風雪新劇志』）と、佐々木孝丸が記した理由だろう。

この日、関鑑子が「くるめくわだち」を歌ってそれが「その後ながく左翼の労働者や学生に愛唱」（千田）された。「くるめくわだち　走る火花　ベルトはうなり　槌はひびく　ここにぞ鍛う　くろがねの　友のかいなよ

われのかいなよ　固くむすびて　いざや行かん　われらが赤き　旗のもとに」（小野宮吉作詞）という歌で、村山もこの歌に感動している。

革命的演劇運動の先輩株佐々木の一文を読み、関の独唱に参加者が感動している様子を知ると、「プロレタリア芸術運動」への参加に若干の時間的差異があっても五十歩百歩で、実質この大会が多くの多感で意識的な若者たちの左傾化の契機になる集会であったことがわかる。

4 「兄を罰せよ」（二幕四場）

「兄を罰せよ」は『改造』の一九二六年一〇月号に掲載された。六月頃に依頼され、八月に擱筆している。この一流誌への掲載は余程うれしかったらしく「雑誌を銀座の本屋で買い、小脇にかかえて何度も何度も銀座を往復した」（『自叙伝』）という。文章を書く者が一度は経験する喜びが伝わってくる一文だ。

これは「当時の母と私と弟の関係をテーマ」にした私戯曲だと後日村山は言った。親戚から借金をして行った村山のドイツ留学は、経済的に豊かではない一家にとって大事件で、村山の能力と未来に期待をした母と病身の弟の大きな犠牲があったのである。それを〈兄〉村山は大きな傷として抱えていて、キリスト教徒の〈母〉と精神に病を持っていた〈弟〉忠夫に、身勝手な〈兄〉知義を〈罰せよ〉と叫ばせることで、その重荷をおろしたかったのか……、あるいは重荷になっている母と分裂病の弟を棄てた自身を懺悔していたのか、そうすることで救われたかったのか……。その真意は明らかではない。が、村山とその家族の心の襞を見るようで辛い戯曲だ。しかし上演時は誰もそれを知らない。むしろドストエフスキーの「罪と罰」やトルストイの「クロイツェル・ソナタ」のような内面を持つ表現派戯曲と受け取られたようだ。わたくしは、村山の思想的転換が示された戯曲と位置付けている。

一幕一場、母と弟が「きたない狭い部屋」にいる。置き道具は「みじめな椅子が三脚」。このト書きは、この家の貧しい状況を表現する。この場のセリフは長い呟きまがいの独白で、村山の思いの丈を吐き出しているように思われ、まさに表現派風……。しかしこの場を観た観客はさぞ飽きが来ただろうと推測される。何故いつの時代も若者は呟くのか……と思う。

兄が帰ってくるような足音を聞く弟。「兄さんは僕達をこんなにも苦しませていながら、しかもあんなにしっかりした確実な足音をさせていられるのだから、きっと何かはっきりしたもの、恐らく主義を得たのだろうと思うのです」という弟。母は「兄さんはお前と違って智恵に生きる人だった。」

兄は弟にとって〈誰にでも愛される存在で、才能はたぐいない程ある〉〈美しいアマゾンのよう〉〈必要によっては罠にひっかかった狼のような様子もする〉〈僕達はこの一年間、一度も外へ出なかった。僕もお母さんも食物を減らした。僕は本をさえ買わなかった。僕は兄さんの中に生きるのだ〉〈僕は自分に絶望する程兄さんを愛していたのだ〉

二場。「腰に太鼓を釣って打っている」兄が帰宅して語りだす。「一番愚劣なものは道徳と宗教だ！　軽蔑すべきものは犠牲だ！」　わが身が犠牲の上に成り立った存在であるにもかかわらず……喋り続ける。ここに検閲で削られた四～五行がある。おそらく性愛に関するものではないかとおもわれるが、長い兄のセリフが続く。キリスト教徒の母を責める兄。母の結婚を、性愛を、出産を、責める兄。「僕はどっかほかのお母さんから生れるべきだったのだ」と。こんなことを言われた母は顔を合わせられないし生きていくのが辛くなる……。ただひたすら謝る母。

一場の弟のセリフの間にヴァイオリンとピアノでクロイツェル・ソナタが流れていたのを思い出す。弟はかつて三人でこの曲を聞いた時、「人の心を抵抗し難い力で捻じ廻す。」〈悪魔の招待〉〈神の啓示〉〈あらゆる拘束を振り落としてしまいたい熱望に襲われた〉そんな曲だったと話す。その直後に兄は「都へ行くんだ」と言い出して二人を残して出発した。〈堕落した都〉で生きる人々、〈権力は常に悪人の手にある〉〈あらゆる人が異性についてはなし〉〈あらゆるものが金で買われる〉社会を兄はみてきた。これは村山が生きたベルリンの街を語っている。

ベートーベンのヴァイオリンソナタ第九番（一八〇三年）は、トルストイに〈嫉妬からの妻殺し〉〈性道徳の堕落の否定〉をテーマにした会話体短編小説「クロイチェル・ソナタ」（一八八九年）を書かせた。もしかしたらこれは壮大な元祖呟き小説であったのかもしれないが、「クロイチェル・ソナタ」は一九一一年と二一年に映画化されている。村山がそれをドイツでみたか、あるいは日本で見たかは明らかではない。しかし葵館に通っていた村山が映像から戯曲のヒントを得ていないと否定する事も出来ないように思う。村山がベルリンにいた頃、街路映画といわれる映画が流行していたらしい。これなどもおそらく「孤児の処置」の表現に影響しているのではないかとみているが、どうだろう……。

さて、兄の罪の意識は、実際の弟忠夫が書いた童話の一節を唐突に二場に挿入する。「お前は子供の頃お伽噺を書くことが好きだった」と兄はいい、リューバとニーナという二人の少女と妖怪まがいの妖婆が登場して青い鳥探しをするような話をしはじめる。が、兄は幕切れに「僕は主義を得たんだ！確固たる信念を得たんだ！僕達は弱々しい人間を必要としないんだ！　病的な人間を必要としないんだ」と叫んで写真をばらまく。

実際、忠夫は「まなびの友」に童話を書いていて「みんなの注目を集めてい」（羽仁説子）たらしい。村山は「彼が『まなびの友』に書く童謡や童話が私のよりもずっと独自的であり、すぐれていることを尊敬し、自慢に思いながら、ねたみ心を押さえることができなかった」と書いている（『自叙伝』）。

二幕一場。毛糸のジャケツをほぐしてスリッパを編んでいる母。機械で宣伝文を印刷している兄を窓の向うに見る弟と母。弟は兄が〈僕達の悪口を印刷している！〉と母に言う。〈兄さんは複雑な、しかし携帯自由な電気装置の機械で、僕の頭脳を支配しようとしているのです〉〈僕が兄さんに対して思っていること、それが皆兄さんにわかってしまうのです。〉〈僕はあの機械にかかっては成らない。（略）絶縁体を下さい〉。彼は病故に明らかに混乱に襲われている。もちろん兄はそんなことは考えていない。別室で印刷をしていた兄。宣伝文を書いていた兄は、〈家のことよりもずっと大事な仕事が僕の目の前にはある〉と母に言って去る。

第二場で、母が突然死に、弟が「突然身を起して兄にとびかかり、物も言わずに首を締める。」最後は弟が「兄さんを罰してくれ！」と叫び、ここでも唐突に弟は刑事を連れてきて兄を罰してくれと叫ぶ……兄は「僕をゆるしてくれ！」「誰が弟の看護をするんだ」「僕を放してくれ」とさけぶ。弟は絶えず口の中で呟いている。「兄さんを罰してくれ！」（幕）

この芝居を書いた村山は、後に次のように書いた。母を責めた一幕二場のセリフだ。

「私は今、四十三年を経て、このくだりを読んでゾットする。一人の物を書く人間が、その子のために一所懸命につくしている母に対して、こんなことを書いた者がいるだろうか」（『自叙伝』）と。そしてまた、弟が兄に飛び掛り首を締めたのも事実であったと告げる。村山が籌子と結婚後まもなく、アトリエから食堂へ村山が出てきた時に、弟が飛び掛り首を締めた。それで母は、二人を一緒にしておいてはいけないと知義と籌子の住む家を出て、二人で千葉の御宿へ引っ越す。この引越しには、もう一つ理由があり、結婚後しばらくして「籌子が突然、母に対して一ことも口をきかなくなってしまった」からだ。「籌子さんが私に一言も口をきいて下さらなくなりました。私のどこがいけなかったか、どうか、うかがって見て下さい」という母は、哀しい。

母は息子には〈他のお母さんから生れたかった〉といわれ、息子の妻には口をきいてもらえない。居場所がなくなるのも当然で、母と弟は御宿へ逃げたのだ。村山は外では晴れやかに派手に行動していたが、家の中も心の中も嵐が吹雪いていたのである。しかし世の中で認められ始めた村山はそれを見過ごした。

村山は、弟が精神の病を持ったのは、留学から帰った頃の不埒で破滅的な生活（性的）が原因だとみている。結婚前に籌子がしばしば通ってきて、ラブシーンを繰り広げていたらしい。キリスト教徒の母は、隣の部屋で「ひとさまの大事なお嬢さまを傷つけるようなことがあったら」とおろおろし、「母は血の気の失せた顔をして、私を責めるような、懇願するような目で見た。私はそういう母を『邪魔ッけだ』と思」ったという。そして当然にも妊娠、籌子の岡内家は反対したが最後は籌子の我がままをのみ、ミセス羽仁の仲人で結婚する。そんな経緯があった。

家を出た忠夫は、一時具合が良くなったが、幻聴が聞こえるようになり、病状が悪化して松沢病院へ入院する。残された母は、村山の家にも戻れず、母の弟で町の小さな眼科医の家に身を寄せ女中同然に働いたという。何とも寒々しい光景が浮ぶ。

敬虔なキリスト教徒の母は夫に先立たれ、「やっと育てて来た兄弟の一人は松沢病院におり、もう一人は社会主義者になって、牢屋に入れられたのである。（略）この自伝が進むにつれて、更に明らかになるであろう母に対する大きな不幸や、弟の病気の原因をつくった不埒な生活態度は、公にされなければならない」と六九歳（一九六九年）の時に村山は書いた。対象がいなくなってからの自己批判は遅すぎるが、それでもそう書かなければ自分を許せなかったのかもしれない。

若さには、いつも輝かしい未来が開かれるのだが、そこには往々にして最も身近な存在に哀しい犠牲を強いる残酷さもあった。それが世界中の〈男たち〉が歩いていた〈光り輝く道〉であった。村山もそんな一人であったのである。

＊　映画は当初活動写真…動く写真の意…と呼ばれた。俳優の声が聴けない映画は無声映画、俳優の声が出る映画は発声活動写真…トーキーと呼んでいた。Talk から名付けたのだろう。

第6回　前衛座から左翼劇場へ*

（『テアトロ』二〇一二年九月号）

1 「勇ましき主婦」――新劇協会

一九二六年一〇月の〈無産者の夕〉は、結果的に左翼シンパの青年たちを多く輩出することになった。主催者の意図は達成されたといっていいだろう。大活躍の佐々木孝丸たちトランク劇場員たちは本格的なプロレタリア演劇集団前衛座創立をめざすことになり、その準備公演をする。一〇月二三日に資金集めを目的として前衛座の名で秋田公演（秋田・土崎・能代）に出発する。秋田は『種蒔く人』発祥の地でもあり、今野賢三・金子洋文が「太夫元」で佐々木孝丸・小野宮吉・村山知義・佐藤誠也らに人気女優花柳はるみが参加して「二階の男」「エチル・ガソリン」と「牝鶏」（金子洋文作）を上演してまわる。村山は全演目の装置とプロンプターを担当した。そして創立の資金集めは成功する。

なんとも忙しいことだが、村山は前衛座準備公演の後、畑中蓼坡の新劇協会で自作「勇ましき主婦」（一一月一五日〜二一日、帝國ホテル演芸場）を演出している。戯曲を読んだ畑中からの依頼であった。村山はこの戯曲を「九月五日六日の二日間、一気にブッ通しで書いた。人物も事件も殆どベルリンの下宿での体験にもとづいたので、一気に書けたのだ」（解説『村山知義戯曲集』上）という。執筆も早ければ、上演も大急ぎで、稽古の始まりは一〇月一〇日だった。しかもそれを中断して前衛座の資金集めに村山も花柳はるみも秋田へ行き、戻ってきての公演になった。

この新劇協会の公演は、築地小劇場開場前の小山内薫三田講演以来、犬猿の仲になっている菊池寛の文芸春秋社が経営に関与することになった第一回の公演であった。小山内薫の三田講演（当分の間翻訳劇中心で行くという主張）や菊池寛と新劇協会に関しては随分前に書いているから、拙論「慶応義塾三田講演の波紋」（『近代演劇の扉をあける』所収、社会評論社 一九九九年）に譲りたい。

村山は「畑中蓼坡、伊沢蘭奢の『新劇協会』は築地小劇場に対抗して奮闘していたが、常設劇場も資金もないので、青息吐息だった。（築地小劇場が）翻訳劇ばかり上演していたので、それに反撥した菊池寛一派の作家たちが新劇協会を支援しようということになり、文芸春秋社が経営を引き受け、その第一回公演に、文芸春秋社発行の『演劇新潮』に発表された私の戯曲が演目の一つとして選ばれた」と書く（村山前掲書解説）。上演が決定した時に雑誌に載っていたと言うのは執筆時期を考えると早すぎておかしいのだが、とにかく有名人になった村山が呼ばれて作品提供と演出をしたと考えていいだろう。村山は花柳はるみを主婦役に、装置を築地の吉田謙吉に指定して舞台監督（演出）を引き受ける。

これはあとからわかることなのだが、村山と花柳はるみは特別な関係にあった時期がある。二人は築地小劇場の「朝から夜中まで」で知り合い、「遠くの羊飼」、「爛酔」、そして心座第四回公演の「二階の男」、〈無産者の夕〉、前衛座準備公演、次に記す新劇協会公演と立て続けに仕事をし、行動を共にしたのがきっかけだったのかもしれない。

「勇ましき主婦」（『演劇新潮』一一月号）は三〇分の一幕物である。時は一九二二年、クリスマスイブの夕方。場所はドイツ・ベルリンの町外れ、五階建住宅の四階の住居。この階の持ち主シュルツェが勇ましき主婦。その四階の廊下が舞台で、舞台にはドアーが四つと安っぽい壁紙「いじけた模様」を貼った壁があるだけだ。

上手に玄関ドアーがあり、正面にドアーが二つ・大家の主婦（花柳はるみ）と娘イルゼ（小野染子）の部屋が上手側ドアー、借家人の運送会社書記プレーマー（畑中蓼坡）と妻エンミー（伊澤蘭奢）の部屋が下手側ドアー、下手に日本人留学生吉田繁（三島雅夫）の部屋のドアーがある。この芝居は廊下で展開されるのだ。この発想も非常に興味深い。こうした設定は、村山も書いたようにベルリンで実際にワン・フロアーをシェアーした経験があったからだろう。かつてフランス古典劇は、通過する廊下や広間が舞台になって恋愛悲劇が繰り広げられていた。誰でもが通り、出会い、語ることが可能であったからだ。

ドイツはマルクの値打ちが下がり庶民生活は逼迫していた。書記がクリスマス・ツリーを入れた荷物を持って帰宅し、主婦のドアーの前を抜き足で通過し自室ドアーへ入る。帰宅を待っていた主婦が書記のドアーへ。家賃も払わないのにツリーを買うとは何ごとだと文句をいう。

吉田が帰宅。彼は一階のユダヤ人の娘ゲルダ（宮部静子）に恋をしていてプレゼントを買って来た。主婦は娘のイルゼと吉田を親しくさせたくて、朝食を運ばせ、共に食べさせていた。それは吉田の食費で娘の食事を浮かせる為でもあった。しかも寒いベルリンの冬を越す為に吉田の部屋へストーブを入れ、煙突を長く引いて、三部屋の暖を取るつもりだった。その費用を倍に見積もらせて吉田に支払わせようとしている。お金のあるのは、日本人の吉田一人で彼から何かにつけて巻き上げようとしていた。

書記の妻には吉田を誘惑すれば、ストーブを通してやるといい、娘にも恋を仕掛けさせていたが、ゲルダが好きな吉田はその気にならない。ところが吉田は、ゲルダに振られる。最後は、主婦に言われて壁に煙突を通すのを脚立に乗ったエンミーが手伝い、その脚立を無理に吉田に押さえさせ、吉田は上を向いてスカートの中の「真黒な絹の靴下に包まれた美しいエンミーの脚」を見てしまう。「彼は赤くなってマゴマゴする。しかし眼を離すことが出来ない。」主婦の「そおら穴が開いた。あんた大成功よ！これからは暖かくくらせるわよ。」で幕。

エロスは象徴的な表現で描出されていて、しかも勇ましい主婦に皆が踊らされる様子がおもしろい。適度にエロティークで洒落ている。「兄を罰せよ」とは打って変わった明るい軽快さがある。この戯曲は、四月に築地小劇場で丸山定夫と伏見直江らが演じた「ホウゼ」（G・カイザー作・久保栄訳・土方与志演出）と似た雰囲気がする。ドイツ表現主義の「ホウゼ」の上演を村山が意識して、ドイツ滞在時の再現を思いついて執筆したとも考えられる。

稽古で村山は主婦役の花柳にかなり注文を付けたらしく「ヴォリュームの声や、せりふ廻しには、花柳はずいぶん泣かされた（略）彼女の演技がうまく出来るか出来ないか、に今度のすべてはかかっている」からで、「俳優をまるで人形のように扱い、セリフの一つ一つ、身振りの一つ一つまで、指揮した」と『自叙伝』や戯曲集の「解説」に記している。

ドイツへ演劇留学していた秦豊吉はこの舞台を「伯林の町端れの五階建ての四階目の下宿の廊下、といふ場所は、直ちに僕にその湿っぽさと匂ひと暗さをすぐ想像させる。僕はこの作者の描き出さうとした勇ましき主婦及びその周囲の人物が、ゲオルゲ・グロスの描いた『この人を見よ』の人物である事を知つてゐる。（略）脂太りと猥褻と悪くどさと低級とは、（略）正にパンが三十馬克で買へない時代の伯林である。花柳嬢の努力は十分見えるが、僕の想像する勇ましき主婦にはまだ形も力も言葉も動作も遠いものである。然し僕はこれで花柳嬢を責めようとは思わぬ」、「今の日本の女に「独逸の下宿のばばあと言へば、成程と浮んでくれるかの型の図太さとエロチックを出さうとする事は、とても出来ない話だから」と評し、他方でゲルダとイルゼは「可憐な独逸娘を想像させた」と褒めた（『演劇新潮』一二月号）。

この芝居は成功した。伊原青々園や三宅周太郎が都新聞や日々新聞で褒めて村山は「忽ちのぼせ上がった」という。しかも「菊池寛は、観覧席で私のそばへ寄って来て『大成功だ。素晴しかった。』といった。自惚れ屋の私は、（略）いい気になって『この次にもおれが書いて演出すれば、また皆をさらっちまうよ。』とほざいた。皆（関口・金子らスタッフ…井上注）はすっかり興醒めした顔になり、それ以来、新劇協会のお呼びはなくなった」（『自叙伝』）という。いかにも村山らしい逸話である。

岸田國士や関口次郎、横光利一、高田保が全面協力する新劇協会と小山内・土方の築地小劇場との事実上の闘い（上演合戦）が始まるのだが、実際にはあまり喧嘩にはならなかった。築地小劇場が演目・舞台成果などで何歩も先を歩いていたからだ。菊池寛は、経営が軌道にのらないことがわかって翌年五月に手を引き、協力していた岸田たちも菊地と共に去る。この集団は、演目の統一性もないままに一九二八年一一月の公演を最後に終わる。

2　築地小劇場「夜」と前衛座の旗揚げ

この頃、マルセル・マルチネ「夜」（佐々木孝丸訳、メイエルホリド上演時は「大地は逆立つ」のタイトル）、ルナチャルスキー「解放されたドン・キホーテ」（千田是也・辻恒彦訳）、イワノフ「装甲列車一四六九」（黒田辰男訳）、シンクレア「プリンス・ハアゲン」（佐野碩訳）、ウイットフォーゲル「誰が一番馬鹿だ」（辻恒彦訳）などが続けざまに訳出された。その中の「夜」を土方与志が演出したのである（築地小劇場 一九二六年一一月二六～一二月五日）。これは画期的なことであった。ところが表現活動への検閲は徐々に激しさを増していたから「夜」の検閲も酷く、翻訳をした佐々木は検閲時の削除を予想して「相当の分量をカットして検閲に出したにも拘らず更にメチャメチャに削除されたという（佐々木『風雪新劇志』現代社 一九五九年）。おまけに今回限りの上演、地方公演は許可しないという条件さえ付いた。

しかし舞台は、築地小劇場（演劇集団）が〈左へ行った〉と噂されるような非常にセンセーショナルな歴史的公演を誕生させた。青野季吉が「カットされたに拘らず、築地で上演された『夜』は、マルチネの『夜』の価値を十分に保存して居り、築地の演出はその価値を、かなり満足な程度にまで、生かしてゐる。」（『演劇新潮』新年号）と記した如く、いつもはシーンとした築地小劇場の観客席が「怒涛の喊声」（水品春樹）をあげ、「驚くような熱狂振り」（山本安英）を示したのであった。真船豊は多くの観客が「夜」の舞台に「全く頭を打ちのめされた」のだと評した。どのくらい衝撃的だったかよくわかる発言だ。「観客が生きて、力付いて、額ぶちを超えて、中へ飛び込んで」（青野前掲文）きたというから、時代と舞台と観客が一体となったのだろう。

他方、〈健全なる演劇の創造に向かって邁進〉し、〈人類を光輝ある未来に向かつて導き得る〉演劇の上演を目指した前衛座の第一回公演「解放されたドン・キホーテ」（佐野碩演出）は、「夜」の熱狂が醒めない翌日に築地小劇場で上演される（一二月六〜八日）。この作品は「階級闘争の決定的瞬間に於ては、人道主義は全く無力なものであるばかりでなく、有害ですらある――という思想を強調したもの」で、「全体の構成はややメロドラマ風な、中々賑やかな」（佐々木孝丸）お芝居だったらしい。小野宮吉のドン・キホーテ、生方賢一郎のサンチョ、関鑑子の王妃、花柳はるみの姫君、千田・佐々木の革命家。村山は装置と衣裳を担当し、反動的な宰相ムルチオ伯で舞台にも立つ。秋田雨雀は村山と小姓役の柳瀬の出場に「恐れ入った。そして二人とも立派な出来だつた」と褒めている。

前衛座と社会主義演劇の登場を、秋田は「従来の演劇運動は、コマーシャリズムからの芸術の奪換運動であつたが、社会意識の上に立つ演劇運動は更らに芸術から人生を奪換する運動でなければならない。」と定義して、築地小劇場の「夜」と共に前衛座の舞台を「私に深い感動を与へて呉れ（略）悲劇と喜劇の相異こそあれ、可なり類似した場面をもつているのも不思議だ」（『演劇新潮』新年号）と、興味深い批評を述べた。

3　一九二七年　記念すべき年

前衛座は、一九二六年一一月に誕生した日本プロレタリア芸術聯盟（プロ芸）のメンバーが作った。が、プロ芸の演劇部にはトランク劇場（のちプロレタリア劇場）が演劇部として所属していたから、この劇団は独立劇団でプロ芸には所属していなかったのである。それで自由に行動できた。彼らは「新しいタイプの演劇人を育てる目的」で一九二七年一月に演劇研究所を開講する。五〇人ほどの研究生が集まる。ところが、予期せぬことがおこる。当時若者を捉えた新しい理論福本イズムの「分離結合論」に演劇集団も影響されて演劇研究は二の次になってしまう。

古くからの左翼たちは新進の福本イズムに夢中になっている若者たちを「極左小児病患者たち」「福本イズ

ムの妖怪」（佐々木孝丸）と否定した。結果、演劇集団もプロ芸も思想対立で分裂する。反対派が六月にプロ芸を去って労農芸術家聯盟（労芸）を立ち上げたのだ。村山は自らの思想的構築も曖昧な中でアンチ福本側に立ち、労芸に所属する。佐々木をはじめ種蒔き社以来の金子洋文・小牧近江・今野賢三や青野季吉・前田河広一郎・小川信一・佐野袈裟美・葉山嘉樹・山田清三郎・林房雄ら馴染みの仲間達の側についたのである。この集団にはソヴェート帰りの新進評論家蔵原惟人が加っていた。

ところが労芸は六ヵ月後にまた分裂、前衛芸術家同盟〈前芸〉ができるのである（一一月）。プロ芸・労芸・前芸の三派鼎立時代と呼ばれる時間の到来だった。問題は前衛座で、労芸と前芸の二つの集団の間で取り合いになり、前衛座の名前は労芸が取る。が、この後、結局一度も公演せずに終ることになる。

久板栄二郎・佐野碩・小野宮吉・関鑑子の前衛座座員や研究生たちの多くは日本プロレタリア芸術連盟（プロ芸）に行き、彼らはプロレタリア劇場を作る。そして分裂した労芸の一方の前芸に村山は参加し、佐々木と行動を共にして前衛劇場を立ち上げる。この間の左翼集団の「分離結合」と二つの演劇集団が権力の検閲や不当な弾圧と闘いながら各地で上演していく様子は佐々木の『風雪新劇志』や村山の『自叙伝』に詳細に描かれている。

この時期の文芸関係の機関誌は、プロ芸が『プロレタリア芸術』（一九二七年七月創刊）、労芸が『文芸戦線』（創刊は一九二四年だが、機関誌になったのは一九二七年六月）、前芸が『前衛』（一九二八年一月創刊）である。どこの機関誌に誰が書いているかで当時の行動が把握できる。

一九二七年四月に千田是也がドイツへ演劇留学の途につき、久板・佐野・小野らが抜けた後を村山は補い、佐々木と共に奮闘しなければならなくなる。いいかえれば〈遅れてきた前衛芸術家〉村山知義の時代が到来したのである。この時期に村山は「仕事行進曲」「やっぱり奴隷だ」「カイゼリンと歯医者」「進水式」「ロビンフッド」等々を書き、演出し装置も作る。

「仕事行進曲」はこれまで殆ど触れられたことがない。これは、「勇ましき主婦」に似た設定で、一九二二年のベルリンの五階建ての住居の三階、ニッツォールトの住居の一部屋を借りている日本人の一九歳の画家服部の部屋が舞台。時は、「ドイツ多数社会党（右翼無産政党）の組織したイルト内閣の外相ラデナウが反動主義者のために暗殺された三日目」で、事情を知りたい人は「森戸辰男氏著『最近独逸社会党史の一齣』を読まるべし」とト書きにある。森戸の本は一九二五年七月に同人社書店から出た。舞台装置は写実的、しかし部屋の中にある画家服部の絵は表現主義の絵。

登場人物は、エミリエ・ニッツォールト、その娘リア、その息子カアル、そして服部光雄など。息子は労働組合運動をしている。大家のエミリエは、娘のリアを服部に〈くっつけよう〉としている。リアは服部が好き。どうやら服部とリアは関係があるらしい。

この作品は、エミリエとリアとカアルの場面が現実の場で、服部の登場とカアルの対話は、挿入された場になっている。誰が見た一齣の夢かといえば、それはカアルだ。カアルは活動家で服部はそれを忌み嫌っている。古いものを壊そうとする表現主義の絵を描いているのに、運動のためにポスターの絵を描いてくれというカアルの要求を服部は断る。服部は「僕は自由が欲しい。思うままに自分の芸術的才能を発展させてくれる自由な状態が欲しい」「僕の才能はこんな家では窒息してしまいます」といって服部は出てゆく。

おそらくこれは村山知義のベルリン体験に基づいているのだろう。そしてこのセリフは「兄を罰せよ」の兄に非常に似ている。自己中心的な画家服部は、兄である。

注＊に引いた『村山知義　劇的尖端』の中で、川崎賢子がベルリン滞在中に村山は森戸辰男の家に出入りしていた岡田桑三を黒田礼二に紹介されたと記している。川崎はベルリン時代から村山が社会主義思想と出会っていたこと、ベルリンのコミュニスト・グループと帰国してからも接触していたと言う（「『忍びの者』の周辺」）。そしてそのことを村山が一言も触れないと批判した。たしかにそうしたグループとの出会いもあったかもしれない。が、村山はこの戯曲の画家のように、ベルリンでは社会主義運動に必要以上に興味を示さなかったのだ。村山は和達知男と一緒に自由に絵を描き、芝居を観て、ダンスに夢中になっていたのだ。

村山は「この戯曲では私はもう明白に社会主義的な方向に定着している」と解説に記す。一九二七年一月に書いたというこの時、たしかに村山は左傾化していた。この時の村山はカアルなのだ。過去の自分と現在の自分とを対話させてカアルに過去の自分を否定させている。これは社会主義に向かおうという村山の、自分自身に向ける決意表明であったのかもしれない。何という凝ったことをしたのかと思う。

しかし、戯曲は「勇ましき主婦」の方が面白いし、良く出来ている。この戯曲は対話に無駄なセリフが多く、しかも長い。それは次にふれる「進水式」も同様だ。

「進水式」(『文芸公論』一九二七年四月号)は、プロ芸分裂前に上演された。これについて村山は、「日本最初の左翼的専門劇団ともいうべき『トランク劇場』が、その年五月二十八、二十九日、上野自治会館で初演した。私の演出、装置。(略)佐々木孝丸が主役のカイゼルに扮した。」と書く。

「進水式」は二幕の短い戯曲で、宮殿の間の一幕には、芸術・農業・社会主義・労働者・ストライキなどに関する反動的なカイゼルの長台詞があり、戦艦〈フリードリッヒ三世〉の進水式式場の二幕では、最後に資本家を見ながらカイゼルが以下のセリフを叫んで終る。

「権力を握っているのは奴等だ!」「見ろ、あの犬のような下司共奴が、しょっちゅう這いずり廻って俺の靴の塵を嘗めてやがる蛆虫奴が、あの硝子玉の蔭に何ていう傲慢な本当の眼をかくしているかを。」「あいつ等だ!すべての責任、何が起ろうと、すべての責任はあいつ等が負うんだ!俺はただ、俺はただ――」(急速の幕)

長台詞が多く、プロパガンダ色の濃い作品である。この時期の村山戯曲には同様なものが多く戯曲としての構成力には欠けるが、斬新ではある。この作品は短いせいもあり「非常に観客に歓迎され、初期の私の戯曲の中で、最も上演回数の多いもの」となったと記している(村山解説『村山知義戯曲集上巻』一九七一年三月)。

「当時、トムが、如何に八面六臂のめざましい働きをしていたか(略)仲間たちから『日本のダ・ヴィンチ』という称号をたてまつられたのもこの頃」と佐々木は村山の活躍を書く。僅かな人材で集団を動かすには、そうせざるを得なかったのだが、それは豊かな才能を持つ村山知義にとって能力を生かす待ちに待った時間であった。この頃に始まる村山の活躍が、後に日本共産党から「党フラクション」となるべく最初に党員勧誘をされた理由だと推測される。紆余曲折しながら二つの文化集団は話し合いを持つ（一九二七年一二月二一日）。〈プロ芸〉と〈前芸〉が一つに成る話し合いに村山は参画、早くも左派文化集団の中心メンバーになるのである。

4 〈三・一五〉から左翼劇場へ

一九二八年二月に初めての普通選挙（男子のみ）があった。反政府派の労農党は各地で候補者をたて、当時労農党の党員であった佐々木や村山たち演劇人は信州から出た藤森成吉応援の「政談演説」をした。が、散々選挙妨害をされて京都から山本宣治・水谷長三郎だけが当選して敗退。しかもこの時、左派には団結しなければならない最悪事件が襲う。一九二八年三月一五日の共産党への大弾圧・大検挙（「三・一五」事件）であった。シンパの中野重治や鹿地亘らが捉えられたこの事件で、佐々木は「このときの芸術家に対する検挙は、単なる『まきぞえ』ぐらいなところで大したことはなく、いづれも間もなく帰された（略）が、この『三・一五』のあらしは、両団体の成員に異常なショックを与え、もはや区々たる感情にこだわっていられなく」なったと書いた（佐々木孝丸「左翼劇場由来記」『新劇の40年』民主評論社 一九四九年）。ところが佐々木の『風雪新劇志』には「左翼劇場由来記」も収められているのだが、一九五九年に出た著書には以下のように加筆されている。

「私たちは、（少なくとも私自身は）、この大検挙の発表で、共産党の実態を、おぼろげながら察知することができたのである。そして、それから受けた、一種悲愴な異常なショックは、プロ芸、前芸の両団体を急速に合同させることになつた」と言う一文だ。

日本共産党は一九二二年七月一五日非合法下で設立されたが、その存在はもちろん明らかではなかった。それがこの大弾圧で明らかになったことを意味している。そして一九二八年三月二五日に新団体「全日本無産者芸術連盟」（ナップ）が成立する（創立大会は四月二八日）。各機関紙『プロレタリア芸術』『前衛』は共に終刊し『戦旗』（五月）が創刊、演劇集団の名称は、蔵原惟人が「左翼劇場」と名付けて決定、「焼け棒杭に火がついて、元のさやにおさまつた」と佐々木は記す。共産党と労農党のシンパ演劇人が左翼劇場を誕生させたと言っていいだろう。

＊　この回は、初めに執筆時の関連事項を記した。その部分を以下に示す。
「村山知義研究の論集が六月末に出た。岩本憲児編著『村山知義　劇的尖端』（森話社）がそれだ。村山の美術・舞踊・演劇・映画について12人の研究者が芸術家村山の仕事を分析した。わたくしも「村山知義の演劇的軌跡」という30年代以降、戦中戦後の村山の演劇運動について書いた。本屋や図書館で手にとっていただけるとありがたいが、この演劇史でももちろん触れることになるから、重複する部分も出てくる。ご了解いただければ幸いである。
二、三日前に東京芸術座から案内が届き、それによると九月の初めに村山演出による「蟹工船」を練馬や渋谷でやるという。前回の公演も観ているが、テンポのよさや集団の動きに驚いた覚えがある。もし、記録が残っているなら今後村山演出の他の作品——「終末の刻」や「国定忠治」なども観てみたい。」
12人は、岩本憲児・萩原健・正木喜勝・滝沢恭司・國吉和子・井上理恵・西堂行人・中野正昭・李正旭・笹山敬輔・志村三代子・川崎賢子。

この本に入れた「村山知義の演劇的軌跡」は、本書の第Ⅱ部に収録する。また、菅孝行が「『村山知義の宇宙』をみる」（「社会と演劇の視野15」『テアトロ』二〇一一年一〇月号）で美術展と『村山知義　劇的尖端』に関して美術専門家の〈村山の演劇活動への理解不足〉について批判をしている。

第7回　新興芸術――プロレタリア演劇

（『テアトロ』二〇一二年一〇月号）

1　小山内薫が革命後のロシア訪問

小山内薫は〈ロシア十月革命十周年記念式典〉に招かれて一九二七年一一月一二日に日本を出立した。秋田雨雀も招かれたが雨雀は早く出発していた。

「十一月七日に建国十年祭があつて、わたしがモスコオへはひつたのは、その月の二十四日だつたが、もうお祭気分などは何処にも見られないで、民衆はみんな営々として各自の職務についてゐた。（略）まだ落ちつかぬところがあるだらうと想像して行つたわたしは、意外にすべてが秩序よく整頓してゐるのに驚いた。」（「モスコオ劇壇の現状」（上）『築地小劇場』*二八年三月）。

革命後一〇年のモスクワは文学も美術も演劇もかなり自由であるように小山内には写った。左翼・中間派・右翼もあり、ある部分は昔に帰ったと書く。出発前に〈メイエルホリドの現在の仕事がみたい〉と言った小山内は、一五年前のモスクワで美術座に十三回通ったことを回想しながら、「現在モスコオには、二十近く劇場」があり、その全てが「シリアス・ドラマ」を舞台にかけていると驚く。が、この一文ではメイエルホリドの芝居について何も書いていない。続きは次回と記しながら次回はついに書かれなかった。

小山内は乞われてメイエルホリド劇場の楽屋で座員に日本の演劇について講演した。メイエルホリドたちが日本の歌舞伎に非常に興味を示していたからだ。通訳は米川正夫で、小山内と行動を共にした米川は、後に「私のメイエルホリド観」（『メイエルホリド研究』原始社　一九二八年五月）を書く。

小山内はメイエルホリド演出のゴーゴリー「検察官」とオストロスキー「森林」、フィーヨドロフ演出のトレチャコフ「吼えろ支那」を観た。小山内は「検察官」の舞台に驚く。「検察官」を一九二五年二七年の二度にわたり演出していたからだ。小山内の〈堅実〉な舞台は「驚くべき報告から化石への変転に際立った手法を用ひず、自然に動かせてゆく。（略）化石した後で約一分間とあるのを、心持ち長くして（略）新手法はないが、作者の注文は手際よくさばかれてゐる」と評され、その中でメイエルホリドが「この秋のシーズンの第一番に上演したさうだ」とも記されていた（東京朝日 一九二七年一月一二日）。

小山内はメイエルホリドの舞台を「この演出については多くの疑問あり」（「滞露日記摘要」）と書き、秋田雨雀は「夜、メイエルホリドの『検察官』を見た。おどろくべき成功。メイエルホリドはたしかに一種の天才だ。議論はあったとしてもメイエルホリドの演出は独立した一個の存在だ。一々の感想は別のノートに記すこと。（略）メイエルホリドに逢った」（『秋田雨雀日記』一九二七年十月二五日）と褒めた。

米川の「検察官」評をみると、メイエルホリドがゴーゴリーの戯曲を分解し、削除、加筆、入れ替えなどをしていたことがわかる。それが小山内の「多くの疑問あり」になり、秋田の「議論はあったとしても」になったのだろう。米川評についてはまた触れることになるとおもうが、小山内が（上）だけ書いた「モスコオ劇壇の現状」の（下）を書かなかった理由でもあるとわたくしには思われる。小山内は、ゴーゴリーの戯曲を分解したメイエルホリドが許せなかったのではないだろうか……。

なお、この訪ロで小山内は歌舞伎公演を頼まれる。そして後で触れる二代目左団次と河原崎長十郎たちの初のロシア公演が実現するのだ。

2　左翼劇場の旗上げと検閲

五年目を迎えた築地小劇場が、三月は帝劇でイプセンの「ペール・ギュント」（小山内・土方・青山の三者が演出)、四月は小劇場でソヴィエト戯曲の喜劇「委任状」(ニコライ・エルドマン作・八住利雄訳・土方与志演出)を上演しているとき、左翼劇場は創立公演をもつ(一九二八年四月)。村山演出・装置で藤森成吉作「磔茂左衛門」(五幕)を予定していた。が、初日間際に検閲で上演禁止され、急遽鹿地亘作・佐野碩演出「嵐」(四場)、村山知義の作・演出・装置「進水式」「やっぱり奴隷だ」の三本が振り替えられる。「やっぱり奴隷だ」は人形劇用に書かれたものだが、人形ではインパクトが少ないということから俳優で上演された。あきらかに革命思想のプロパガンダを狙ったものである。

「進水式」は、「カイゼルとその資本主義的かいらい的存在とを好みにとり扱った芝居で、佐々木孝丸氏のカイゼルは太い強い表面演技を集注し、様式計画を徹底させて居るところに見るべきものがある。『やっぱり奴隷だ』は村山氏一流の皮肉芝居で、軽快なテンポと明るい笑ひの中に、やかましかるべき問題が手際よくさばかれる。かくて一種清涼剤の働きだけでは収まらぬ残の香りを発散」(東京朝日 四月二四日)というよくわからない批評がでた。

さてここで検閲について少し記したい。警視庁に提出する上演台本は上げ本と呼ばれた。「上演台本の検閲」については拙著『近代演劇の扉をあける』(社会評論社 一九九九年)に入れてあるから詳細はそれに譲りたいが、私たちの国の表現芸術(演劇・小説など)への検閲は、一六〇三年に徳川家康が江戸に幕府を開いた時に始まっている。一言でいえば演劇が国家体制——権力の邪魔にならないように芝居の内容に制限を加えたということだ。これはその後も変わらず、平和憲法で表現の自由を獲得した敗戦後もアメリカ占領軍の検閲が続き、一九五二年になってやっと国家の検閲はなくなるのである。自由な社会になってわずか六〇年しかたっていない。

近代社会の検閲の基本は、明治期に出来あがったといっていい。その後一九二五年三月に治安維持法が議会を通過すると訂正を要求する権力側の意識が変化し、かなり厳しくなる。以後、政治状況と密接なかかわりの中で検閲も変わる。各地方毎の検閲であるから、東京で禁止されても京阪では許可という場合もあったし、細かく見ると削除箇所の違いもあった。地方毎というのは、全体主義的にならず、その点では上演側には良かった。検閲官は「警部級」の判任官が兼ねていたようだ。初日の一〇日から一週間前に提出して許可を得ることになっているから、初日直前に不許可になって戻された場合は最悪で、幕があがらなくなる。左翼劇場の場合は、仕方なく手持ちの何度も上演した作品を舞台にあげたのだ。

どのようなものが「訂正」や「削除」の対象にされるかといえば、①性に関するもの（多くは接吻・抱擁などの演技）、②思想・改革に関するもの、③天皇・官吏・役人に関するもの、④殺人（暴力）に関するもの、⑤賭博に関するもの、などなどである。つまり世の治安を乱すと権力が判断したもの全てが対象になった。

演劇は直接観客と舞台で接する為に人々に与える影響力が大きいという判断なのだろう。小説などに比べて厳しく削除を要求されている。一例をあげると、築地小劇場で上演された野上豊一郎訳の「春のめざめ」（一九二五年五月）は、翻訳本では削除されなかった部分が、上演台本ではかなりな量削除対象にされた。実際の検閲状況を見たければゆまに書房からわたくしたちが出した『築地小劇場検閲上演台本集』（日本近代演劇史研究会編一九九〇〜九一年）をみるとよくわかる（井上は検閲状況調査と解説を担当）。

左翼劇場の場合は、思想集団と見られていたから検閲も築地小劇場の時代よりさらに烈しくなっていたし、他の演劇集団より厳しい対処をされている。上州の農民運動を題材とした「磔茂左衛門」は、一九一六年七月に井上正夫一座が松竹座で一部カットして舞台に上げていた。それで左翼劇場側は許可が下りると推測していたらしい。しかし「あの時と今とは時代が違ふとの理由」で、上演を禁止された。ただちに左翼劇場は「言論・出版・上演・集会・結社の自由の為に戦へ！」（『新劇年代記』戦前編）というアッピールを出すが、禁止は解かれる筈もなかった。

しかもこの「磔茂左衛門」は翌二九年六月、劇団築地小劇場（築地小劇場分裂後の残留組劇団）が青山杉作・北村喜八の共同演出で全幕上演を許可されている。これをみても左翼劇場が権力側に〈赤色要注意演劇集団〉

のマークを貼られていたことが分る。

治安維持法が三年前（一九二五年）に成立し、この年の六月には「緊急勅令」で「死刑罪・目的遂行罪」が追加されて公布施行、全県警察部に特別高等課が設置、いわゆる特高が日本中どこにでも存在することになった。翌年後追いで議会が「治安維持法改正緊急勅令」を事後承認し、一人反対した議員山本宣治は刺殺されるという暴挙が続く（一九二九年）。

鮮明な反権力思想をもつ演劇運動はついに〈命がけの運動〉となる。思想のない芸術は在り得ないから、一歩誤れば芸術存在そのものが囲い込まれる危険な状況ができあがったといっていい。

そして今から見れば非常に象徴的な出来事になるのだが、これまでこの国の演劇運動を牽引してきた〈ノンセクト〉派の小山内薫、革命後のロシアを訪れた数少ない演劇人の一人となった小山内が、一二月二五日に持病の喘息発作で突然逝った。小山内が押さえていたわけではないが重石がとれ箍が外れたように当時の現代演劇集団は〈左傾化〉する。前回記した新劇協会も右顧左眄しながら左翼的な戯曲を上演するようになり、それでもやって行けなくなって終る。上昇気流に乗っている集団の前では旧いものは去る以外なくなるのだ。

3　左傾化ラッシュと「トラストD・E」

一九二九年二月四日、全国組織日本プロレタリア劇場同盟（のち日本プロレタリア演劇同盟——略称プロット）の創立大会が開かれ官憲の「中止」「禁止」の中、同盟が結成されたと佐野碩は報告した（『劇場街』一九二九年三月）。

築地小劇場は、小山内薫の追悼記念講演（二九年二月九日）のあと、三月に「妖僧ラスプウチン」を土方演出で上演する予定であったが、検閲で上演禁止され、急遽小山内演出の「夜の宿」を青山杉作監督のもとに上演する。これは結果的に小山内薫追悼公演になった。

この後築地小劇場は、思想性と芸術性をめぐって二つに分裂し、残留組の劇団築地小劇場と〈築地という家〉を出た新築地劇団とが結成される（三月）。新たに出来た土方与志・丸山定夫・細川ちか子・薄田研二・久保栄ら新築地劇団の旗上げ公演は、金子洋文作「飛ぶ唄」、片岡鉄平作・高田保脚色「生ける人形」であった。

東京朝日新聞に新築地劇団「生ける人形」の舞台は「エピローグの計画は舞台から実生活へ、芸術から政治へ、演劇可能性の一切を克服して全社会的飛躍を指示するが如く、脚色者と演出者とのたゞならぬ協力と手腕とが感ぜられる。」（五月一〇日号）と評され、集団の思想性のわかる旗上げであった（一九二九年五月三日～一一日築地小劇場）。

村山知義は、この時期（四月）に再び心座に舞い戻る。メンバーが一新し、ここも確実に左傾化するのだ。河原崎長十郎は「一般新劇界にはプロレタリア演劇の発育がすばらしい勢を示し、内部的にも段々、思想的転換が意識的になり、（略）ソヴェートロシアの歌舞伎招聘で市川団次郎君と僕とがそれに同行（略）一九二九年正月再び村山知義君を迎へて四月末本郷座でメイエルホリド劇場演出を参考に村山脚色、イリヤ・エレンブルグ原作『トラストＤ・Ｅ』となった」（二九年一〇月）と後にパンフレットに記して心座の組織の変更を告げる。この「トラストＤ・Ｅ」で村山は台本・演出・装置をする。

「トラストＤ・Ｅ」は、一九二八年七月に左団次一座と共に「モスコーやレニングラードで歌舞伎芝居を紹介して、ドイツ、フランス、イギリスと外遊、また十月にモスコーへ戻って毎日芝居を見て十一月に帰京した」（「ある歴史の流れ」）長十郎が、「親しく向うの演出（メイエルホリド）を見て来た、その土産興行の意味を兼ねて、及び、暫く別れていた村山君の復座の機会をつかんで（略）（長十郎）のノオトに従った村山君のアレンヂに拠っている」と船橋聖一は書いた。船橋は、左傾化していく長十郎と合わなくなってこの公演後に心座を去るのだが、この舞台を次のように表現した。上演形態がよくわかるので引いてみたい。

「舞台にはスクリーンが下りている。片方は、タイトルのスクリーンで、片一方は写真のスクリーン（略）中央が、演劇の舞台である。この三つの世界の、絶えざる転換によって、芝居が進行する。舞台裏には、ジャズ・

バンドと、拡声蓄音機の、オーケストラとが控えて、それの順次のエフェクトによって、躍り上る素晴しいテンポ。」舞台には「全世界の都市」が現れ、「反動の親玉エンス・ポートによって欧羅巴滅亡の計画が組織され、(略)欧羅巴を荒野に化せしめるが、やがて最後にロシアのために、この計画は顚覆する」「村山君自身の創意を加えて、堂々たる舞台をこしらえ上げた」〈背景はホリゾント幕のみ、スポット・ライトがあちこちに仕込んであり、車輪の付いた壁が動くたびにチョコレート色に塗り、ニスをかけた壁がギラギラ光〉ったらしい。主役のエンス・ポートは長十郎が演じた。村山の演技指導が素晴らしかったらしく、船橋は「村山君の長所は、この演技監督者として著しい(略)完成された演出者と云い得ぬとしても、演技監督という点では、(略)日本一のそれと考える」と絶賛していた(『自叙伝』)。

「例の大きいニス塗りのついたてを八枚ほどこしらえて、ガラ〴〵と移動して舞台を形ちづくるメイエルホリド張りの舞台は、一応の成功をおさめ」(長十郎)、「心座始まって初めての」「観客が列をなした」公演であった。公演には佐々木孝丸と小野宮吉ら左翼劇場の俳優たちが多数参加した。それがこの公演を成功に導いたともいえる。

「トラストD・E」に、どの程度村山独自の方法が入っているのか詳らかではないが、これら一文を見る限り、連鎖劇をやりたいと言っていた村山が、この舞台で映像と生の音楽と芝居とを一つにしてその試みをしていたようにも思われる。

ここでもともとの「D・E」がどのような舞台であったのか、少し見てみたい。実は、メイエルホリドの「D・E」について、築地小劇場が始まってすぐに八住利雄が紹介を書いていた(『築地小劇場』七号、一九二四年一二月「メイェルホリドとD・Eの演出」)。武田清が『新劇とロシア演劇』(而立書房)で指摘したようにこの戯曲の初演は二四年六月であったから、これはまことに早い記事である。このなかに「動き得る壁」が出てくる。

車輪の付いた壁は、「舞台上の行動の場所を廣大にし得るための無限の重要さを開示」し「一つの物語から次の物語へと移つてゆく行動の場所」をすばやく可能にするのだ。「観衆の眼前で素晴しく迅速に赫々たる光線の中に於て背景は廻転しさる」というから、暗転なしで迅速に場面転換ができることを意味している。自然主義的な背景の中で芝居を上演していた演劇の時間を変えたのだ。これがどんなに斬新であったかがよくわかる。

壁の板には「ニスが塗つてありその転換によつて行動の場所が瞬時に変化せしめられる」「重要なことは今まで劇場には不可能とせられてゐた『刹那』たとへば逃走や追跡が舞台化され得る」「『動く壁』は昔の舞台の弱点を破つた、即ち俳優の弱点に力強い能力を付加した」

四四人の俳優が、九五の役を演じたようだ。俳優の早代わりを可能にしたのは、動く壁と光線であった。これを読んでいて思い出したのは連載五回目で取り上げた新橋演舞場公演「ユーデット」だ。村山があの舞台でやった〈回り舞台を使いながら芝居を進行させる〉というアイディアは、もしかするとメイエルホリドの「動き得る壁」から得たものであり、丸太を使った螺旋階段は、村山の「構成派批判」にある「台は全部骨組みのままで、演出中に走り廻っている人物」が観客に見える、陰にならない、という発想から浮んだものなのかもしれない。そういえば構成派の制作物に細い材木を使ったものもあった。それは人物が決して陰になったりしないものだった。

村山の『自叙伝』では、この芝居について他者の意見を幾つも書き込むだけで自分の意見は述べていない。それはメイエルホリドの演出を使ったからだと思われるが、八住の文章にはメイエルホリドがこの作品でスクリーンを使ったことは記録されていない。おそらくこれとジャズ音楽が村山の発想なのかもしれない。

長十郎はロシアに行って「僕は赤くなると覚悟していた」と船橋に語っていた。そして向うで観て来たイワノフの『装甲列車』を次回作に選び、土産に買って来た台本を翻訳させて、村山演出で稽古にかかるが、これは上演禁止にされた。そして村山の「暴力団記」再演につきかえるのである。

＊　築地小劇場は、土方与志が私財を投じて建設した劇場である。ここには劇場所属の演劇集団があったが、劇団名は特になく築地小劇場と称された。プログラム代わりの機関誌があり、それも築地小劇場と名付けられていた。通常機関誌は『築地小劇場』と表記し、この劇場で芝居を上演する場合、所有者の集団が上演する時は〈築地小劇場が「ホウゼ」（久保栄訳・土方与志演出）を初演した〉でいい。他の集団がこの劇場で上演する時は、〈心座が築地小劇場で第4回公演に「二階の男」を上演〉としなければならない。〈築地小劇場が上演した〉と言えるのは、劇場所属の演劇集団だけで、その他の集団では使ってはいけない。築地の時代がはるか昔になった今、誤って記述されることが多いので敢えて記した。第2回［注1］を参照されたい。

第8回　村山知義の演出――商業演劇と「蟹工船」（『テアトロ』二〇一二年一一月号）

1　伊井蓉峰一座の「平民宰相 原敬」

村山知義は、生涯でかなりな量の商業演劇の演出や装置をしている。その一番初めが一九二八年夏の新橋演舞場、伊井蓉峰一座の仕事であった。中村吉蔵・大関柊郎合作「平民宰相 原敬」で村山は装置と演出をした。八月興行の新橋演舞場の筋書きを見ると、三幕十場の大作である。他の作品には演出者も装置も名前はないが、この作品だけ「村山知義氏装置並ニ演出」と演題と共に掲げられていて、特別扱いである。

商業演劇の興行主がアバンギャルドで華々しく登場し、築地小劇場・心座・新劇協会・左翼劇場などで舞台を作っていた村山を呼んだ理由は明らかではない。村山自身も「誰が頼もうと考えたかはよく解らない（略）松竹を知っている高田保などの思いつきかも知れない」と『自叙伝』に書く。が、この時の新橋演舞場は松竹の傘下ではなかった。演舞場が松竹と興行契約を結ぶのは一九四〇年だ。村山の文章は一九六〇年代のものだから、それでこのような文章になったのだと思う。

筋書きを見て、伊志井寛がこの座組みに名前を連ねているのを知ると、あるいは伊志井の推薦かと推理を働かせた。伊志井寛は、文楽から映画へ、そして新劇（新劇協会）へ行き、その後新派の喜多村緑郎の弟子になった変り種である。村山は新劇協会で伊志井寛と出合っていたからこの推測はさほど的外れではないかもしれない。

この演出を引き受けるについて村山にも抵抗があったらしい。しかし引き受けたのは、原敬を取り上げた作品だったからのようだ。

「官僚、軍閥の出に対して、初めての政党政治家の首相であり、一般民衆の支持を得ており、しかも、右翼のために暗殺された首相だから」「初めての興行会社からの注文をノッケから断わってしまっては、多くのすぐれた俳優たちをかかえ、また多くの観客達を握っている劇界と断絶してしまうことになる」からでもあったと書く。が、これも、後日談にかわりがない。演舞場は俳優を抱えてはいないからだ。おそらく「名誉もお金もほしかった」(『自叙伝』)というのが本音であろう。

左翼劇場のヒーローになりつつあったとはいえ、まだ揺れていて思想的にも村山は本格的左翼にはなっていなかったのだ。たしかに伊井蓉峰は、大正期に伊井・河合・喜多村・高田で一時代を築いた新派俳優である。その新作の呼物の舞台を作るのは巷間に名を売る何かになったのかもしれない。が、むしろ利用したのは、下降気味の新派の方であったともいえる。何しろ村山は、既に演舞場に呼ばれた時点でニューウエーブの演出家として名が売れていたからだ。


さて、簡単に幕を見よう。

一幕、日露戦争終結前後(明治38)の大阪新報編輯室。社長原敬(伊井蓉峰)は講和を支持している。「屈辱講話」だと反対する人々が集まり、講話反対の論説を載せろと迫る場。

二幕、〇首相官邸応接間(大正10)。皇太子の渡欧に反対する人々と原首相。〇原首相の私邸(同年)。皇太子の渡欧問題で不穏な動きあり。原は遺書を書いている。森久保(大矢市郎)らが心配し、浅子夫人(河村菊江)も案じている。〇原邸応接室。日蓮宗と神道者が暗殺を計画していると森久保が原に知らせる。伊藤が殺されたのも六六歳、桂が死んだのも六六歳、原も六六歳だと。

三幕、〇元老及び重臣会議。山形・松方・西園寺・大山などの高位高官列席、原は遅れてくる。原は英国皇太子が世界漫遊をしているから日本の皇太子も行くことを希望する。これに対する賛否が分かれている。原は賛成派。○第四十三議会。楢井（伊志井寛）は「西にレーニン東に原敬……」と演説する。○大塚駅員室。駅員小林（加藤精一）と中岡（白河青峰）がいる。○東京駅入口。駅に到着した原を右翼駅員中岡が陰で刺す。○遺言状の発表。

原敬は首相の時には高等教育を推し進め、早稲田・慶應などの私立大学を認め、多くの改革をしたが、普通選挙法は成立させなかった。この脚本では、そうした原敬の政治的な側面は殆ど触れられていない。この芝居の演出が、村山にとって名誉であったのだろうか……と思ってしまう。

ここで、村山演出について井東憲の劇評をみよう。『原敬』は「今度の呼物だ。二階には、原敬の遺品もならべて、観客の参考に供してゐる。遺品では愛用の草履と妻の病気を気づかつた手紙が面白い（略）大阪新報の焼討から始まって（略）悲憤の刃に倒れる迄を説明的に書いたもの（略）信念の強い人物を描いた割には変に熱のない単調な劇（略）暗殺が陰になつてゐるのでこの劇の興味の半分を奪はれた（略）村山知義装置、並に演出と云う事になつてゐるが、これではいくら才物の村山君も腕の振ひようがなかつたと思ふ。然し議会の場面にもう少し何とかならなかつたか。東京駅の装置は一寸よかつた。」（『演芸画報』一九二八年九月）。これを読んで装置を見たいと思い、探したのだが、未だに見つからない。

小山内薫の「（村山演出が……）一層深刻な皮肉で」という意味深い評もある。同じ日に斎藤実首相が観にきていたらしい。

「『原敬』という芝居は徹頭徹尾主人公を賛美した芝居である。（略）賛美は特に原という個人に対する同情に留まらないで、一般に『首相』という地位境遇に対する同情にまで拡大している。（略）これを見た今の首相はさぞ会心の笑を漏らしたことであろう（略）この芝居を村山知義君が演出したということも、更に一層深刻な皮肉で（略）それについては余り多くをいうまい。（略）村山君は少しの主観をも見せずに、あくまでも脚本に忠実な演出をしているらしいから。」（『自叙伝』下線引用者）

もう一人、喜多村緑郎は、八月六日に観た。「伊井の芝居を見に行く。一番目の宗教劇は、脚本が拙だ。「原敬」は、よかつた。これは脚本にせばめられて、役者の演どころがないやうな点に、い、味をみつけられたのだ。二番目は、よかつたが、もう一とかどだ。」(『喜多村緑郎日記』)。

一番目は「無貧清風」(三幕)で長谷川伸ら六人の合作で伊井の日扇上人、二番目は広津和郎作「妻」(一幕)で、小堀誠の画家庄三と河村菊江の妻時子であった。喜多村は、「原敬」で役者の見せ場がないところを〈よし〉としている。俳優でありながら、である。伊井は五年後に逝くのだが、彼の時代がそろそろ終ろうとしているのが、わかるようだ。俳優の評は、視点が異なるから興味深いものがある。

「原敬」は、新派の観客、大向うを喜ばせるような見せ場のある舞台ではなかったが、さりとて原敬という人物が抱える幾つかの局面を描出した作品でもなかった。村山の商業演劇デビューは、小山内が指摘したように「脚本に忠実に」して冒険はみられなかったようだが、反面それは興行主からの期待に応えたものであったのかもしれない。

左翼劇場にいる村山知義に、商業演劇の仕事が舞い込んできたということ、これは何を意味するのだろうか……。喜多村の批評を読むと、伊志井を介して伊井が古い局面を打破するために、左翼的な演劇が流行っていることもあり、ニューウエーブともいえる村山に平民宰相として人気の高い〈東のレーニン〉「原敬」の演出を頼んだとも読める。伊井程の俳優であれば演目も演出も選択可能であるからだ。そして伊井も自己の俳優としての再生を期した。二年後に本国劇を組織して失敗している伊井をみると、そんな推測も当たらずとも遠からずのような気がする。

わたくしたちは歴史的に一九二八年の三月一五日を〈三・一五〉として重視しているが、当時直ちに記事にすることは禁じられていて、一般には知らされていなかった。記事が解禁になったのは一ヶ月以上過ぎてからであった。そしてそれは革命運動に関わっていない人々にとっては何の問題にもならないことでもあった。

左翼劇場は、警察からはマークされてはいても普通の人々(上層階級も中間層の大衆も下層も)にとっては、小さい新劇集団の一つであって危険集団と意識されていなかったのだと思われる。村山を商業演劇で使うということは、そういうことではなかったのか、と思う。
問題は、同じ年の一二月に全日本無産者芸術団体協議会（ナップ）が再組織されて劇場同盟（プロット）が出現してからだと思われる。組織が明確に作られて、機関紙が発刊され、プロレタリア演劇が全国的な運動として広がっていく一九二九年以降になると、その存在が大きくなり、変わっていくからである。これについては後述する。

2 村山演出「蟹工船」

二〇一〇年三月東京芸術座が、村山演出の「蟹工船」（小林多喜二作・大垣肇脚色）を再演した（演出・印南貞人＋川池丈司）。雨宮処凛が火付け役なのだと推測されるが、若い世代が「蟹工船」（初出一九二九年『戦旗』六月号発禁、一九五一年一月第一刷、二〇〇三年六月改版第一刷、二〇〇八年九刷 岩波文庫）を読んでいる。自己の劣悪な状況をこの小説のなかに見いだしているからだという。舞台は、二〇一〇年に「蟹工船」ブームの中で久しぶりに再演され、今回（二〇一二年九月）が再々演になる。

初演は、一九六八年だった（未見）。六八年というと世界的に学生達が立ち上がって既存の体制に〈ノー〉と言った時だった。日本もその例にもれなかったし、演劇では反新劇の火蓋があちこちで切られていた時だった。

何故、この時村山は「蟹工船」を取り上げたのだろう。同時に自身で何故脚色をしなかったのか……。こんな疑問が浮ぶ。鴨川都美作成の年譜*によれば、一九七〇年二月にも上演されている。この年は『テアトロ』連載の『演劇的自叙伝』が初めて上梓された時である。

初演時の言葉が今回のプログラムに再録されている。

「多喜二の思い出」と題された一文には、この作品を六八年に上演する理由は書かれていない。村山より二歳年下の多喜二が、活発、率直な人で自己の主張を熱烈に語り、村山よりもむしろ妻籌子と気が合ったこと、籌子が多喜二のレポーターをしたことなどが告げられ、作品について次のように記した。

「(多喜二は)たった五、六年の作家生活の間に、あれほど多くのすぐれた作品を書いた。しかもそれは、当面の一番大事な、一番基本的な問題を、その内容にふさわしい形式を求めながら(略)書いた。この使命感と、気迫と、勇気とは、われわれが絶対に多喜二から学ばねばならぬものだ。」「(「蟹工船」は)極限状況の中での労働者を、階級として描き、また初めて、軍隊が資本家のものであることを堂々と描いたのだ。」(「蟹工船」プログラム)

上演された舞台は、多喜二の「蟹工船」とは異なっている部分が多かった。「ゲーテ、ドストエフスキー、ストリンドベルグ」(多喜二「日記」)を読んだ多喜二の描出方法は、淡々と記述され乾いている。象徴的でもあって細部の表現に拘泥せず、リアルさを追求していない。

今回の舞台はディテールに到るまで非常にリアルに表現されていた。出航前の甲板の部分で久保栄の「火山灰地」の序幕と同じセリフが俳優の口から発せられた時には驚いた。これが大垣脚色なのである。言及はされていないが、下層の農民たちということで、北海道方言を使用した「火山灰地」を参考にした…言い換えれば〈戴いた〉のだと推測した。

大垣は第一回の村山との打合せで話し合われた〈脚色上の要点〉を初演時に書いている。

〈小林多喜二は短時日に調べて書いたから、部分的にこしらえ物の箇所もある。細部にわたって、いきいきと、リアルに、独自的に描かれねばならない。そのためには労働形態や蟹缶詰の生産工程を正確にとらえること。漁夫、水夫、缶詰工等の種別や人数を、その仕事の内容と共に具体的につかむ〉〈原作は人間を個性的に描く面ではこまやかではない。芝居では、その点の再創造が絶対必要〉〈鬼監督淺川を類型的悪役にならぬよう注意〉等などで、大垣は葉山嘉樹の「海に生きる人々」が参考になったと記している(「プログラム」)。

大垣が葉山嘉樹をあげたのは、葉山の「海に生くる人々」の影響を受けているという評価や小林自身の「葉山は日本の文学が今まで決して持たなかった『逞(たくま)しい文学』をひっさげて登場してきた。その最初の作家だった。（略）『海に生くる人々』一巻は僕にとって、剣を擬した『コーラン』だった。」（「葉山嘉樹」一九三〇、『蟹工船　一九二八・三・一五』解説・岩波文庫所収）と言う一文からの文言だろう。

一九六八年という時点で、リアリズム演劇打倒の火花が一方で上っていた時、村山はリアリズム演劇、更にいえば戦後新たに主張し始めた〈社会主義リアリズム〉という創作方法を脚色の根底に置いていたのである。それは時代と人物とを客観的具体的典型的に描出するということであったと思われる。が、それを受けて脚色した大垣は、大垣の持つ個性――おそらく情緒的側面――が加味されて、一九二九年の典型的な人物形象というよりも、かなり心情的で情緒的な登場人物を造形した。

それを村山がどのように演出したかは分からないが、六一年から六二年にかけて劇団民芸で久保の「火山灰地」を演出した舞台を残されたＤＶＤでみると、テンポのあるいい場面が淡々と描出されていて不必要な情緒はない。もちろん久保と大垣という台本の違いもあるだろうが、「蟹工船」も同様であったのではないかと思われる。演出はそう簡単には変わらないからだ。

今回の舞台は、村山演出によるとはいえ、やはり違う（下線引用者）。どうにもテンポが遅く、俳優の演技に妙な情緒が加わって見せ場がそこここに登場していた。再演が続くと舞台には危機が訪れるから怖い。

3　「蟹工船」の初演

「蟹工船」は、多喜二生存中に旗上げ後の新築地劇団が初演している。「北緯五十度以北」と題して北村小松と高田保が脚色した（帝劇　一九二九年七月）。

装置を担当した吉田謙吉は、上演前に小樽へ行き、小林多喜二に会っている。多喜二は漁業組合や蟹工船の漁夫達に合わせてくれ、碇泊している蟹工船の船内を見る便宜もはかってくれた。そして吉田は装置を作ったという（『築地小劇場の時代』）。

ところが上演について、プロットや左翼劇場と相談してほしい、という小林多喜二の意向を盾に佐々木孝丸・佐野碩・小野宮吉・杉本良吉らが、相談にこない新築地劇団に、初日の開幕前に押しかけて「散々いちゃもんをつけ」（佐々木孝丸）たようだ。それで開演が遅れたらしい。吉田は「幕はあけさせない、という抗議がもちこまれ（略）舞台裏をかけずり回りながらも、気が気でなかった（略）左翼劇場の条件をいれてようやくいちおうの解決がついた」とハラハラしている様子を書き残している。

その結果、プロットのメンバーである佐々木と峰桐太郎が劇団に入ることになった。佐々木は「いちゃもん」と表現しているが、これは、新築地劇団を確実に左翼的な集団にするためで「同伴者的立場の劇団の中へ、プロットの人を、劇団員、又は嘱託として入れて、中で、われわれの意見を説得しようと、熱心に努力した」からで、いい加減な行為ではなかったと、村山は記している（『自叙伝』）。その甲斐があってか、この後新築地劇団は優秀なプロットメンバーになる。

村山はこの時、劇評を書いた（朝日新聞）。「五幕十三場のレヴュウ」と称して酷評、原作と「共通点も見出せない程の雲泥の相違」「興行師的な場割りと、ほとんど労働者に対する侮べつとさえ思われる安っぽい上っ面な描写」と評した。労働者を真黒な顔に仕上げて舞台にあげたらしく、これも労働者が分っていないと思われた理由だったという。吉田が実際に漁夫達に会っていた事を当時の左翼劇場の面々は知らなかったようだ。

後日、村山は自分の批判を反省して、土方与志の評を『自叙伝』に引いているが、それを読むと益々、舞台の原作離れがわかる。

第一幕は人間の一団と鮭・鱒・蟹の一団が出る海底シーンで「『憎しみのるつぼ』の合唱を伴う象徴的な場面」（土方）であった。「紗幕を張った海底シーンで、縫いぐるみの魚が、フラフラ浮く」「竜宮城の海底場面みたい」（村山）で「冒涜だ！許せない！」と村山は思ったらしい。これではたしかに原作との共通点はないし、レヴュウと言われても仕方がないだろう。大笹吉雄の『日本現代演劇史　昭和戦中篇１』に序幕の写真が掲載されている。「蟹工船」とは程遠い舞台である。

労働者が歌う歌は、多喜二の原作ではストトン節を歌っていたが、東京芸術座はソーラン節になっていた。

原作ものの脚色は難しい。脚色者が原作の〈何〉を強調するかにかかっているからだ。原作に足を取られず原作の核を把握し、独立した舞台作品として生み出すほうが成功する可能性が高い。

＊　鴨川都美作成「村山知義演劇的年譜　二〇〇四年版」（二〇〇三年度日本女子大学文学研究科日本文学専攻提出修士論文）。

第9回 「暴力団記」の上演

(『テアトロ』二〇一二年一二月号)

1

村山知義の左翼劇場時代の代表的な作品は、「暴力団記」だろう。これは中国の「二七惨変」(二・七事件)と言われた北京から漢口へ行く京漢鉄道の労働者の戦いを題材にしたものだ(左翼劇場第一二回公演、上演時「全線[*]」四幕九場、初出『戦旗』一九二九年七月、初演六月二七日〜七月三日、於築地小劇場)。

この作品は一週間上演され、当時の左翼劇場では華々しい上演〈レコード〉となり、舞台の出来もよく、成功した公演であった。

その最大の理由は、詳細な劇評を『劇場街』(一九二九年八月号)に書いた久保栄が、「二七惨変」を中心とする「最近の史実そのもの」がプロレタリア戯曲として最適であり、これに着眼したことが「第一の功」だと指摘しているところに求められる。同時代性が、ヒットの最大の要因になったのだ。この中国の状況――権力対労働者の関係は、そのまま当時の日本の状況として見ることが可能であったからだ。その上に久保をはじめ多くの評者が評価した佐野碩の優れた演出があったのである。

『自由人 佐野碩の生涯』(岩波書店 二〇〇九年)で岡村春彦は、劇評を引きながらこの頃の久保を「当時まだ新築地劇団の若い文芸部員だった久保栄」と記しているが、久保は「新築地のたった一人の文芸部員」(久保栄「築地の暦」)であって『久保栄全集』の解説で菅井幸雄が指摘したように、新築地の理論的支柱になっていた。

しかも久保は前に触れた新築地劇団の上演演目や「蟹工船」上演問題で土方与志と意見が合わず袂を分かち、七月以降、新築地劇団から遠のき『劇場街』（一九二九年六月創刊）で評論活動を精力的に始めている状況であった。久保の批評は、芸術性という点で問題のあった左翼劇場にとっても劇団を離れ新たな出発をする久保にとっても意義深いものになったのである。

さて、現在では忘れられている「二・七事件」とは、どのような事件であったのか…。一九二三年二月一日に、京漢鉄道の労働者が鄭州で総工会結成大会を挙行する。鉄道を支配する直隷軍閥呉佩孚は、これを武力で解散させた。労働者は二月四日から全線で抗議のストライキを決行する。ゼネストだ。二月七日、軍隊が鄭州などの総工会各拠点を襲った。漢口の本部では三二人の労働者が殺され、全線で死者四〇名以上、負傷者数百人、被投獄者四〇人以上、被解雇者千人以上も出る大弾圧であった（『世界大百科事典』参照）。

村山は、藤枝丈夫からこの闘争資料の提供を受け、鄭州の拠点を舞台に、一幕で暴力団・軍閥・警察の在りようを、二幕で暴力団に痛めつけられる総工会と労働者会議の様子を、三幕で労働者とその家族を出して拷問に負けそうになる労働者を、四幕で暴力団と軍と労働者の対決を、舞台に描出した。ほぼ史実にそって話を進めている。

「プロレタリヤ・レアリズムへの道」（『戦旗』創刊号 一九二八年五月）でプロレタリア作家は、「プロレタリア前衛の『眼をもつて』世界を見ること」「厳正なるレアリストの態度をもつてそれを描くこと」という一文を発表していた蔵原惟人は、「現代プロレタリア戯曲の最高」（一九二九年の日本文学」『都新聞』一二月）とこの戯曲を絶賛した。

村山も創作に当たって蔵原の「プロレタリヤ・レアリズムへの道」を傍らに置いたであろうが、それは後年『自叙伝』で「暴力団記」について記しているような「性格を唯物弁証法的にとらえるということは、人間と社会が、より高度なものに高まるという価値批判があって始めて成立する……云々」というリアリズム理論を強く意識するようなものではなかったとみている。おそらく「リアリストの態度」で創作に向うという程度の軽い乗りであったはずだ。それは作品をみると理解されるからで、『村山知義戯曲集』に収録されている戯曲を今読むと、多くの欠点を持った作品であるように思われ、時代を超えた〈最高〉のプロレタリア戯曲とはどうにも読めない。一九二九年という時代に置けば、それは可能ということだ。これは芸術作品も作家も時代に規制されるという基本的視点を逆に照射する。

村山の『自叙伝』の一文は、後年（一九七〇年代）の文言であることを、わたくしたちは常に肝に銘じなければならない。もっともその是非の判断をどこに置くかという困難さも付きまとうのであるが……。

とはいえ作品は、後年菅井幸雄が記したように、それまでのプロレタリア戯曲が「闘う労働者の姿のみを描く」か、あるいは「弾圧する資本家階級とか支配権力の側のみを描く」かのいずれか「一方に偏していた」プロレタリア戯曲の傾向を軽々とクリアーし、題材の良さもプラスに働いて「鉄道労働者の闘争とともに、敵である官憲や暴力団の性格をも浮き彫り」にした戯曲になった（解説『暴力団記・志村夏江』新日本出版社）。それ故、蔵原惟人が絶賛したのだ。

2

さて、簡単に各幕をみよう。第一幕は、暴力団中心。周平甫（佐々木孝丸）率いる暴力団の入団式と資金獲得方法、本来反目している暴力団と警察権力が協力して鉄道の労働組合総工会創立大会を阻止する予定、などが三場面で展開する。

第二幕は、総工会の鄭州支部。代表者会議が開かれ創立大会を持つことがきまる。その夜の暴力団の暴挙――暴力団が事務所を荒らしに来てメチャメチャにされる。そして労働者たちは全線のゼネラル・ストライキの決行を決める。

一〜二幕の展開は劇的でいい。が、各登場人物のセリフに長い説明ゼリフが多く、しかも暴力団が日本のヤクザまがいの話し振りでこれはいただけない。久保栄は、〈労働者と暴力団の二つのグルッペにおいて、それぞれを代表する人物が、必要以上に個人的な色の濃さをもつことなく、と同時に必要以上にグルッペの中に埋没してしまうことなく、（略）個と全体との相関関係が適度に保たれている〉と「『全線』を観る」で記していて、この成果は村山の戯曲というよりも佐野演出に追うところが多いと考えていたようだ。久保は佐野の演出をかなり褒めている。群集の処理が上手いという、佐野の演出力が評価された場である。

これは推測だが、長いセリフが検閲で適度にカットされ、しかも色濃い写実的な演技ではなく象徴的に演じられたのが上演時に功を奏したのだと思われる。（岡村は前掲書で「検閲の有効期間は、一年間」と記している。根拠となる資料が示されていないのでそれを知りたいと思う。検閲の上げ本は、集団ごと、地域ごと、公演ごとに提出、と理解されていたからだ。）

第三幕は、総工会執行委員葉青山の家。ゼネストで止まった列車の乗客を総工会組合員の家で休憩をさせることになる。葉の家にも二人の男女が来る。彼らにストの理由を話す。そこへ鉄道局から派遣されたと言うスト破りの慰問使が来る。実は暴力団員だ。その中の一人が、休憩している女性乗客の元恋人で、スト破りがバレてしまい暴力団は逃げる。しかも警察局長は「乞食」たちを買収して〈にせの市民大会〉を開こうとしていることなどが判明する。〈にせ市民大会〉で配られたビラはストライキをする労働者への意趣返しの文面である。葉は警察に捕まり、拷問されて意識が朦朧としながら「就労しよう」などと口走り、母親がそれを怒って叫び、その声で葉が目覚め、発言を撤回する。この辺りは、かなり叙情的である。

結局、動き出した列車を運転しているのは、組合の裏切り者ではなく、師団の兵士であることがわかり、労働者達はホッとする。

戯曲では突然登場する葉青山が、いかにも唐突なのだが、久保の評に寄れば実際の舞台では、三幕以前にも活躍していたようだ。つまり、葉の登場の不自然さ（戯曲の欠点）を佐野碩演出が救っていたことがわかる。

第四幕、一場は暴力団の場で、周の率いる暴力団は悉く失敗をしたために約束の金を貰うことが出来なかった。二場は停車場構内。労働者と軍警察の対立場面が続く。そこへ葉青山が惨殺されたと言う報せがはいり、労働者達が騒ぎ出す。軍警察が動き出し発砲、暗転。闇の中から次の声のみ聞こえる。「我々のストライキはこうして血にひたされて窒息してしまった。それは失敗した。（略）我我は全国的総工会の基礎を抜き難く置いたという点で成功した。（略）軍閥を打倒せよ！帝国主義を打倒せよ。労働者農民の政府万歳！」（幕）

この最後を、久保は「たとえ京漢鉄道全線のストライキが窒息せられても、（略）流された同志の血は決して無駄ではなかったという事実」「打倒軍閥」「打倒帝国主義」、これを舞台で観衆は聞きたかったはずで、それを「闇中の声」で終ったのは、書きたりないと言った。他にも葉青山の惨殺など「プロレタリアアトを迫害する場面が、比較的蔭になっていること」「ストライキ決行前の急迫せる事態は、暴力団側の劇的行為の中に反映しているのみ」と戯曲の欠点を批判した。

久保の批評に村山は、『自叙伝』で〈吃驚した〉と記した。「久保といえば、築地小劇場の文芸部員であったが、三月以降は嘱託となっており、（略）幾つかの翻訳を提供しただけの（略）『国姓爺合戦』という戯曲を書いただけの人、目に立つ存在ではなかった。（略）突如として僅か四ヵ月のうちに、（略）プロレタリア・リアリズムを信奉している人間であるかのような態度で書いているのだから、（略）『思いあがった人間もあるものだ』とみんな吃驚した」と……。ここには村山の思い違いがあり、またこのあと始まる久保栄との種々の軋轢が、久保の死後『自叙伝』にこうした一文を書かせたのだと思われる。こういうところもこの『自叙伝』が疑問視される要因になっている。

「国姓爺合戦」（のち「新説国姓爺合戦」）は、一九三〇年三月に発表する久保の戯曲第一作で、新築地劇団が初演する。この『全線』批評を書いた時、まだ作品は発表していない。ゆえに村山の一文が後付けであることが分かる。

久保は新築地劇団創立メンバーで貴重な文芸部員であった。新築地がゴーリキーの「母」を上演するとき、「母」の台本について左翼劇場の佐野碩を訪問したが、留守でその後佐野から手紙を貰っている。佐野碩の手紙は以下の如くだ。

「母」は左翼劇場のレパートリーに入れるつもりで「杉本良吉君が大半を訳了していますが、今まで出来上がった部分だけから判断しても、検閲の点で殆んど絶対に通過の見込みが立たないので、（略）どうにも出来ずに居る様な訳です。／たとえ『新築地』でお演りになるにしても（略）恐らく不許可だろうと、少なくとも小生には思われます。だが、万一『新築地』だと云う点で検閲が通過し、『母』が日本で上演されるとなれば、それこそ日本のプロレタリアート（革命を目前に扣えている）に取ってこの上もなく喜ばしい事ですから、（略）台本をそちらにお譲りする事には全然賛成です。（略）左翼劇場文芸部会（明三日午後）に持ち出した上なるべくそちらにお譲りする様に努力します。」「一九二九・六・二／佐野碩／久保栄大兄／付記――a『劇場街』まだ出ませんか？（略）（村山の暴力団記）の広告を載せていただけるとすれば、〆切は何時ですか？」（『久保栄全集5』）。

こうした経緯があって「母」は、新築地の第二回公演として一九二九年六月二六日～三〇日に帝劇で初演されたのである（高田保脚色・土方与志演出）。この公演時久保は「母」について雑誌『帝劇』（七月号）に「或る対話」を載せている。これはAとBの対話形式で「母」の内容説明の後、台本を高田保に頼んだ経緯などが明らかに官憲の眼を射程にいれて記された。Bは次のようにAの質問―「どうして左翼劇場から借りなかった」―かに応える。

「ロシヤの脚色は、かなりセンサアの忌憚に触れる危険性の多いもので、その台本に拠るとしても、いろいろ削除したり字句を軟らげたりしなければならないし、築地の舞台に掛ける場合と違って、労働運動にたいする知識の比較的少ない帝劇の観客にたいしては、あるいは脚色の態度がやや簡潔に過ぎはしないかとも思われたのだ。で、土方氏その他劇団員の意見に従って、高田保氏に帝劇上演台本の作製を依頼することになったんだ。(略)『母』の上演を快く譲っていろいろ便宜を与えてくれたプロットの人たちに感謝している。」つまり久保栄の存在は、村山のような〈目に立つ存在〉ではなかったかもしれないが、左翼劇場の面々にとって〈知らない人〉ではなかったのである。

3

残されている「全線」の舞台評を見よう。都新聞に「元気がよくて、燃え立つのは、両築地も数歩を譲る、芝居もうまくなった、あの『全線』のやうのなら、一般の人が観てもおもしろいと感ずるだろう」(七月二日号)という好意的な評が出た。劇団築地小劇場の俳優滝沢修は「これを見て大いに感激し、それが直接の動機となって、のちに左翼劇場に移り、プロレタリア演劇陣営の一員として働くようになった」(菅井解説前掲書)という。当時マルクス・ガールだった上田文子(のちの円地文子)は舞台と観客の熱狂的な一致に共感して、若々しい筆致で勇ましい感動を書き残している。

「(村山が)新感覚派、未来派の作者から、新興プロレタリア大衆の作者となられた(略)日本の現社会を対象として見る時、反動政府の暴圧、テロリズムの横行、よって来る検閲制度の横暴まですべての条件を含む社会情勢を考慮に入れて見る時、(略…村山は)決定的に進歩的(略)。初日の舞台を見ただけでも、何とこの演劇の思想するアジが観客に強くアッピールしていることよ、(略)そこにあるものは芸術的感激という如き『静かな悦喜』ではない。脚本と演出と演技とうって一丸となって迫る荒々しい力だ、血だ、熱だ。社会的関心だ。イデオロギーの一致だ!」(『女人芸術』一九二九年八月)

労働者を表現する俳優の演技の上手さや観客と舞台の一致を見事だと評した意見は、久保栄の他にも多く見出せる。そして何よりも村山が「すぐれた演出者の手にかかれば、戯曲にある欠点が消され、自分にないものが付加されるものだ、ということを悟った」とその舞台を評価したらしい(菅井解説前掲書)。この村山発言がどこに書かれたものか、見つけることは出来なかったのだが、この上演の成功が佐野碩の演出に負うところが大きいのは否定できないだろう。

4

佐野に演出を任せるについて、村山は次のように書く。

「自分の脚本は自分で演出しなければ生かされない、と思い込んでいた。だから佐野に演出されることを拒みたかった。（略）今度は正式に佐野に頼むべきだ、という皆の意向（――それまで佐野と村山は場面を分けて受け持つという共同演出をしていた）」で佐野が演出することになる。装置は村山が担当して「極めて直線的、幾何学的な、正確な絵を、殆んど全く曲線を使わず、黒と白と灰色だけを使って作ろうと考えた」（『自叙伝』）と言う。この発言で佐野と共同演出をした「ダントンの死」が、場面ごとに受けもっていたことが分かる。

佐野演出を「佐野の奴、メイエルホリドに凝って、ビオ・メカニークの真似をやっているな、群集を幾何学的に組み上げたり、崩したりしていて、どうして現実の切迫した状況が出せようか、こまったことだ」「初めは演技のアラをさがしながら見ていたが（略）興奮して来た。ことに代表者会議の集団演技の場は、私自身長いこと形式主義的だとか、メイエルホリド的だとかといって攻撃されていて、何とかしてそれを一掃しようとし、ことさら現実的な、ナチュラリスティックの方向に向おうと努力していたのが、この佐野の、中味はリアリスティックで、しかもその現われは多分にメカニックな集団演技に惹き込まれてしまった」とも記している。

これも〈社会主義リアリズムを創作方法にした村山〉の一九七〇年代の記述である。というのもこの上演時にはまだメイエルホリドは、ソヴィエト・ロシアはもちろん日本でも否定されていない。第七回で触れたように村山は「トラストＤ・Ｅ」でメイエルホリド流の演出をしているし、それが好評であったのを思い出すといいだろう。

メイエルホリドが批判され、国立メイエルホリド劇場が閉鎖されるのは、一九三八年で、投獄されたのはその翌年、処刑されたのは一九四〇年である。

久保栄に「メイエルホリドとドイツ・プロレタリア演劇」（『プロレタリア演劇』一九三〇年七月号）という一文がある。メイエルホリド劇場のドイツ旅興行についての一文だ。全編ビオメカニズムの「コキユ」、古典の若返りの「森林」「検察官」、新興ソヴィエート文学の「吼えろ、支那」「第二軍司令官」「南京虫」などが上演予定作品であった。が、ベルリンの興行は失敗に終った。それはドイツの労働者演劇が、「構成主義舞台やビオメカニズムとは、ぜんぜんことなる方向において成長しつつある」からで、「形式のあらゆる簡素化を目標にしている」「メイエルホリド流の大規模な劇場メカニズムの応用は、ほとんど不必要な技術」になった。既にドイツでは表現主義没落後に、「ドイツの急進的演劇ないしブルジョア演劇の領野にソヴィエート演劇形式」の模倣時代が現出していた。しかもメイエルホリドが到達したものより「さらに一そうの形式的発展を示している」からメイエルホリドは、「ドイツの進歩的観衆にとっては、何ら新鮮な刺激をもたらさなかった」と言う論述ですすみ、次いでドイツの現状に触れる。メイエルホリドは、大劇場的演劇形態という表現形式において〈旧く〉なり始めていたことがわかる。彼の表現はアジテーションとプロパガンダには向かなかったのだ。ドイツには新しい革新的な演劇表現（シュプレヒ・コール）が誕生していた。それが日本のプロレタリア演劇に登場するのも時間の問題であった。

＊　第一回「進水式」「やっぱり奴隷だ」「嵐」（佐野碩演出）（一九二八年四月）、第二回（銘打っていないが）無産者新聞創刊三周年記念公演「首を斬るのは誰だ」「父」（佐野碩演出）（一九二八年九月）、第三回「巡洋艦ラザリー」（佐野碩演出・村山装置）築地小劇場で上演予定が上演禁止にあう（一九二八年一〇月）、第四回「ダントンの死」（佐

野碩&村山演出・村山装置）築地小劇場（一九二九年一月）、第五回メーデー記念芸術祭「足のないマルチン」（佐野碩演出）「怒涛」（佐野演出）上野自治会館（一九二九年五月）、第一二回公演「全線」（「暴力団記」）（佐野演出・村山装置）築地小劇場（一九二九年六～七月）…本来は第六回であるが一二回としたのは、「プロレタリア演劇運動満四年を記念して、旧前衛座、旧プロレタリア劇場、旧前衛劇場以来の公演を通算して」（岡村春彦『自由人佐野碩の生涯』）という指摘がある。

第10回　プロレタリア演劇の盛況［1］（『テアトロ』二〇一三年一月号）

1　劇団築地小劇場

新興の左翼劇場は、あっという間に新劇を〈赤色〉に染めた。劇団築地小劇場は「故郷」（明石鉄也作・北村喜八脚色・青山杉作演出・杉村春子・東山千栄子・滝沢修・村瀬幸子他出演）と「母」（ゴリキイ作・八住利雄脚色・北村喜八演出・村山知義装置・岸輝子・滝沢・東山他出演）を、左翼劇場の「暴力団記（全線）」公演後に築地小劇場で上演した（一九二九年七月六日～二五日）。築地小劇場分裂後は、劇団築地小劇場の方が、〈築地〉を出た土方与志がひきいる新築地劇団より〈本家〉という立場であったようだ。そのせいだろう、築地小劇場に関する上演台本（上げ本）などの資料は北村喜八が保存していた。これは後に共立女子大学に寄贈され（北村喜八文庫）、わたくしたちが、ゆまに書房から復刻して上梓した（日本演劇学会分科会日本近代演劇史研究会編『築地小劇場検閲上演台本集』全12巻　一九九〇～九一年、藤木宏幸・西村博子・井上理恵が解説等を担当）。

「母」は、新築地劇団が六月の終りに帝劇（土方与志演出・吉田謙吉装置・山本安英・丸山定夫他出演）で初演し絶賛をあびたが、劇団築地小劇場の公演はそれより「見劣りがした」と評された。八住の脚色は場数が少なく、屋内が多く野外が少ない。しかも重要な人物も削られていたようだ。ただ「街頭のメーデーの場面を出し得たことは新築地の取り柄であり、家宅捜索の場面を出し得たことは築地の取り柄である」（都新聞　七月一一日号）と両者の表現内容の違いが示されているから、この二つの集団の舞台は異なっていたとみていい。

村山は、この装置について殆んど触れていない。新築地劇団の「母」の舞台写真はよく見るが、評判にならななかったせいか劇団築地小劇場のほうは見かけないのである。

新築地劇団はこのあと帝劇で「北緯五十度以北」(小林多喜二作「蟹工船」)を上演する(北村小松作・土方与志演出・吉田謙吉装置・神尾耕三照明)。これについては第8回で既に触れた。

劇団築地小劇場は新築地劇団と争うように左翼的な演劇を選び、八月には江馬修の「阿片戦争」を村山の改補・演出・装置、トレチャコフの「吼えろ支那」(青山杉作・北村喜八共同演出)を本郷座の舞台に上げた。この公演は「吼えろ支那」の評判がよすぎて「阿片戦争」は影が薄くなってしまった。その理由について村山は次のように記述している。

〈江馬の原作は五幕一三場で長く、村山が四幕八場にしたこと、したがって阿片戦争を解説する「絵解き」的なものになってしまった。他方、「吼えろ支那」の方は「河岸」と「砲艦の甲板」を、一つの舞台装置で交互に見せるという、一九二六年一月にメイエルホリド座が、フェオドロフの演出したやり方を取り入れた方法でぶつけられたので、脚本の不備は一層倍加されて、「全線」であげた筈の私の男は一挙に吹きとばされてしまった……〉(『自叙伝』3)。

結果、村山は反省する。

「この晩、私は演劇の二つのパターンと極と極とを突き合わせて、見せられて、観客に与える力の違いを、いやというほど知らされた(略)演劇というものは、いろいろの要素が組み合わされており、観客の肉体的緊張と疲労、舞台への注意の持続と中絶、理性的説明と官能的感覚との組み合わせ——というものが実に巧に配置されなければ効果は上げられないものだ、ということを叩き込まされた…」

メイエルホリド座の派手な演出を踏襲した「吼えろ支那」は、「実に、壮快だった。(略)是れこそ現在支那の完全にして真実なるレビュウ(review—注)である。(略)青山、北村両君の演出も長十郎君がロシアで見てきたといふ此演出を参考として大体それに倣って観客を沸騰させてゐた。観客の声援は素晴しいもので、『吼えろ支那』と叫ぶカタストロフには一緒になつて「吼えろ〳〵」と、云う声が聞えた程である。(略)演出は大成功（略）装置も（略）伊藤熹朔らしい頭のよさが見えた。俳優諸氏に到っては満点である。」（田島淳『演芸画報』一〇月号）と絶賛されている。舞台と観客が一体となってよほど良かったのだろう、評者田島の興奮が伝わる。舞台はまさに観客と一つになって生きる場だということが分かる。

この時期の演劇状況をまとめた東京日日新聞一九二九年九月六日号を見てみよう。

「最近の新劇界におけるプロレタリア演劇の進出は目ざましく『新劇』すなはち『プロレタリア演劇』といった観を呈してゐる、しかも堂々大劇場に新興演劇を上演して何れも成功し本郷座における築地小劇場の『吼えろ支那』（一九二九年八月〜九月…井上注）の如きは大変な人気を呼んだ。」と報道した。これはプロレタリア演劇が「新興」の演劇として一般大衆の支持を受けていることを示す貴重な論評だ。

この記事は続けて左翼劇場提唱で「新興劇団協議会」設立案が出されている様子にふれ、日本プロレタリア劇場同盟（略称プロット）所属の「東京左翼劇場が主体となりプロレタリア職業劇団としての築地小劇場、新築地劇団、心座等と共にプロレタリア劇団の大組織を作ろう」と言う案だが、上手くいくかどうかという懸念を表明し、当時劇団築地小劇場は松竹と提携して新興（左翼的）演劇を上演、新築地劇団は帝劇で同様の演劇公演を重ねていたのであるが、商業資本と手を組んでいる二劇団であるが故に、協議会「設立後特殊な任務を有してゐる左翼劇場と他劇団との相互関係がどうなるか」、相当の波乱は免れないだろうという予測も出されていた。

ここでは、左翼劇場が「特殊な任務を有して」いる演劇集団と社会的に位置付けられていたことを記憶しておきたい。

2　上演禁止 ― 検閲

一九二九年一〇月二四日、アメリカウオール街の株式市場の大暴落で世界大恐慌が始まり、日本の生糸価格も大暴落、不況が襲う。不況は労働争議を増加させ、同時に検閲も激しくさせた。

心座は本郷座でイワノフの「装甲列車№一四・六九」を村山演出で上演する予定でいたが、舞台稽古中に上演禁止になる。初日を控え急遽「全線」に差し替え、不当な検閲に対して新興劇団協議会は警視総監宛てに抗議書を出し、声明文も発表した。先に引いた新聞の予告通り、左翼劇場・新築地劇団・劇団築地小劇場・心座により新興劇団協議会が組織されたのである。

左翼劇場の応援を得た心座の「全線」は、左翼劇場のそれとは異なり「『全線』は好評嘖々たりしもの、但し、本郷座のやうな舞台、長十郎が親分周をやると、何となく既成劇場の気分になる。これはもっと粗雑な空気、荒々しい環境、未成の熱意がほしいと思ふのは私一個の慾であらうか。尤も、巧いといふ意味ならうまい。」と評され、作品の「難をいふと諷刺揶揄される暴力団がも一つ演劇的に凶暴な紹介がない点だ（略）最後の労働者万歳の叫びが演出上でも弱々しくて、この作が尻切れとんぼのやうになる点だ」と指摘された（三宅周太郎、東京日日新聞　一〇月二九日号）。この評では、芝居上手の長十郎がそれらしく悪役をやってしまって新鮮さが出なかった点や村山の戯曲の欠点が突かれている。

ともあれ築地小劇場分裂後の二つの集団も立派なプロレタリア劇団になっていき、一一月には劇団築地小劇場と新築地劇団とが各々ルマルク「西部戦線異常なし」を競演、村山は前者で台本を脚色し、北村喜八と共同演出した（一一月二二日～一二月一日　本郷座　観客動員数七九六六人）。

村山によれば「プログラムには私と北村喜八との共同演出とあるが、北村は私に遠慮したらしく、実際は私一人で演出」（解説『村山知義戯曲集上巻』）したという。この一文には当時の検閲や警察の監視について記されているから、引いてみたい。

台本（「西部戦線異状なし」…井上注）の削除命令は七十余ヵ所に及び、最後にパウルが（略）叫ぶ最も大事なセリフも削除（略）口をパクパクさせて（略）シャベレない意を伝えたが、観客席からは「わかったぞ！」という叫び（略）却って効果をあげた。（略）削除されたセリフを観客席に入れたサクラに叫ばせる、という方法も取ったが、警察は客席の通路にビッシリ顎紐をかけた警官を、舞台に背を向けて並べて客席を監視し、叫んだり、拍手したりする観客をすぐに検束し始めた。（略）警察はいよいよ横暴になり、劇場入口で身体検査をし、学校長や工場長に通告するようになった。

官憲の文化芸術無視の在りようが手に取るように分かる警官の配置だ。こんな中で叫んだ観客の勇気と熱意には頭が下がる。にもかかわらずこんな評も出たのだから、驚く。

八田元夫は讀賣新聞に「脚色にも、演出にも装置にももっと帝国主義戦争の陰惨と反戦の叫びをあげて欲しかった。然し、部分的には、戦争に対する批判のひらめきが受取れたのである。戦争暴露としての将校淫売其他数ヶ所奪取されたのは効果の上から云って残念であった。我々は更に、検閲制度に対して抗議を持出さねばならない。／特筆すべきは挿入のフィルムとタイトルである。プロローグの戦争の場のモンタージュに多少の問題は在すれ、そのテンポに従ってカットを短くして行った点など細心の留意が見える。輸入フィルムの中から、これを拾ひあげて、戦争に夢に、食糧品購買に、の巧なアレンヂは、例によって快かった。最後のタイトル『西部戦線異常なし』を一九一七年一一月七日としたのは当を得て居た。（略）この日赤旗がさんとして輝きたって居たのだ！」（一一月二四日号）と脚本の不備と検閲制度への批判、そして連鎖劇の如き映像の挿入に賛美を称している。

『村山知義戯曲集』を見ると、タイトル映像が各所に入り、第一幕第一場一九一四年八月のタイトルと映像、その後第二場の半ば、第二幕第一場の初め、第三幕第二場、第四幕第一場、等々に映像の挿入がある。最後にロシア革命の日付を入れて「西部戦線異状なし。報告すべき件なし。」とタイトルが出る。これも、当時の人々には感動的であったのだろう。

村山が連鎖劇に興味を示していたことは既に第五回で触れたが、映画のシナリオや映画雑誌『新興映画』(責任編集―村山・岩崎昶・今東光)をこの時期(一九二九年八月)に発刊している。詳細は、岩本憲児「プロレタリア映画運動」[2]をみて欲しいが、数編のシナリオを書いている。そうした映画への興味がこの舞台での映像使用になったのだと推測される。まことに村山は新しいものに目がない。

3 村山の入党と蔵原惟人、そして妻籌子

一九三〇年二月、左翼劇場は徳永直作、藤田満雄脚色、村山演出・装置「太陽のない街」を初演する(二月三日〜一一日 九日間一二回上演 於築地小劇場、入場料一円五〇銭、九九銭、労働者券三〇銭)。労働者対象の安価な入場料が日頃舞台を観られない労働者に門戸を開いた公演で日々大入り満員であった。三月三日〜九日に築地小劇場で再演される。

「六時からの開演だと云ふのに四時頃迄に行かなければ絶対に入れず三日も続けて今日こそはと出かけていつも入れなかつた友達がゐる(略)劇場の前は毎日埋まつていた(略)凄い景気である。」(田島淳)と批評される程、劇場の周りを観客が取り囲み、多くの労働者が観に来て大成功の公演となる。共同印刷の争議を取り上げた徳永直の小説の人気が後押しをしたと推測される。村山の装置は舞台写真を見ると、特に冒険はなく普通の写実的な作り。

村山は、「阿片戦争」の時に感じたこと、舞台と観客の一体化を演出の目標にしたようだ。この上演につい

て「舞台的演技と観客自身とが此処では比べ物にならぬ程度に同化しなければならない。今迄我々の学んだ演劇的技術は此処ではもう一遍新しい——そして一番貴重な——門をくゞらなければならない。然し今度の公演ではそれがまだ多くの不充分さを伴ってゞしか出来ないことを無念ながら承知してゐる。——だがこの困難な要求に打ち勝つ爲にはマトモにブツかって行くより他に道はない。」と宣言したらしい。田島淳が『演芸画報』三月号で触れながら次のように熱く評している。

「此意義と、此気組と、もとより周到なる用意とが演出者の意図を百パーセントに成功させてゐた。さうしてこゝでは舞台と観客との区別が木っ端微塵に粉砕された。(略) 観衆は演技者と共に燃え争議団員と共に叫んだ。かくしてプロレタリア、アジテーションは百パーセントに効をおさめた。そうして幕間に廊下に出れば、舞台の上では活躍してゐるが実際は今獄中にある実在の人物におくる救援金箱の前に労働者諸君が粛然として犇めいてゐた。／演技者諸君の出来を見れば是れがまた満点以上のものであった。」(倉林誠一郎編『新劇年代記　戦前編』所収 白水社 一九七二年)

おそらく村山は、1節で触れた〈舞台と観客の劇的一致〉に敗北したこと、それをこの舞台で試みようとしたのだと推測される。しかし検閲削除の多い台本と築地小劇場の舞台機構はボンもセリもなく、頻繁に場が変わる台本では村山の目指した舞台は不可能であった。それが「今度の公演ではそれがまだ多くの不充分さを伴ってゞしか出来ないことを無念ながら承知してゐる」の発言になったのだろう。が、村山の舞台に対する意欲的な姿勢が、演者と観客の熱気と共鳴して舞台効果が上がり、結果は田島の絶賛につながる。観客の熱気というものは今も昔も舞台をよくする。これでは観客が劇場を取り囲む筈で、この舞台は左翼劇場にとって記念すべき上演となった。

さて、この後、村山の演劇的仕事は『新興映画』に発表した映画シナリオや映画時評だけで、五月に逮捕されるまで演出作品はない。これは推測だが、この時期に村山知義は入党したのではないかとみている。もちろん村山は〈蔵原に誘われて一九三一年五月に入党〉と書き残している。が、検挙理由を「『赤旗』を秘密で読むグループにはいっていたこと、共産党に毎月資金を提供していたこと」(『自叙伝』)と記述しているのをみると、検挙された三〇年五月には既に入党していたのではないかと思われるのである。ここでこの前後の動きをみてみたい(傍線井上)。

蔵原惟人[3]がソヴィエト・ロシアから帰国したのは一九二六年一一月であった。蔵原は、すぐにプロ芸に参加する。すでに触れた第五回第六回と共に読んで欲しいのだが、一九二六年、村山は〈無産者の夕〉に参加し、「兄を罰せよ」を発表した後、前衛座準備公演に参加し、自作「勇ましき主婦」を新劇協会で演出、前衛座の旗揚げ公演に関わり、もちろんプロ芸にも参加していくという状態であった。ここで村山は当然にも蔵原と知り合う。その後は村山と蔵原はずっと行動を共にしていくのである。蔵原の存在が村山の思想構築に大きな影響を及ぼしたと見ていて、彼の行動を追うとそれがあながち誤りとは思えないのである。

翌二七年、村山は労芸の立ち上げに加わり、蔵原は労芸の機関誌『文芸戦線』の編集同人になって文芸運動の理論的組織的なオピニオン・リーダーとなっていく。コミンテルンの「日本問題にかんする決議」が作成された時、訳出して『文芸戦線』一〇月号に発表した。山川均の〈福本主義批判の論文〉(日本共産党批判)の掲載を廻り、対立して蔵原が『文芸戦線』(労芸)を出た時も、村山は蔵原と行動を共にして前衛芸術家同盟をたちあげた(プロ芸→労芸→前芸)。

一九二八年の「三・一五」の弾圧のあと、ナップ(全日本無産者芸術連盟)が結成されるが、その会合は村山のアトリエで開かれている。その後プロレタリア劇場と前衛劇場が合併して東京左翼劇場を結成する。この頃に蔵原は非合法日本共産党に接近し〈資金面で働く〉ようになる。

一九二九年一月、プロット(日本プロレタリア劇場聯盟)が結成され、二月に日本プロレタリア作家同盟創立大会が開催される。村山も妻の籌子も同盟員になった。この年の九月に蔵原は再建された非合法日本共産党中央委員長田中清玄（一九〇六〜一九九三）の推薦で入党している。一九三〇年の二月二六日に共産党大検挙があった。蔵原は、事前に逮捕を察知して一時地下にもぐり、早くも三〇年六月には特派員という名目でソヴィエトへ逃げていた。蔵原はソヴィエト連邦のプロフィンテルン第五回大会に出席して三一年二月に帰国する。

村山籌子[4]は既に記したように一九二〇年から『子供之友』の童話や童謡を発表していたし、二六年には秋田雨雀や小川未明らに結成された童話作家協会の会員にもなっている。ナップ機関誌『戦旗』の付録として『少年戦旗』が創刊されると籌子は「こほろぎの死」をここに発表、一時期編集長にもなった籌子は、編集に関して蔵原惟人に相談していたようだ。つまり知義も籌子も蔵原と極めて親しい関係を構築していたと言っていい。その上籌子は蔵原の地下活動にも手を貸している。山崎怜によれば、籌子は三一年に密かに帰国した蔵原を富本憲吉（『青鞜』の紅吉の夫）の家に案内し、二ヵ月近くかくまい、その後連絡を取りながら、三二年四月四日に蔵原がコップ弾圧で逮捕されるまでの一年以上の非合法活動を支えたという。小林多喜二と立野信之を密かに蔵原にあわせたりもしたらしい。蔵原が非合法活動を実現しえたのは、籌子の「英知と献身」によると山崎は書く（山崎怜「村山籌子研究上の若干の資料について」『香川大学学術情報リポジトリ』一九九三年一〇月）。

蔵原は国外へ逃げたが、村山は、先に上げた「『赤旗』を秘密で読むグループにはいっていたこと、共産党に毎月資金を提供していたこと」（『自叙伝』）という理由で、三〇年五月二〇日に捕まり半年間豊玉刑務所に収監され、一二月に保釈される。

帰国後の蔵原が古川荘一郎の名で「プロレタリア藝術運動の組織問題」を発表したのは三一年六月（「ナップ」）である。これを機に農村・工場の文化サークルを基盤にした組織へと動き出し、コップの中に党フラクションを作る準備を始めた。作家同盟の作家たちは次々と党員になっていく。一〇月に入党した宮本百合子などもその一人だろう。そして一一月に日本プロレタリア文化連盟（コップ）が創立される。

ここで林淑美のコップ創立とその後の文化運動に関する興味深い指摘と村山の入党時機に関する一文に触れ

たい。林は、共産党中央部の文化運動へのテコ入れで自立性を失ったことが文化運動壊滅の大きな要因だと指摘している。

「一九三一年（昭和六年）は、プロレタリア文化運動が壊滅する端緒をなした年である。壊滅の原因は、直接には、翌一九三二年（昭和七年）三月からの文化運動への大弾圧によるものだが、（略…この弾圧は）文化運動自らが呼んだとも言える（略…コップ）結成にともなう組織の根本的な再編成と、組織をそのようなものにしようとした非合法共産党中央部の意思がもとになっている。（略）政治運動から相対的な自立を保っていたプロレタリア文化運動に（略…影響を行使できるよう）党はまず文化団体の各同盟中央部に党フラクションを作ろうとする。（略）おもだった藝術家を党員にしなければならない。その最初の対象となったのが村山知義だった。」（『演劇的自叙伝』は一九三〇年で終わっている」『水声通信3』「村山知義とマヴォイストたち」特集所収　二〇〇六年一月）

こうした見方に従うなら、既に戯曲「兄を罰せよ」を発表し、蔵原の近くにいて会合に自宅を提供していた村山は、三一年以前に〈狙われた〉はずと考える方が理に適う。生江健次予審尋問調書に記された〈三一年三月頃から〉生江が秘密グループを造り「上落合ノ村山方」などで会合し、「党中央機関誌赤旗ヲ読マシテ居タ」というのは一年前の話ではなかったかと、わたくしはみている。村山は三〇年には「プロレタリア美術のために」「日本プロレタリア演劇論」「プロレタリア映画運動の展望」（共著）などを出していて、まさに「党フラクション」活動をしていたように思われるのである。

［注］

1　この回の3節は、大幅に加筆し注をつけた（二〇二二年六月）。本書に入れた「村山知義の演劇的足跡」の当該頁と共に読んで欲しい。

2　岩本憲治編『村山知義　劇的尖端』森話社 二〇一二年。

3　蔵原惟人（一九〇二〜一九九一）評論家　筆名―古川荘一郎他。東京生まれ。父は肥後国（熊本県）阿蘇神社神官蔵原惟暁の弟で衆議院議員・熊本英学校校長の蔵原惟郭、母は同じく肥後国阿蘇郡の代々の庄屋の子息北里柴三郎の妹しう。東京府立一中から東京外国語学校へ進みロシア語を専攻。一九二五年都新聞特派員としてロシアへ留学し、二六年に帰国。二八年全日本無産者芸術連盟（ナップ）結成に尽力。二九年日本共産党へ入党。三二年治安維持法違反で拘束され七年の刑で囚われても転向せずに刑期を終え満期出所。四一年、作家中本たか子（一九〇三〜一九九一）と結婚。

4　村山籌子（一九〇三〜一九四六）童話作家 香川県高松市生れ。父は祖父岡内喜三が始めた漢方薬製造販売で全国的に知られる千金丹本舗の子息徳次郎、母は寛（ゆたか）。籌子は婦人之友社の「新少女」の常連投稿者であった。高松高女卒業後上京、羽仁もと子の自由学園高等科の一期生として入学、卒業後は羽仁の婦人之友社の記者となる。他方で「子供之友」に童話や詩を寄稿、村山知義と知りあい結婚（二四年）。翌年亜土が生まれる。知義の小説「白夜」に籌子と蔵原らしき人物の交流が登場する。

第11回　村山不在時の演劇集団

（『テアトロ』二〇一三年二月号）

1　逮捕*

村山は一九三〇年五月二〇日に逮捕される。知義三一歳、籌子二九歳。

「一九三〇年三月に私は共産黨に資金を提供し、人からも集め、黨の機關誌『赤旗』を秘密に讀み共産主義的藝術を創つたといふ件で逮捕され、三ヶ所の警察署を盥廻しののち、中野の豊多摩刑務所に入れられた。最初の入獄である。この手紙は妻から刑務所の私に宛てた最初の手紙だ。」（「五月二十二日の籌子の手紙の註1」『ありし日の妻の手紙』櫻井書店　一九五〇年一月）。

ここには、〈シンパ〉で捉われたとは書いていない。戸塚・水上・杉並の警察署を盥廻しされたという。一二月に出所するまでの籌子からの手紙が『ありし日の妻の手紙』に収録され戦後刊行された。籌子の手紙は、差し入れる書籍（原書は不可）、中や外の仲間の様子など、毎日綴られている。三〇年五月二二日に始まり一一月二九日夜で終る。収録されているのは二七通である。

最初と最後の籌子の手紙を一部分引こう。

「通信はなるべく、私も毎日しようと思ってゐますから、どうぞあなたからもときれないやうに。とどくのも、とどかないのもあるかも分かりませんから、必ず番號をうつて下さい。ノートのかわりに利用して、心おぼえを書いておけば、私が整理しておきます。又、原稿のかわりのやうなことに利用してもよいと思つてゐます。讀書した本の名前も必ず書いてよこして下さい。こつちのノートに書かねばなりませんから。（略）お金のことは、全然心配ありませんが、差入れべんたうは、少し、美食すぎるやうに思ひます。お晝から社に行つて、仕事をして、夜、山内公さん夫妻と公楽キネマへ斬人斬馬ケンを見に行く豫定。といふと仲々悠々とした生活をいてゐるやうで華やかさうですが。オハリ。」（最初の手紙…篝子は戦旗社で仕事をしていた。わかい篝子が逮捕に動揺せず理性的に行動している様子が分かる。前回触れた藏原への援助行動を思い出すと魅力的な自立した新しい女であったことが理解される。）

「私の部屋に、アンゲルマイヤーと書いたあなたの油繪がかかつてゐます。アンゲルマイヤーと私はカタキみたいです。アナタは好んでゐるのでせう。私はインチキな氣持がし、昔のドイツの荒廢を思ひ、アナタのよからぬ生活を思ひ出すので、大キライです。しかしこの油繪は仲々よいものであると、大いに好んでゐます。私は、少くともアナタの繪のよしあし位は安心して心得てゐる者です。（略）あなたのおどりだけはもうしないで欲しいものです。私はどのやうな男の人が好きかと言へば『マジメで、頭がよくて、心がやさしくつて、少くともダンスは絶対にしない人』です。勿論、コムミユニストでなければなりません。この二三行は、自分でも、一寸消したいところですが、書いた手間賃と思つて、がまんして下されたく。」（最後の手紙）

プロレタリア作家同盟書記長であった小林多喜二も村山と同じ時に捕まっている。共産党への資金援助と言うのが逮捕理由だった。一九三〇年三月末に東京に来た多喜二は五月に『戦旗』防衛三千円基金募集のための講演で関西に行った。中野重治や江口渙や大宅壮一などと一緒だった。五月二三日に大阪で検挙、中之島警察署に留置、一六日目に出されたが、東京で六月にまた検挙され翌三一年一月下旬に出されるまで、豊多摩刑務所に入れられた。中野も同様で、篝子は、彼ら三人の差し入れと手紙執筆を熱心に続けたのである。そして多喜二も中野も、出所後の三一年一〇月に入党したことになっている。

村山は保釈出所と入党について篝子の手紙の註で、次のように書く。一九三〇年「一二月の末に、私は二百十六日目に、保釈で出所した（略）出所するとすぐ、五月には共産党に入党し、藏原惟人、中野重治等とプロレタリア文化聯盟（コップ）の結成につとめた。そしてその件で、一九三二年三月に再び入獄する迄の一年三ヵ月の間に、戯曲「ジャンヌ・ダルク」「ツエッペリン事件」「勝利の記録」「東洋車両工場」「歌舞伎王国」「大悲学院の少年達」「志村夏江」等、小説「処女地」「血と学生」等を書いた。」（「十一月二十九日最後の手紙の註」『ありし日の妻の手紙』）

籌子が、好きな男の人は〈マジメで、頭がよくて、心がやさしくつて….コムミユニストでなければなりません〉と書いているのを見ても、やはり村山は三〇年五月には入党していたのではないかと思われる。

2　村山不在時の新興演劇集団

村山知義の初めての豊多摩刑務所暮らしは一九三〇年一二月末まで続く。留守にしていた二一六日の間、村山と佐野碩の抜けた左翼劇場は「全線」の再演（五月三一日〜六月一一日　築地小劇場）、「不在地主」（小林多喜二作、小野宮吉・島公靖脚色、佐々木孝丸演出、一〇月四日〜一三日　市村座）、「炭塵（ガス）」（三好十郎作、佐々木孝丸演出、一二月六日〜一七日　築地小劇場）、の三作を上演、古株の佐々木が演出を担当した。

プロットの機関誌である『プロレタリア演劇』の創刊号（表紙絵は村山）が六月一〇日に出る。編集発行人は佐々木孝丸だが、これに久保栄が主体的に参画していた。村山の逮捕と入れ替わるように、久保栄はプロット機関誌部に加盟し、東京左翼劇場文芸部にも参加する。

久保は『劇場街』を出た後、批評誌『劇場文化』を出していた。この経営を「プロット機関誌部に移」（久保栄）して雑誌の編集を担当することになったのである。佐野と村山の〈留守〉は、そして弾圧の激化は、プロットや左翼劇場の運営を少しずつ変えていく。

創立一年が経った新築地劇団は、賑々しく一周年記念浅草昭和座公演（六月一日〜六日）を持つ。「上には上」（村山知義作、隆松秋彦演出）、「筑波秘録」（落合三郎作——佐々木孝丸の筆名、土方与志演出）、「何が彼女をそうさせたか」（藤森成吉作、土方与志演出）の三本を上演。その後すぐに、「吼えろ支那」（大隈俊雄訳、土方与志・山川幸世・隆松秋彦演出、六月一四日〜二四日）を市村座で上演。更に数種の依頼された小公演をこなし、「ゴー・ストップ」（貴司山治作・藤田満雄脚色・土方与志演出、八月二九日〜九月七日）を市村座で、この年最後の「反響」（土井逸雄改作、土方与志演出、一一月一日〜六日）を再び市村座の舞台に上げる。

この集団は一月から五月までの公演九作品――「傷だらけのお秋」（三好十郎作）、「都会双曲線」（林房雄作）、「蜂起」（藤森成吉）、「母」（ゴーリキー作）、「新説国性爺合戦」（久保栄作）、「上には上」（村山知義作）、「慶安太平記後日譚」（落合三郎作）、「筑波秘録」（落合三郎作）、「報国七生院」（三好十郎作）、を加えると量的にも質的にも最も華々しく演劇活動をおこなっていた。

一方、劇団築地小劇場の方は、既に分裂が始まっていた。『プロレタリ演劇』創刊号で「劇団『築地小劇場』を粉砕せよ！」というメッセージが日本プロレタリア劇場同盟――東京左翼劇場・静岡前衛座・京都青服劇場・高知街頭座・金沢前衛劇場・松本青服劇場――から出されていた。呉越同舟の劇団築地小劇場は時間の経過とともに真の姿を現したのだ。

同誌で、佐野碩は「プロレタリア演劇運動の害虫について」を書き、北村喜八・前田河広一郎・青野季吉を名指しで批判したし、杉本良吉は「反動化した築地小劇場」の一文で新興劇団協議会が「右翼的傾向の」劇団築地小劇場を除名したことを記す。

新興劇団協議会は、前号でも触れたが、一九二九年一〇月に現代「演劇活動の最先端を行く」集団で結成され、協会参加団体の相互扶助、相互批判によって「検閲制度改正運動、レパートリーの協定、観客網の組織」等を取り上げ、その健全なる発展をはかる為に作られた。協議会参加劇団は、劇団築地小劇場、心座（大衆座）、左翼劇場、新築地劇団。その劇団築地小劇場が脱落し、心座は解散して大衆座に変わる。

劇団築地小劇場の分裂は、滝沢修・山川幸世・北川源之助の三人を左翼劇場へむかわせ、青山杉作・汐見洋・友田恭助・田村秋子・東山千栄子らは劇団新東京を作った。後者は反体制的演劇を嫌い、「私達には主義も主張もございません。めざすところは、ゆがめられない演劇です。生活の糧になると正面をきれるかどうかは受合はれません。けれども御覧になれば必ず皆さんの生活の一端となり得ると確信致します。」（パンフレット「新東京」第一号）という宣言を出した。そして北村寿夫作「幻の部屋」（青山杉作演出）・ボーマルシェ作「フィガロの結婚」（青山演出）で第一回の公演を持つ（東京劇場）。〈主義主張のない〉演劇など存在するはずはないのだが、反体制的思想ではない思想――つまりは体制内的思想ということになるのだろう。

度々の分裂を経験した劇団築地小劇場は八住利雄訳・脚色「勇敢なる兵卒シュベイクの冒険」（北村喜八演出）を市村座に出すが、分裂の割には健闘した舞台になったようだ。曖昧な思想で集まった集団は、この後又分裂していく。

思想的行動の是非を突きつけられ、選択を迫られると本音が出て、新劇という現代劇は幾つかの集団に分かれていくのである。これは質が変化し量が増大すると当然に起る現象で、現在に到るまで続く。その意味では、左翼劇場の出現は近代社会における演劇運動の方向性を決定付けたと言えるかもしれない。つまり反体制的演劇・体制内的演劇・そのどちらかに近い同伴者的演劇という、極めて大雑把ながら四つの進むべき道ができたのである。

3　『プロレタリア演劇』八月号

『プロレタリア演劇』八月号に『日本プロレタリア劇場同盟報告』（プロット）というコーナーがある。ここには静岡前衛座再組織準備会の報告、関西新興劇団協議会の不成立の報告、金沢前衛劇場の再建報告、京都青服劇場の誤謬報告、大阪戦旗座の活動報告、そして東京左翼劇場活動報告が並んでいる。

左翼劇場の活動報告には、新しい公演方法が記されている。「全線」の再演や消費組合デーの活動などのなかにある「プロレタリア演芸団の誕生」だ。これはかつてトランク劇場がやっていた移動演劇と同じで、前年度は七〇回出動したという。演技者3名を中心にした移動演劇には最小限度の生活費も支給していた。が、これでも出動要求に応えられない為にあらたに発展的な「プロレタリア演芸団」を作ったという。これを左翼劇場から独立させ、プロレタリア演芸団としてプロットに加盟する事になったというものだ。

ここでの上演作品はいわゆる小形式脚本である。島公靖作の「プロ床」や「演説会」「馬鹿の治療」等など、二一四回も交通・出版・紡績などの現場に出勤して短時間に演じた。権力による妨害・事故で出動しても活動できなかった場合もあったようだ。

『プロレタリア演劇』七月号に「プロ床」の台本が載っていた。それによれば唄入りで、三味線などのお囃子もいれて、親しみやすく上演するようすすめている。同じ号に演出の手引きを中村栄二が書いているから、労働組合などの演劇愛好者や素人集団が気軽に上演するように考案されたものであることがわかる。

床屋が客にこんなことを言う。「此の五月となると、（剃刀をとぎながら）もう万物が生き返つて来ますからな。第一、二日からしてメーデーでね。景気がいいつたら有りませんよ。（略）それ例の治安維持法改正緊急勅令案公布デーつてわけですかな。八月になるつてへと国際反戦デー、九月になると国際無産青年デー。さあ、用意はいいか、いいとも。」そして歌になる。小噺のような小型脚本で、これは確実にプロパガンダのための移動公演であったことがわかる。村山の留守の間、プロットは弾圧の中で、かなり派手に小回りの効く演劇を提供していたようだ。

4 『プロレタリア演劇』九月号・一〇月号

『プロレタリア演劇』は発禁が続いていて、六月の創刊号は発禁、七月号は無事、八月号は発禁だった。これらの情報は次の号の表紙に「前号発禁」と印刷されているからわかる。九月号の表紙は九月号だが、目次は八月号になっている。

ここに「ゴー・ストップ」（貴司山治作、藤田満雄脚色）とドイツの小形式戯曲「青年訓練所」が紹介されている。「ゴー・ストップ」は、新築地劇団の舞台写真（山本安英主演）が『プロレタリア演劇』一〇月号に載っている。が、検閲がひどく舞台も酷かったらしく、一〇月号に載っている読者の感想は、「リアリズムはい丶が舞台の上でそれを余りに徹底させようとすると極く平凡になつてしまふ。『ゴー・ストップ』はそのよき例だ。（略）我々を少しも亢奮させなかつたのである。」というものや、反対に「我々の眼前に現われたものは満身傷だらけになつた『ゴー・ストップ』だつた。然し如何に奴等が×圧を加へ骨抜きにしようともそれが我々労働者に何を呼びかけ何をうつたへ何を要求してゐるかは俺達にはチャンと解るのだ劇を織なす俳優諸君の階級的熱演それを見る大衆の熱キョウそれだけで充分だ。」という批評が載り、この時代の検閲、それを観る観客の意識が窺い知れる。読者だけでなくプロット関係者の批評も載る。

橋本敏彦の「戯曲『ゴー・ストップ』を評す」と富田常雄の「暴圧下の『ゴー・ストップ』」で、前者は上演舞台ではなく、戯曲としての脚色された「ゴー・ストップ」を問題にしているのでここでは触れない。後者は、上演台本と上演舞台に対しての激しい検閲状況に触れているから少しく引いてみたい。（×は伏字）

富田は、台本と演出へのカットについて「これは『ゴー・ストップ』に始まった事ではないが、日を遂ふて彼等の攻勢はいよいよその手段を露出して左翼演劇に迫まりつ丶ある。台本に加へられた鋏を出発点として、演出をカツトし、小道具をカツトし、その公演の続くかぎり、一日、一日とその内容を強×して、『すぬき』にすべく全力を挙げるのだ。（略）あまりに強×の足跡が大きく残されて居るのに苦しむものであるが、この演劇が、もし、後半の台本のカツトがなく、大きな演出上のカツトがないとしたならば、左翼劇場の『太陽のない街』と対照して、その演出、演技を批評する意図であつた。が、公演されたづたづたな『ゴー・ストップ』は私にこの希望を捨てさせた。（略）演出の意図がレアリズムの上に置かれて居たにもか丶わらず、全般の演技は決してレアリズムの下に統一されて居なかつた。これは『太陽のない街』に現はれたそれよりも一層はなはだしかつた。」と書く。

村山籌子も「ゴー・ストップ」について獄中の村山に書き送っている。「昨夜、市村座に行きました。満員で私にも大入袋が出た位。見物の半分以上は労働者でした。（略）脚色甚だよくなくて、面白さだけでも、太陽のない街以下です。実につまらぬものですが、大変、客がわきました。そして幕間に検束者を出し、満場大そうどうを起しました。検束者と廊下で小ぜり合いを初め、私などすつかり圧されて、ガラスにおしつけられて、こわれてしまひ、本は落すやらで、散々な目に合ひました。」（八月三十日「ありし日の妻の手紙」）。

これらの一文は、国家権力の検閲という暴力が、一年前の「全線」上演時とも半年前の「太陽のない街」上演時とも異なり、「一日、一日」まさに日を追って強圧がおそっていることや、同時に演じる側だけではなく観客も切羽詰った状況に追いやられ始めていることが分る。これでは村山も佐野もすぐに出されるはずもない。

さて、「青年訓練所」（久保栄訳）だ。これは国際無産青年デーに上演されることが目論まれたものだ。移動用脚本として模範的な作で、六人の新入生が特務曹長の下で帝国主義向きの青年に訓練される様子が一列に並んで表現されている。新入生が反動的な応えを発すると訂正するというコントを繰り返す。例えば……「労働時間は……」と問われると「八時間であります」と答えて否定され、「一五時間であります」と言い直す。「労働者の敵は」と問われると「資本家であります」と答えて、これが否定されると「ボルシェヴィキーであります」と答えるという具合に……

そして資本家が、労働者がストライキをして機械が動かない、人を廻してくれと言いに来たり、ユンケルが〈百姓が争議を続けて仕事をしないから人を廻してくれ〉と言いに来る。労働時間・賃金・思想などなどを題材にしながら批判を繰り返す。このドイツの小型形式戯曲を手本としてこのあと幾つもの小型形式脚本が作られ、移動演劇で上演されるようになるのである。そしてその舞台表現は、レアリズムではなく非レアリズムにならざるをえなかったのだ。

一〇月号には「支那から手をひけ」（ドイツ××青年同盟脚本・久保栄訳）と「不在地主」（小林多喜二作、島公靖・

小野宮吉脚色）が載った。「支那から手をひけ」は、「輝ける中国解放運動を支持するための×動劇」という副題がつく。支那の地図の前で教師が支那の話をするという体裁で、「野蛮なロシアのボルシェヴィキの勝利を見て、俄かに威勢のついた黄いろいゴロツキ仲間は、この頃だんだん反抗的になつて来ました（略）文明諸国の強い軍隊が、支那の沿岸に並んでゐます。命令一下すれば×けむり×刃の中に、×動の息の根を留めようと待ち構へてをります。」すると、苦力が「支那から手をひけ！」と叫ぶ。アメリカ、イギリス、某国などが自国の利益をかたり、支那が商品のはけ口であることに言及、イギリスの植民地であるインド人も登場し、混戦する。

〈支那〉が解放前夜であることを告げ、同時に〈支那〉に手を出したい欧米を否定することが目的である。訳をした久保は、文末に「一般的に言つて――支那の情勢は、急激なテンポで進展しつつある。だから、この脚本にも新しい出来事をドンドン取り入れて、その時その時の状勢にピツタリ合ふやうに改作して暮れ。」と記した。この「支那から手を引け」が、一九三一年の戯曲「勝利の記録」（村山知義）に繋がるのだと推測される。

この〈支那〉にいずれ日本も手を出すのである。それを思うとこのような芝居を舞台に上げていた左翼劇場がつぶされるのは、権力側の予定されていた行動であったといえる。

一〇月号には、ほかにデッサン入りの「メイク・アップの研究」（薄田研二）、「メーク・アップの実際」（滝沢修）というなかなか面白いプロレタリア演劇講座がある。さらには「シュプレヒコール」の「ストライキ決行」も載っていて実戦に役立つ企画が続いている。

5　村山の出所

一九三〇年一二月末に出された村山は、翌年一月に「ツェッペリン事件」（『新興戯曲』）を発表、これはのちに新興劇協会が一一月に久保栄の「青酸カリ」と共に初演した。三月の水谷八重子一座に村山は外山俊平の名で「ジャンヌ・ダルク」（帝劇）を書き、四月に「勝利の記録」を書いた。旺盛な仕事振りであるが、既に村山の名前では商業演劇に書けなくなっていることもわたくしたちは知らされるのである。

「勝利の記録」は、現在『村山知義戯曲集』で読むことができる。村山の解説によれば、この戯曲は「演劇と政治の結び付きということについて、一つの特徴的な事例」だという。この戯曲については次回に再度触れるが、三一年「三月末に、地下の指導部から『この年のメーデーは新しい戦術でやろうと思う、それは分散メーデーというやり方で、東京の各地区が隠密に集合場所をきめ、一斉に各所でデモも行ない、警官隊が現われる前にサッと消える。そしてまた別の所に現われてデモをする。この新戦術を革命的組合以外の者にも広く教えたいから、メーデー以前に、是非、演劇でそれを知らせたい、そのためには去年、上海で行なわれた分散メーデーが大きな教訓になるから、それを劇化して貰いたい』という指令がきた」

村山は地下の指導部からの指令で「勝利の記録」を書いた。そして五月に入党した。その後やはり地下の指令で蔵原惟人、中野重治等とナップを解散させてプロレタリア文化聯盟（コップ）の結成に務めたというのである。やはり、どうにも三一年五月入党と言うのは、釈然としない。前年に入党しているから、出所後に指令が届いたという経緯なのではなかろうか……と思われる。

＊ 本節は加筆した。

第12回　一九三一年から三三年へ（『テアトロ』二〇一三年三月）

1　プロレタリア演劇研究所

一九三一年四月一日にプロレタリア演劇研究所が開設される。主宰は左翼劇場と新築地劇団であった。この研究所は既に一九二八年三月にプロ芸主宰の集団として出来ていた。もともとは前芸と労芸の演劇人たちが計画したものであったが、分裂により主宰が変わる。その後もプロ芸がナップ（日本無産者芸術聯盟→全日本無産者芸術団体協議会）になり、左翼劇場が生れ、プロットが結成され（一九二九年二月）、二転三転する。他方では村山や佐野たち演劇人の逮捕などもあったから、おそらく二八年から三一年の間の運営は断続的で開店休業状態だったと推測される。

この演劇研究所が改めてこの年四月に開設されたのはなぜか……。おそらくナップからコップ（日本プロレタリア文化聯盟　一九三一年一一月）への組織的転換を予定してのことだろう。プロレタリア演劇関係者の広範囲な人材確保、運動の広範囲な展開（運動の大衆化路線――蔵原惟人「プロレタリア芸術運動の組織問題」）という深い意味がここには込められていたのだと思う。

「革命的演劇人の養成、これが本研究所開設の目的だ」「研究生にして左翼劇場、新築地劇団に加盟せんとする者は詮衡の上許可す」という規約をみると、これが理解される。教授人は、村山知義・久板栄二郎・小野宮吉・杉本良吉・佐野碩・佐々木孝丸・秋田雨雀・土方与志らで、滝沢修・薄田研二・丸山定夫・山本安英らの演技人も名を連ねていた。築地小劇場を使用していたらしく翌年入所試験を受けた宇野重吉は、「築地（小劇場）

のプロレタリア演劇研究所へ行った。昭和七年の暮である」と記録している（宇野『新劇・愉し哀し』理論社一九六九年）。村山はこの研究所でプロレタリア演劇運動論、戯曲作法論などを受け持っているが、これがどの位実践されたかは不明だ。

ナップからコップへの組織改変への疑問について、林淑美や菅孝行が詳細に論述している。ここではそれに触れない。が、村山はこの改組の頃を〈いっさいについては既に大分忘れている〉（『自叙伝』）といって平出検事の本から当時の話を進めている。しかも検事の本は、当時の被告人の調書や裁判記録から書いているから「ほぼ、真実を伝えていると思うので」とまで言うのだ。「生江健次の調書」の村山入党の状況と村山自身が『自叙伝』に記している状況が異なっているのをみても、調書がどこまで「真実」か、疑わしいとわたくしには思われるのだが……。とにかく村山には、一九三一年のこの事情は触れたくないことであるらしい。ナップが巧く運営されていたにもかかわらず、何故コップでなければならなかったのかについては多くを語らない。今はそういう村山の状態を、把握しておくに留める。

2 「勝利の記録」

「勝利の記録」は、前号にも記したが釈放された村山に、三一年のメーデーに向け演劇上演をしてほしいという「地下の指導部」から指令が来て書いたプロパガンダ戯曲だ。左翼劇場がメーデー当日から築地小劇場で初演した（五月一日〜一四日）。当初はメーデー前の上演を予定していたが、「いろいろの都合でメーデー当日かからしか開幕できなかった」と村山は〈そっけなく、あるいは歯切れ悪く〉解説に記している。つまり〈地下の指令〉の目的——分散メーデーの方法を皆に知らせるということ——は達成されなかったことになる。それでも「当日朝から分散メーデーは各所で行なわれたが、当夜、劇場に集まった満員の観衆は、終演後築地から銀座に溢れ出し、いくつもの分散メーデーを実行した」（解説『自叙伝』）というから、少しはプロパガンダの役割をはたしたといえようか……。

「暴力団記」を書いた村山にとっては、上海の「勝利の記録」はすぐにできた。労働者・工場経営者・私服警官・白系ロシア人・それに使われているスパイなどを各幕ごとに出して労働者の闘争の勝利を描出する。登場人物の雰囲気は「暴力団記」に似ているところもあるが、説明ゼリフが減り、各幕の展開もスッキリして手堅くまとめたといっていいだろう。

幕開きは電車の運転手（滝沢修）とバスの車掌（平野郁子）夫婦の家が舞台で、ストライキを完璧に行なうために二人は頑張っている。第一場でストライキを始めた理由や分散メーデーの進め方が、電車の運転手の口から語られる。この芝居の舞台は上海だが、日本の状況を暗黙の内に告げるべく、「ミルク会社の牧場の横」「日本人墓地裏」「新公園」に集合して、「服装は出来るだけ眼につかぬよう」にして警察を刺激しないように「検閲が終ったらすぐに解散」などの〈指示〉が告げられる。明らかにメーデー対策だ。

二場はバス・電車・国鉄などのキャップが登場してゼネ・スト準備の為の打合せとメーデーの成功を願う場。この後私服を出して「がさ入れ」の様子も見せる。二幕は紡績工場側の場で、労働者の敵を出す。その後が、闘争準備委員会の場で、一人また一人と同志が集まってくる様子。

最後の三幕では、副総監と電話係がデモの様子を知らせ、次の場が労働者分会員たち・警察の私服たち、そしてデモの現場へと移行して、争議団長の「我々の勝利は何処からきたか?」「同時に六紡績工場が立ち上がったという事、同時に完全な全上海交通ゼネ・ストが決行されたこと、そしてメーデーに全上海の全産業のスト及びサボが行われたこと、この大きな圧力から我々の勝利は来たのだ」という発言や若い労働者「一九三〇年メーデーを、ゼネ・ストとデモでもって勇敢に成功的に闘い抜いたことをまず共々によろこぼう！（略）勝利の記録に、更におおきな勝利の記録を積み重ねよ！　八・一のカムパへ！反帝国主義戦争のカムパの勝利の記録へ！」という勝利宣言、それに続く「渦巻く拍手と歓声。その歓声は、我々の歌の波へと統一されて行く」というト書きで幕。

場がスピーディに展開し、登場人物の敵味方の色分けも不自然でなく手際がいい。村山は自然主義的な手法を用いながら敵と味方の場面を変えて、「分散メーデー」を表現したのである。

3 「東洋車両工場」

「勝利の記録」が労働者のアジ・プロを目的とし、闘う労働者像を描いた作であるなら、党の新しい大衆化路線にそった戯曲が「東洋車両工場」(土方与志演出 新築地劇団公演 三一年五月二九日〜六月七日 市村座)だろう。この作品は、新築地劇団のプロット加盟第一作である。村山は、大衆化路線に合わせていないと言い、「日本の労働者の現実を正面からつかまえて書いた(略)ここでやっとスタートについた。『プロレタリア演劇の新しい形』へと向って走り出す」、そういう戯曲だという(『自叙伝』)。

冒険心なくいわゆる写実的に書いたことを強調したいのか、この戯曲には様式上の「新しさ」はない。今迄の戯曲はプロレタリア演劇の新しさを狙うものであったが、しかし「頭から考え出された」「ア・プリオリなものが形を突っついていた」のだったと〈新しさ〉の過去を否定する。

新築地劇団は上演作品として「一つ創作劇のい、のが欲しい所であった」といわれていた。つまりこれは待たれた作品だったのだ。ストライキを〈規定の事実として取り掛かっていないこと〉がよかったらしく、「日常的な発展形態に重きを置いてゐる事が注目」され、「凡その登場人物が、たゞの左翼的ロボットではなくて、屈伸する肉体を持ち得てゐる」と評価された。

が、銘酒やの場などは「新派概念的な手法」と言われ、ダラ幹を出したのも「さもありそうに悪型に仕上げてゐる。ダラ幹の扱ひ方がまだ観念的でイージーではなかったか」(豊島薫)とも批判される。大衆化路線の難しさがわかる指摘だ。

俳優たちは、いつもの左翼劇場の応援はなく、研究生のエキストラが大勢出ているというから、演劇研究所などからの出演だろう。築地小劇場以来の俳優たちの演技は上々であったようだ。つまり、演技の質が良くなっていると作品が少々悪くても見られるというわけで、プロレタリア演劇も確実に演技集団に成長していることを示していた。

4 前進座の旗上げ

歌舞伎の封建制に叛旗を翻した前進座が結成される（一九三一年六月）。座名は村山の命名で、旗上げ公演の長谷川伸作・山村七之助演出「飛びっちょ」、村山ら四名作「歌舞伎王国」（市村座 六月一二日〜二七日）に参画し、二回目公演に「大悲学院の少年達」を書く。

「歌舞伎王国」は、前進座結成の事情を描出した作品だ。村山がこの集団の成り立ちを簡潔に記しているからそれを引こう。

> 松竹興行会社と歌舞伎劇壇の封建制に反抗して、翫右衛門らを中心に優志会というものが結成され、やがて猿翁（当時猿之助）や故市川荒次郎らが、長十郎、翫右衛門らの若手と一しょに松竹を脱退して春秋座を結成した。所が松竹の切り崩しにあって、猿翁は忽ち松竹に逆戻りしてしまった。そして残党が前進座を結成したのであるが、この事件をモデルにして、歌舞伎の封建制を暴露し、新しい前進座結成の必然性を描き出そうとしたものである。（解説『自叙伝』）

「歌舞伎王国」は歌舞伎の台本作りの如く各場が四人の作者によって作られていた。歌舞伎に叛旗を翻した集団の歌舞伎否定の結成記念作が同じような作り方というのは、なかなか穿ったやり方だが、実は村山が忙しくてできなかったというのが実際らしい。プランは村山が立てた。それに沿って、一幕一場が小野宮吉、二場三場が村山、二幕一場が村山、二場が山村七之助、三幕一場が七之助、二場三場が翫右衛門、四場が小野という具合であった。

暴露物であったが、歌舞伎の下積み役者の悲哀を描いたこの作品は日を経るに従って観客が増え、結果的に成功した。それは舞台と楽屋の役者の姿を追ったからであろう。

「四谷怪談」の隠亡堀に始まり、舞台が廻ると裏へ、役者の楽屋風呂、揚幕の出を待つ内部、「長兵衛」のふろ場の稽古、下っ端役者やスター俳優の家庭等々が出る舞台は、今でこそよく見られるものでどうと言う事はないが、当時はさぞ斬新であったと推測される。旧派的で写実的な「東洋車両工場」とは打って変わり、村山知義の新しさがでた企画であった。

5 「志村夏江」（一九三二年）

「志村夏江」の稽古中、村山はまた逮捕される。そんな歴史的事実が先に立って、この作品は有名になっている。が、現代戯曲史上初めてとなる女性の名前をタイトルにした〈教養戯曲――教養小説風の意〉といっていい作品で、貧しい普通の少女が、プロレタリアートの現実に目覚めるまでが描かれた。これもメーデー準備公演として上演される。

一九三二年二月に擱筆、四月五日〜二四日まで左翼劇場が築地小劇場で初演した。演出は杉本良吉で装置・照明は金須孝、夏江は平野郁子、平野が検束されてからは細川ちか子が代役で演じた。一日の稽古で舞台に立ったという。演出の杉本は検束を逃れてこの時から地下へ潜った。

村山は「この戯曲で私は長い間の課題だったプロレタリア演劇の新しい形式の創造」を意識して、「詩を取り入れたり、構成舞台を取り入れたりした」（『自叙伝』）と書く。これはもしかするとプロレタリア・リアリズムに「ロマンティシズム」を導入したという意味であるのかもしれない。後に社会主義リアリズムで取り上げられる「革命的ロマンティシズム」だ。

現在『村山知義戯曲集上』に収録されている「志村夏江」は、一九七〇年の再演時にその逮捕時の様子を序幕に書き込み、その後一幕一場へ移動する戯曲になっている。場面は、夏江の成長過程を追っていて、一三歳、一五歳、一六歳、一七歳と、年齢と共に彼女の状況の変化と思想の変化が場面ごとに示される。最後の一七歳の夏江は、一九三二年である。つまり村山は全くの同時代性を狙ったのだ。

これは小説風に第一章第一節という場割りで示されていた。これも村山の新しい試みの一つだろう。他には、例えば第一節で舞台は上手と下手に分けられ、部分的に明かりが当たって展開する。オーバー・ラップしながら両者に明かりを当てるように指示している。それを村山は「下手と上手の転換は、場の変わりの暗転とハッキリ区別されるよう、つぎつぎにオーバー・ラップしていくこと」とト書きに記す。

第二節は、裸舞台で汚い着物を着た夏江が真中で小さな台に腰掛けて、その後ろを半円形に、「一四、五歳から二十歳くらいまでの同じく見すぼらしい少女達が八人、同じように腰かけて取り巻いている。」「夏江に背を向けている」というト書き。つまり装置がない中で夏江に好意的ではない少女達がいるのだ。

第二章第二節、働いている人たちや一群がスポットでポッポッと照らされる。詩は、第三章の第一節に現われる。夏江の独り言のように裸舞台の中央で語られる。

舞台の移動や照明に注意が向けられて、写実的な内容を明暗や舞台の移動が、新しさを強調している。もちろん会議などの場は写実的な装置で作られている。そして最後は、初めと同じ場になり、その少女達は夏江の方を向いて語りかける。「従業員大会をやったよ」「ストライキ委員会を決めたよ」「メーデー闘争委員会を兼ねることになったよ」等々……夏江と同じような意識をもったことを示しているのだ。

これも確実にプロパガンダであることは間違いない。が、演出に斬新さをだしたから、単なる押しつけに終らずに済んでいる。ここに表現された方法は、現在しばしば取り入れられているそれだ。村山はやはり新しさを見つけ出す才を失ってはいなかった。

登場人物に名前があるのは特定な存在だけで、少女達も含め、その他大勢というような人々は、○△□×123などで表記されていた。これは旧い台帳の方法でもある。

この舞台稽古の日に築地小劇場へ警官が来て逮捕劇が始まる。〈コップ弾圧〉だ。「平野郁子を検挙し、杉本は追われて楽屋中を逃げ廻り、衣裳部屋の窓から『諸君、さようなら！』の一語を残して飛びおりて逃げ、そのまま姿をかくし、小林多喜二らといっしょに、地下から運動を指導することとなった。」（『自叙伝』解説）

村山は四月四日に自宅で逮捕される。この前後を村山は、次のように続ける。

この戯曲に到るまで、私はともかく全力をつくして、革命の主力部隊である労働者を中心とする観客のために戯曲を書き続けて来た。（略）（入党して私・杉本・小野宮吉らと）プロット内党フラクションをつくり、蔵原の指導によって、ナップを改組して、同年一一月二十七日、日本プロレタリア文化聯盟（略称「コップ」）を組織し、大河内（プロ科）、生江（プロット）、中野重治（作家同盟）と私とで、「コップ」内党フラクションを結成して活動していた。

ところがこの事が当局に探知され、合法面にいた党員と共青員がみな検挙された。私も「志村夏江」の舞台稽古の日の未明に、上落合の自宅で、寝込みを襲われたのであった。それから三三年一二月末に、第一審で懲役三年の判決を受けて保釈出所するまで豊多摩刑務所の未決監にいた。しかし、弱かった私はこれから三年間も牢屋にいて、芸術活動を全く中絶しなければならないということに耐え切れず、「マルクス主義はどうしても正しいものと思うから、社会主義的芸術運動は相変らずやるが、実際面の政治活動はしない」というういわゆる転向をして、執行猶予にしてもらおうとし、その結果、翌三四年三月十五日の控訴審で懲役二年、執行猶予三年になった。

6 蔵原惟人の「芸術書簡」

村山夫妻や文化運動を指導した蔵原惟人は、一九三二年四月四日検挙される。七月に豊多摩刑務所へ、次に市ヶ谷刑務所へ移送される。三五年五月に治安維持法違反で懲役七年の判決を受けて札幌刑務所へ収監、四〇年一〇月満期出獄する。蔵原も村山も刑務所で、三三年二月二〇日の多喜二の死を知る。村山は妻籌子の面会で、蔵原は母の面会で知った。籌子宛二六日の書簡で蔵原の動揺を知ることができると、一九九〇年版解説者小林茂夫は言う。三二～三三年の獄中からの蔵原書簡を見ていきたい〔1〕。

蔵原の「芸術書簡」の最初は、「色々とご心配かけて申訳ありません（略）十八日の夕方こちらに廻って来ました」に始まる父惟郭〔2〕に宛てた一九三二年七月二十一日の手紙だ。挨拶に続けて「レーニンは、人類が過去において、蓄積した文化を研究しそれを批判的に摂取することなしに、プロレタリア文化はあり得ないということをいっていますが、過去の文化の系統的な研究は外にいる時にはなかなかできなかったものですが、この機会にそれがある程度できるのを愉快に思っています。／どうぞそれに対して、御援助をお願いします。本の差入れなどについては村山さんに頼みましたから相談してやって下さい。／ではお体をお大切に。先刻母上が来られて、父上の体も段々よくなるとのことでうれしく思っています。」と記した（／改行）。

同日の村山籌子宛「色々ご心配有難うございます。もうかれこれ三年もお逢いしませんね。色々と変ったこともあることと思います。是非お手紙を下さい。書物の差入れについてもお願いします。」

この後籌子宛の手紙には本の差入れと読了後の感想や分析、文化芸術に関する諸事が記されていく。三二年八月六日の籌子宛て書簡ではバルザックの「従妹ベット」の読後感が記され「バルザックが我々にとって興味があるのは、彼の人間の本能や欲望やを忘れるところなく、赤裸々に描いたところではないでしょうか？（略）

彼は執拗なまでに隠されていたものを曝露しようとしています。（略）けれども、バルザックはこの人間の様々な原因をもっぱら、個人の性格の中にのみ求めて、その時代の生活、環境の中に求めることが、余りに少かった」と、文学史上におけるバルザックの小説の利点と欠点を指摘していた。

八月一一日篝子宛「その後いかがですか？（略）イタリー語はやっていますか？　我々の間でイタリー語をやっている人は極くすくないから、是非とも完成させて下さい。童話の方はどうです、書いていますか？　プロレタリア童話の理論はその後発展していますか？／この問題は重要ですからなるべく早く、しかも極めて慎重に我々の間で解決する必要があると思います。」

両者の手紙が検閲で不許可になった事も知らせている。十一月二十一日篝子宛「十月三十日付あなたの手紙は不許可になったそうです。（略）私が十四日に書いたあなたあての二通の手紙も不許可になりました。西村真次著『世界古代文化史』をやや詳細に具体的に批判して、歴史の方法論をのべたものでした。同じく十八日に山田君宛ての手紙も不許可です。随分気をつけてひかえ目に書いているつもりですが、錐は袋のなかに隠しおおせないものとみえます」

この手紙には、「藝術の客観的価値の基準について」が記されている。検閲が徐々に厳しくなり歴史に関する学問的論述がやり玉にあがり不許可になったことがわかると同時に芸術論は不許可にならないから篝子宛書簡はほぼそれで埋め尽くされていく。

小林多喜二は地下に潜って「党生活者」を執筆し、その後地下活動をしていた。一九三三年の二月二〇日に多喜二は中央委員会のメンバーで特高のスパイになっていた三船留吉の通報により正午過ぎ、逮捕された。そしてその日のうちに拷問で殺される。一九時四五分だったという。千田是也が自宅に返された多喜二のデスマスクをとり、画家八島太郎がスケッチを残している。

多喜二逮捕直前、蔵原は両親宛てに手紙を出していた。二月一七日蔵原惟郭、終子宛「久しく御無沙汰しましたがお変りのないとのことで何よりと思っています。（略）さてこの間から書いていた手紙を続ける許可がまだ来ませんから、それが来るまで外のことを書くことにします。」この手紙では籌子が差入れた〈世界美術全集〉について記していて、エジプトの花鳥画が古王朝時代と新王朝時代に限られているのは極めて特殊で、それは「根本的な社会的階級的な編成替が行われたように思われる」ことや、「花鳥画と近代ヨーロッパのいわゆる静物画とは勿論はっきりと区別されなければ」ならない、「それらは全然違った社会的基礎の上に発達したもので、多くの人達がするようにその優劣を比較することは馬鹿げています」と記しているのが、非常に興味深い。社会構造の異なるところに生まれた美術は、単純に比較してはいけないという指摘で、これは小説にも戯曲にも言えることだからである。

多喜二が殺された二月二〇日に、それとは知らない籌子宛の手紙がある。冒頭「一月二十六日以後に出した私の二通の手紙と二通のハガキとは着きましたか？――最近ドイツではヒットラーが内閣を組織したらしいですね。ドイツでは大騒ぎだろうと思っています。（略）我々の運動もまた変って来たことだろうと考えています。世の中がかなり急速に動きつつあるということだけはここにいても感じられます。」

独房の中でも外の変化が分かるということは、ヒットラーの政権掌握が日本国の治安維持法違反にも影響が出始めたことを意味し、その上での多喜二惨殺であったのではないかと思わずにはいられない。

三月二二日の両親宛書簡には改造社から『プーシュキン詩集』の出版依頼があることに触れている。プーシュキン詩集と共にレルモントフ詩集を頼んで欲しい事、「二つの長詩『悪魔』と『ムツイリ』とが」あり、「帆」「天使」「囚れ」も訳してある事、そして「囚れ」を「ここに来てから時々思い出します」と記す。それはこんな詩だ。「牢獄の扉を開けてよ、／陽の光を与えよ、／まなざし黒き乙女を、栗毛の馬を。」

これを読んだ両親の想いはいかばかりであったかと思う。母終子の面会がいつであったのか明らかではないが、恐らく日々芸術論を記す獄の息子に〈多喜二の死〉を伝えねば、そして命を大事にしてと気が急いたことだろう。
多喜二の死を知った後の蔵原の籌子宛書簡といわれるは一九三三年二月二六日付で芸術論に力が入っている。

「一昨日は差入れをどうも有難うございました。あなたからまたしばらく手紙がとどきませんが、お変りないことと思います。（略）客観的真実が形象の中に表現された時それが芸術であって、それは我々に先ず美として現われて来ます。これはいわゆる芸術美であって、勿論美のすべてではありません。（略）美の中には更に自然美、人体美、道徳美、更には論理の美等々も有り得るからです。（略）芸術を評価する場合にはそれが、いかに表現化されているかということを問題にすると同時に、それが表現しようとしている内容そのもの、つまり客観的なものの芸術前における一応の把握の妥当性を問題としなければなりません。（略）芸術の評価の基準はこの客観的真実と形象との統一の中に求めらるべきです。（略）本質的なものは特殊の中にあるのではなく同様に普遍の中にあるのではなくて実に普遍と特殊との統一の中にあるのです。（略）以上甚だ蕪雑でよくわからないところもあるでしょうが、こういう手紙ではこれ以上書けないのが残念です。」

芸術論を具体的な事例をあげて記述することの出来ないもどかしさをこの書簡から感じ取ることが出来るが、この書簡が発する一種の「緊張感」について小林茂夫は解説で「真実と美との関係が緊密に展開されている（略）小林多喜二の死を知った直後の緊張感が読者にも感動を与えるのではなかろうか」と書いた。これをどう受け取るかは、読み手に掛かっている。蔵原の芸術書簡は、一九三三年という切羽詰まっていくあの時代を知らなくては読めないものである。

［注］
1　以下は、今回加筆した。「芸術書簡」（『蔵原惟人評論集5』一九七〇・七五年、『日本プロレタリア文学評論集4　蔵

原惟人集』一九九〇年、新日本出版社）から引いた。これは一九三三年の『蔵原惟人書簡集』（日本プロレタリア作家同盟出版部）が最も古く、戦後新日本文学会から一九四九年に、五一年に青木文庫等々が出た。九〇年版は、「抄」で抜粋だ。

2　蔵原惟人の父惟郭（これひろ）（一八六一～一九四九）は、熊本洋学校時代に日本プロテスタントの源流の一つ熊本バンドの一員となり同志社英学校卒業後渡米、更に渡英しエディンバラ大学大学院に学ぶ。帰国後熊本英学校・女学校の校長になり、その後上京一九〇八年に衆議院議員に当選、普選運動に力を尽くす。立憲労働議会を設立して小石川労働会を援助し、普選運動と労働運動を結び付ける活動をした。惟人の影響で進歩的自由主義からマルクス主義へ移行したと言われ、三三年には極東平和友の会発起人、ソヴェト友の会、学芸自由同盟などに加わり、反戦平和運動に尽力した。（引用書小林茂夫解説参照）

第13回　千田是也の帰国と戦略（『テアトロ』二〇一三年四月）

1　一九三一年秋、帰国

一九二七年四月三〇日にシベリア経由でモスクワへ行き、ワルシャワを経てベルリン入りした千田是也は、一九三一年一一月二七日に帰国した。そして翌年三月東京演劇集団（ＴＥＳ）を立ち上げ、エノケンを出演させて「乞食芝居」（ベルトルト・ブレヒト原作「三文オペラ」の自由脚色）を上演する。ジョン・ゲイ原作、バプスト監督の映画「三文オペラ」（三二年二月封切り）を観て上演しようと思ったらしい。出演したエノケンはこれで松竹大谷竹次郎に引き抜かれて契約し浅草松竹座のエノケン公演が実現する。ちなみにそれまでエノケンと手を組んで浅草でヒットを飛ばしていた菊田一夫も、同じ頃にこの映画に影響されてすぐに第二次プペ・ダンサントで「乞食芝居」を脚色・上演している。新劇集団ばかりではなく、浅草演劇界の菊田一夫も新しい試みをしていた。詳細は拙著『菊田一夫の仕事』（社会評論社 二〇一一年）を参照されたい。

ドイツで労働者演劇集団にいた千田は、「三文オペラ」で世界的名声を得たブレヒトと同じ時期にベルリンにいるが、ブレヒトとは知り合わなかった。その理由は、ブレヒトを〈左翼づらしたスノップ〉と見ていたＡＴＢＤ（当時世界で一番強力だった労働者演劇集団）の中にいたからだろう。他方ブレヒトの方も、「彼一流の賢明さ、用心深さで、自分たちの限られたグループの内部での〈自己改造〉の作業にふけり、労働者演劇運動の実践の中へ飛び込もうとはまだしていなかった」からだという。ベルリンでは千田もブレヒトをこんな風に見ていたのだ。

ブレヒトはシンガー・ソング・ライターで、「三文オペラ」の「どすのメッキーの殺人物語」を歌っているような〈芸人〉でもあり、労働者集団からは〈洒落者〉と見られていたのかもしれない。
千田は帰国途中にモスクワで「三文オペラ」（タイーロフ演出）を観た。が、「心情的で装飾的で――ブレヒトの言葉を借りれば、やたらに〈美食的〉で――まだほとんどブレヒトのことを勉強していなかった私にさえ、これは全然ちがうぞ」と思ったという（『もう一つの新劇史』筑摩書房 一九七五年）。

帰国した千田は、何故ブレヒトをやるようになったか、その辺りの状況を少しく見ていきたい。帰国後すぐに逮捕されてはかなわないと思っていた千田は、プロットの仲間と連絡を取りながら用心深く行動していた。彼らと会合をもったのは、一二月四日ごろだったという。会合相手は、プロットの執行委員長だった村山知義・小野宮吉・杉本良吉・中村栄二・生江健二・植村喬らで、「この連中はほとんどがその頃の共産党や共産青年同盟のフラクションメンバーで、どうやらこの集まりは、私にたいする〈面通し〉、査問会みたいなものであったらしい」と書いている。

ここで日本での活動方法について話し合いをする。「当分はプロットの外で国際本部との連絡や極東書記局の確立に専念」する。さらには、プロレタリア演芸団を通じドイツのアジプロ隊やソ連のトラム（労働者青年劇場）の創造方法や労働者自立劇団の組織についての自分自身の経験をプロットに伝える役をしたいと申し入れをして、「おおよその了承」を得たそうだ。帰国後の千田は、戦略的にプロットに加盟せず外から〈ドイツ体験〉をプロット演劇人に〈伝授する立場〉に立ったと理解していい。

帰国を公表するために赤茶色に塗り替えられた築地小劇場の「音楽の夕」（一二月五日）へ妻のイルマと出かけた。築地小劇場を脱退して以来気まずかった土方与志に再会する。強持てだった土方の方も角が取れていたらしい。千田は人生最初の記者会見（帰国報告）を土方立会いでする。その後プロットの仲間と旧交を温めた。おそらく千田の行動はすべて見張られていたのだろう。待っていたように翌日、寄寓先の姉暢子の夫で画家の中川一政邸に特高が来て捕まる。初めての留置場生活と取調べの後、〈左翼的考えは悪いと思わないが、今更組織へ入って自由を縛られるのはゴメンだ〉という上申書――プロットには加盟しないという事――を書き、クリスマス前に出されたのである。

この後どう行動するのか、これが帰国後の千田に残された問題だった。

2 雑誌『プロット』一九三二年

上り坂のプロットは機関誌を出す。〈万国の労働者団結せよ〉のスローガンの下に『プロット』（一九三二年一月）創刊号は出た（小野宮吉編集発行人）。表紙は村山、カットは村山と島公靖で雑誌全体が活動的で勇ましい。「プロット地方支部が続々創立されてゆくぞ！」というキャプション付きの東京築地小劇場や神戸大橋公会堂の集会写真――多数の男性聴衆と共に警官の制服姿も写っている――が載り、村山や勝本清一郎のプロットの組織に関する論文、国際演劇デー（二月一五日）やフランス・アメリカのＩＡＴＢ支部の活躍状況、生きた新聞の上演方法を記した脚本（村山・久保栄・浅海行夫）、〈労働者農民其の他の勤労大衆諸君に訴ふ‼〉という日本プロレタリア文化聯盟中央協議会（コップ）の寄付のメッセージ……等などだ。この号のメインは、村山論文である。

「プロット常任中央委員会で承認された」という一行がタイトルの横にある論文「プロットの新方針と新組織の其後の展開」は、ベルリン在住の勝本清一郎が既に発表した論文に反論しながら〈新方針と新組織〉を詳細に述べている。

勝本は〈社会民主主義政党や右翼組合に組織されてゐる労働者農民大衆をも、我々の文化団体に獲得しなければならない〉という主張であった。

が、村山は〈我々の組織的影響下に置き得るドラマ・リーグは、プロット、或ひは新興劇団協議会加盟の劇団のそれに限られる。〉という視点で、その他の演劇サークルは〈一般に、演劇といふものに興味を持つてゐるという一つの点で、一つの形にまとめ上げられた所のものであるべき〉だとし、区別して考えた。

さらに「我々の文化演劇団体が組織すべく任務つけられてゐる所の大衆的組織は、我々の演劇の支持者のみの組織ではなく、支持者でないものを支持するべく啓蒙するための、支持者でないものを含めた所の組織であるべきである」とし、そういう演劇サークルをこれまで持たなかった点に、我々の過去の誤謬があったと書く。つまりオルグル目的のサークルを持つことが今後の課題ということだと推測される。

勝本は「『我々の演劇運動のファン、観客』をプロット員に加入させろと云つてゐるのであつて、彼が『演劇サークル』と云ふ言葉を用ゐる場合それは我々の用ゐるやうな意味での、ブルジョア演劇ファンをも含めての——そしてさういふものを含めることこそが重要な問題なのだが——演劇サークルを意味してゐるのではない」し、勝本はドラマ・リーグという意味で演劇サークルを意味し、両者を混同していると、村山は批判する。

村山およびプロットが考える組織とその展開方法は、プロフェッショナルな「専門劇団」と「労働者農民の自立的劇団」と「ドラマ・リーグ」の「三位一体説」で、これらがその役割に応じて運動を展開することだった。そしてその外に演劇サークルがある。

プロットは、日本プロレタリア演劇同盟であり、「日本に於けるプロレタリア演劇運動の積極的遂行者の同盟」であつて「政党、組合の種類、組織未組織、意識水準の高低を超越してはゐるが、広汎な演劇愛好者をその組織的基礎とする所の、プロレタリア演劇人、及びそれの積極的支持者（これは言葉の広い意味で『演劇人』と云われ得る者を意味する、（略））の組織でありそうあつてこそ、演劇運動を真に大衆的基礎の上に置きつゝ、××的演劇運動を強力に展開することが出来るのである」（××＝革命）と村山は書いた。

村山にとってこの発想は、その後も変わらなかったのではないかと推測される。

3 新興芸術表現

左翼劇場は、村山編集・演出・装置で「赤いメガホン」〈赤色ヴァライエティ〉(一九三一年一一月三一日〜一一月二〇日 築地小劇場)を上演する。

千田はこれを観て「プロットがこれまでプロレタリア演芸団の移動活動の演目として、または公演に添える〈生きた新聞〉として試みてきた小型演劇のさまざまのジャンルを十八の場面」にまとめたもので、寸劇、人形芝居、詩の朗読、掛合い漫画、シュプレヒコールなどが入り、そしてPMの合唱、少年劇団や鮮語劇団の番組まで加えた「なかなか多彩」なもので、「日本でこれまで上演されて来た小型アジプロ劇の水準を知るうえで私は大いに勉強になった」と書く。

千田の著書や『プロット』に掲載された写真を見ると装置は殆んどなく舞台は高低のある平台を利用し、衣裳はユニホーム、舞台表現は非写実だ。これまでにない躍動的な舞台を作っていたことが理解される。

ユニホームは、工場労働者の菜っ葉服、農民の野良着、地下足袋の土方、セーターとズボン、シャツとズボン、ブラウスと長めの短パン等などで、出演者が各々お揃いで着用していることが特徴だった。

「国際演劇十日間」で上演された有名な島公靖作「青いユニホーム」は、野球帽らしきもの(ハンチングか?)を被り、青いジャンバーとズボン(これはメザマシ隊のユニホームであった)で葡萄のマークの背景前で一列に片手を上げてシュプレヒコールをしている様子を写真で見ることが出来る。プロレタリア演劇は新興芸術表現まっしぐらの道を進んでいたのだ。

「国際演劇十日間」(一九三二年二月十五日を挟む前後一〇日)は、プロット加盟の各劇団が競演をした演劇デーであった。村山は、「ドイツのアジプロ隊の企業内活動」を描出した「赤い火花」を書き、杉本良吉が演出した。

新築地劇団は土方与志総指揮でヴァライエティ形式の「文化曲馬団」、千田は島と組んで先の「青いユニホーム」を作った。権力の手前、記録には千田の名前は出てこない。

千田はこの作品について「アジプロ劇団が集団的につくられていく過程を小場面、ナレーション、シュプレヒコールと歌唱などの組合せによって見せながら、専門劇団と自立劇団と観客との結びつき、さまざまの政治的・経済的な時事問題への対応の仕方を示し、自立劇団の参考に供しよう」としたものだったと書く。そしてこの演劇デーの上演作品では、「青いユニホーム」が一番評判がよかったという。

それはこれに参加した新築地劇団、メザマシ隊、東京鮮語劇団、東京前衛座、左翼劇場、横浜青年劇場などの演目が、かなりな量検閲でカットされて意味の通じないところが多かったからで、その意味では「青いユニホーム」は部分からなるスケッチ劇の集合といってよく、観客に理解されやすかったからだと思われる。

4　TES創立

千田は「表向きはプロットに入らぬことを表明した以上、どこかに自分の働き場所をつくらねばならぬ」と考えていた。演劇デーの前後に、プロット内外の旧友達が「分散している築地以来の俳優たち」を集めて千田の帰朝記念芝居の上演を計画していることを千田は知る。

彼らと話し合ううちに「広汎な演劇人の当面の要求」に即し、かつ「プロットの運動の一翼をもになえるような組織」をつくる必然性がありそうな気がしたらしい。ファシズムの危険がせまっていた日本で演劇人として何か出来ないかと千田は思った。

プロットは「その体質の〈ボルシェビキ化〉〈労働者化〉を急速に行おうとしている。〈中間層への働きかけの余裕〉は殆んどないと見た千田は「自由主義的ないしはヒューマニスティックな新劇団を反ファシズムの闘争に引き入れ」ようと考え、かつ生活が困難になりだしていた新劇人をも救う……そんな思いがあったという。

千田はプロットの了解を得てTES東京演劇集団を立ち上げた。相談相手は土方与志と伊藤熹朔、他に発起人には伊藤道郎・高田保・杉野橘太郎・時岡弁三郎・水品春樹などを入れる。その後土方の紹介で西沢隆二が加わり、公演を手伝った。

TESは劇団ではなく、演劇人と観客の仲立ちをしていく一種の企画・制作センターを意図したもので、千田は「いま流行のプロデューサー・システムの走り」だったという。そして参加者を各方面から募り、「三文オペラ」の自由脚色（舞台を明治初期の日本に移す）「乞食芝居」を上演したのである（演出土方与志・装置伊藤熹朔・新歌舞伎座・三月二六～三〇日）。集まった俳優たちは浅草のエノケン・二村定一をはじめ、丸山定夫・滝沢修・小野宮吉・前進座の俳優たち・友田恭助と田村秋子・長岡輝子などなど、広範囲の演劇人であった。だが、これはあくまでも創立公演だけで、その後は変わっていく。

「乞食芝居」の劇評で村山知義は、次のように記した。

「東京演劇集団は冒険をやった。（略）対象とする観客層は小ブルジョアジーであり、インテリゲンチャである。（略）集団はこの層に対して、政治的傾向からいえば反資本主義反ファシズム的、演劇的様式からいへばドイツ的、興行形態からいへば大規模な公演、劇団の組織からいへば少数幹部をめぐる雑多な傾向のフリーランサーといふ姿で働きかける（略）ファッショ化した日本の小ブルジョアジーに対してどういふ進歩的な働きかけをし得るか」である。

ヨーロッパでは在来のオペラの「痛快な打破」というところにこの上演はあったが、オペラの伝統のない日本で「乞食と泥棒との正面切っての堂々たる舞台占領」「ジャズ的な」「新しい音楽の支配」は「全く魅力として役立たぬ」と批判、俳優も下手でちゃんと歌えたのは二村定一だけ、「日本の新劇界の有する最高度の俳優達が、歌となるとみぢめな状態に急転直下する有様は、一つの悲劇であつた」

「日本の新劇俳優は『乞食芝居』のためではなくとも、音楽を勉強することが是非とも必要だ」と、現在にも通じる批判を記している。
千田の演技については、「ドスの日吉は久し振りの日本の舞台のためのいささかの遠慮と、以前の華かな芸風から腹芸への推移のため、パッとはしなかったが、相変らずユニークなノビノビした好演技を示した」とし、エノケンについても「牧師はその演技が無軌道的にならず、又シツコクさへならなければこういふ種類の芝居のバイプレーヤーとして天下一品であることを示した」と評価し、「廻り舞台の活用と装置の美しさは特筆すべき」だと書いた（東京朝日新聞 三月二九日号）。

一節でも触れたが、この舞台を観た松竹の大谷竹次郎はエノケンを引き抜き、浅草一の大劇場松竹座でエノケンの公演が実現する。

5　プロットとＴＥＳ

村山知義は一九三二年四月四日未明、上落合の自宅で寝込みを襲われ逮捕される。後にコップ弾圧といわれる事件だ。

村山のいないプロットに千田は参加するようになっていたが、千田に何の相談もなく、プロット常任中央委員会はＴＥＳを批判する文章を『プロット』七月号に載せた。

千田は「革命的労働組合及びプロットへのメンバー獲得のための貯水池、同時に共同戦線体」にＴＥＳをしようと考えたらしいが、「根本的な誤謬と反動性を含んでいる」「彼がプロットの組織の一員として我々の仕事に参加し、多くの労働者大衆からの疑惑を一掃し、彼を利用しようとするブルジョア演劇の廻し者を暴露せしめなければならぬ」という批判であった。これは地下の指導部から出た意見であったから千田に相談することはなかったのだ。

千田は、「弾圧のなかに活路を見つける余裕を生み出そうと、ＴＥＳがプロットのまわりにはりめぐらした煙幕は、プロット自身の手で、あっけなく吹きちらされ」た、と記している。

千田のために日本での仕事の場を作ってやろうとＴＥＳに協力してくれた身内や友人に対して千田は困惑する。そしてあろうことか、この最中にメザマシ隊の移動公演の舞台で千田は逮捕される（七月三〇日）。一ヵ月後出所した千田に、ＴＥＳの評議員たちから解散しようという提案が出ていて同じ頃ＴＥＳは解散する。千田はプロットを選択したのである（四月末か五月の初めに加盟していた）。

村山はまだ獄中にいた。一〇月に熱海にいた共産党幹部、地下の指導部も大半捕まる。

第14回「プロレタリア演劇」（『テアトロ』二〇一三年五月号）

1 プロレタリア演劇の始まりと終わり

最近読んだ二人の研究者の書いた〈演劇〉に関する本で、プロレタリア演劇の終焉について誤った理解をしていた。これはこの本に限らず、しばしば目に付く大きな誤りなので少し触れたい。

日本におけるプロレタリア演劇は一九三四年、プロットが解散したときに終焉を迎えている。これ以後の演劇集団はプロレタリア演劇ではない。にもかかわらず一九四〇年の新劇人大弾圧（新劇事件）までつづいていたかのように誤解している。三四年以降の新劇運動をプロレタリア演劇と位置付けるのは、当時の国家権力の視点に立っているのと同じだ。現代演劇史を歪曲する行為は、あの時代の演劇人を冒涜するものであり、たとえ体制内的思想の研究者であろうとも、演劇研究者がすべきことではない。

プロレタリア演劇の始まりは一九二五年一二月、日本にプロレタリア文芸聯盟（プロ連）が文学・演劇・美術の芸術家達の大きな組織として初めて結成された時と考えていいだろう。この集団に、移動する演劇部としてトランク劇場が作られ、労働争議の現場に慰安のために〈出前する移動演劇〉が生れた。この集団の前身は佐々木孝丸・秋田雨雀らが一九二三年に作った先駆座だ。これは極めて少人数の集団であったが、演劇行為を運動として捉えた〈革命的演劇運動の始まり〉だとわたくしは位置付けている。これについては既にこの連載で何度か記述した。〈革命的〉演劇と呼ぶのは、時の体制の思想に反対し、自由で平等な社会の誕生を願う演劇と言う〈広い〉意味である。

狭い意味で〈プロレタリア演劇〉という世界共通の言説に拘ると、ソヴィエト・ロシアのコミンテルン日本支部である日本共産党の指導下に存在する〈演劇運動〉と規定することができるかもしれない。もう少し言えば共産党員が参加し、その指導下に演劇運動を導いた存在が動かしていた演劇集団ということになって、二八年の左翼劇場からということになる。旧式な二項対立概念で誤って考えがちな人のためにいえば、もちろん集団内の党員は極めて小数だ。

ここで権力の弾圧と闘っていた日本共産党の歩みを演劇史的見地からみてみよう。第一次日本共産党は、関東大震災後自ら解党宣言している。が、ソヴィエト・コミンテルン本部は、それを認めず、二五年に再建中央委員をコミンテルン指導部が決めた。立花隆はこのときからこの時期の日本共産党はコミンテルンの言いなりになったと述べている。

徳田球一・佐野学・渡辺政之輔・北浦千太郎・荒畑寒村・間庭末吉の六名で、荒畑と徳田が三〇代、他は皆二〇代半ばという若い中央委員会であった。

しかも一説では間庭は、どうやら権力当局が放ったスパイであったらしい。つまり再建時から委員会の内容は全て筒抜けという状況であったわけだ。これでは捕まる筈である。権力はまことに恐ろしく破廉恥なことをする。

労働組合は、一九二五年に総同盟が分裂して日本共産党系の日本労働組合評議会（後の日本労働組合全国協議会）が生れる。文芸の聯盟が誕生するのと共産党系の労働組合が組織されるのと機を一にしていた。蛇足ながらいつの時代も、反体制思想集団も労働組合も一つではない。

これまでこの〈演劇史〉でみてきたように革命的演劇集団が、プロレタリア演劇として華々しく活動をするようになるのは、一九二八年三月に全日本無産者芸術聯盟（ナップ）が組織され、前衛劇場とプロレタリア劇場が合同し、ナップ演劇部として左翼劇場が結成されてからだ。そして同じ年の一二月に上部組織が全日本無産者芸術団体協議会（ナップ）と改組され、日本プロレタリア劇場聯盟（プロット）が組織される。アジテーションやプロパガンダを目的とするプロレタリア演劇の本格的な活動が始まる。左翼劇場はプロットに加盟、全国のプロレタリア演劇集団の先頭に立って全国的な演劇運動を展開するようになる。

一九三一年一一月にナップがコップ（日本プロレタリア文化聯盟）になり、プロットも日本プロレタリア演劇聯盟に改称、もちろん左翼劇場はコップに加盟し、傘下のプロットに加盟する。この辺りまでの歴史的状況については既に触れてきた。

その運動は、千田是也の著書にもあるように、ソヴィエット・ロシアのコミンテルンからの指導がコップに来て、それを受けたプロットの指導下で行われていた。再度言うがこれに参加した演劇人たち全てが党員であったわけではない。逆に言えば、誰でもが党員になれるわけではなく、まさに選ばれた人たちが党員になれた。多くは、自由・平等・平和を目ざして新しい思想のマルクシズムを学習した変革を願う若い演劇人たちであったのだ。

これらの〈運動を壊滅すべく内務省・司法省が動き、警察から党本部や芸術集団にスパイが放たれ、特高、思想検事に見張られ〉、追いつ追われつの闘いが、年を追うごとに過激になっていく。これも既に触れた。問題はこれからこの〈演劇史〉で述べる部分になるのだが、左翼劇場は国家権力の弾圧を逃れるために、劇団名の〈左翼〉を〈中央〉に改称して中央劇場と名称変更をする。それが一九三四年二月である。この時村山は、出所して一ヶ月余であった。反対に千田は捕まっていていない。この詳細は、次回から記す予定だ。

が、権力はプロットの解散を要求、三四年の六月に解散せざるを得なくなる。上部組織が解体して中央劇場も解体する。解散させられたのである。つまり一九二五年に始まった政治と芸術が共に歩む革命的演劇運動――国家体制の変革を目標とするプロレタリア演劇の時代は、この時、一九三四年夏に終焉を迎えるのである[1]。

共産党の終焉はどうか…。立花隆は以下のように書く。

この時までに当局がおこなった〈破壊工作〉は「スパイの投入」だけではなく「拷問があり、虐殺があり、治安維持法による弾圧」があり、逮捕後の「転向の強要、誘導もあった。」「一連の破壊工作によって、日本共産党は、一九三四年に壊滅し」、「ただ一人残った中央委員、袴田里見も翌三五年三月に逮捕され、ここに共産党中央は全滅した」「戦争が終るまでの十年間、党は再建されなかった。」(『日本共産党の研究〔一〕』講談社文庫一九八三年、初版七八年〔2〕)

これは世界の共産党には在り得ない稀有なことであるらしい。この事実は反対に日本国の権力の巨大な横暴さを照射する。

『日本共産党の五十年』(党中央委員会出版局 一九七五年、初版七二年)には、「(袴田の逮捕により…井上注)わが党の中央委員会は、天皇制政府の弾圧によって破壊された。(略)党の全国的な統一的活動は、一九三五年から日本帝国主義の敗北までの約十年間にわたって、事実上中断されるにいたった。この十年間の党活動の断絶は、日本の党と革命運動に重大な損害をもたらした。(略)党の活動家の系統的な養成や、党の理論と経験の統一的な蓄積を不可能にすることによって、戦後の日本共産党の活動にも大きな否定的影響をおよぼした」とある。これは重要な自己批判のともなった総括だ。

党が機能していない状態で革命運動を遂行するプロレタリア演劇は存在しようがないのである。党の壊滅・プロットの解散は中央劇場(左翼劇場)の解散を意味し、プロレタリア演劇は短い歴史の幕を降ろす。

従ってこの後の一九三四年から四〇年に到るこの国の演劇運動——新協劇団・新築地劇団中心の現代演劇は、自由平等平和を求めるリベラルな新劇の同時代演劇運動の展開であった。注に引いた栗原幸夫が指摘したような「民衆的な芸術革命」を目指した演劇運動であったのである。これを理解しなければならない。

長い寄り道をした。村山の留守の時間に戻りたい。

2　多喜二の死

一九三三年一月、ドイツにヒットラー内閣が成立する。日本では、一九三三年二月二〇日、小林多喜二が虐殺された。この後の弾圧の強化をこれは意味した。

村山知義は獄中でそれを知る。村山と籌子の一人息子亜土は、次のように書く。

「灰色の高いコンクリートの塀であった。(略)寒風の中、ずいぶん待たされて、妙に細長い部屋に入った。そこは豊多摩刑務所の面会室。昭和八年二月のことである。(略)正面の、高さ一メートルほどの腰板の上に五十センチ角の板窓があって、片隅に黒い制服の男が両腕を組んでふんぞり返り、こっちを睨んでいた。(板窓が)いきなりストーンと落ちて、坊主頭の男の顔があらわれた。(略)長髪の父しか知らない私が、別人と思って、一瞬、ポカーンと見上げていると、(略)母が私をうしろ抱きにして、ハンドバッグを私の胸に押しあてて、じっと静止した。(略)父の目がカッと大きくなり、宙を泳ぎ、暗く沈んだ。(略)ハンドバッグには白墨でこう書いてあったという。『タキジ　コロサレタ』」(『母と歩く時』JULA出版局二〇〇一年)。

亜土は小学校二年生であった。このあと籌子の祖父が心配して三年生の一年間、亜土は高松の岡内家で過ごすことになる。四月から翌年の三月まで亜土を預けた籌子は、自由に獄中にいる人々(村山・蔵原・中野重治など)を助け、差し入れや情報をおくることが出来た。

村山の坊主頭については、〈アバンギャルドとの決別の決意表明〉だとか、いろいろ言われている。子供の亜土の印象では、村山の髪は逮捕以前は長かった。が、『母と歩く時』に載っている一九三〇年の家族三人の写真は長髪ではない。衣服の感じから見ると冬か早春のようだ。村山は三〇年五月に捕まり一二月末に出されたから、正月頃かもしれない。亜土の文章から連載時に〈獄にいる間に髪を刈られたのだ〉と推測していたが、それも怪しい。

髪の毛や衣服は、その人間のある種の思想の表明であるが、近年余りにもそのことに拘り過ぎ、八田元夫などの一文を傍証にして村山は恰好の研究対象にされている。しかも演劇史をよく知ることなく、〈村山知義〉が細切れにされ、研究主体が自身の論の構築に利用しているように思われてならない。奇妙な現象が起っている。

さて演劇人で多喜二の死と向かい合った数少ないプロレタリア演劇人の一人、千田是也は多喜二の虐殺をこのように述べている（『もうひとつの新劇史』）。

多喜二の死は、翌日築地小劇場に原泉を訪ねてきた銀座の不良正ちゃん（その日釈放された）がレポを持ってきた。「同房の今村」から頼まれたという。プロットやコップに連絡し新聞社に確認して皆は築地署の玄関付近に集まったらしい。呼び出された多喜二の母に弁護士・安田徳太郎博士・江口渙が付き添い、プロットからは佐々木孝丸が出向いたという。

デスマスクを取ることを提案したのは、中野重治の妻・俳優の原泉だった。千田は自宅近くに住む彫刻家佐土哲二（国木田独歩の二男）を承知させて阿佐ヶ谷へ向った。千田はこの時初めて多喜二に会った。佐土の指示でデスマスクをつくる手伝いをする。「警察は心臓麻痺だといいはり、あらゆる手をつかって屍体解剖を妨害したが、拷問の証拠は外から見ただけでも歴然としていた」という。しかし千田は三日前に出来た指の傷が元で入院する羽目になり、葬儀には参加できなかった。

この時左翼劇場と新築地劇団は合同で浅草水族館公演をしていた（二月一三日〜二〇日）。「吼えろ支那」の改題「砲艦コクチェフェル」と「暴力団記」の改題「全線」である。これは国際革命演劇同盟（モルト）デーの一環であった。彼等は果敢に闘っていたのだ。

この後、新築地劇団は多喜二原作「沼尻村」（演出岡倉士朗）を三・一五に築地小劇場で上演予定であったが、当局によりつぶされ、結果、三月一八日から月末まで上演した。左翼劇場は上演できない。四月には、土方与志が家族とヨーロッパに逃げ、予定していたプロットの第五回大会は当局に解散を命じられる。弾圧は益々過酷さを増していた。

3　久保の台頭と村山の出所

久保栄は合唱詩「五月近し！」や「パン」（翻訳）、「中国湖南省」等が左翼劇場で上演されてその存在が目立つようになる。左翼劇場は三三年五月に創立五周年記念・メーデー公演に「恐怖」を出すが、上演不可能に近い検閲カットがなされ、収支の合わない公演の連続で赤字が続いていた。

職業的専門劇団の新築地劇団も左翼劇場もメザマシ隊も所属演劇人の生活を保証できなくなり切実な問題として迫っていた。丸山定夫は生活苦からエノケン一座で収入を得て、それが新聞種になったりした。そんな中で築地小劇場創立一〇周年改築基金募集公演を持つことになる。老朽化した築地小劇場の改築費二万円を集めるためだ。

「検察官」（六月一五日～二三日）と「五稜郭血書」（六月二三日～七月五日）の上演が決定された。この公演は大成功を収めたらしい。後者は久保栄の戯曲で出世作とも言えるものだ。千田と共同演出をしたことになっているが、千田は殆んど稽古に出られなかったという。久保は、こうして左翼劇場の演出部員になりプロット常任中央委員国際委員会責任者にもなり、更にはプロットの関連で前進座にも関わるようになって存在感をましていた。

そんな時、千田是也が捕まる（三三年七月九日）。そしてその年の末に豊多摩刑務所へ移され、一九三五年四月初めに上申書をかいて出所するまでの一年九ヵ月あまり不在であった。千田はプロットの終焉にも立ち会わず、徳永直の「創作方法上の新転換」もソヴィエトの社会主義リアリズムの提唱にも出会わず、刑務所にいたのである。村山も千田もいない半年以上の間、久保は佐々木と薄田と久板と八田とで演劇運動を動かしていく。

久保がコップの研究会資料として「社会主義リアリズムの輪郭」（七月）、「ソヴェート演劇とわれわれ」（八月）を書いたのは一九三三年夏だ（『久保栄全集』六巻）。国際委員会の責任者であったからだろう。

久保はここで「芸術創造方法の新しいスローガンとしての『社会主義リアリズム』」が、「かつてコムアカデミーやラップにおいて叫ばれていた『唯物弁証法的創造方法』にたいするアンチテーゼとして」登場したもので「ソヴェート政策を支持するすべての作家を統一的な『全ソヴェート作家同盟』にひろく包含すべきことが主張されている」と作家の〈統一戦線〉に触れ、エンゲルスの手紙についても言及し、さらに「革命的ロマンチシズム」にも触れていた。この久保の一文は後の社会主義リアリズム論争時と比較すると「四角四面」〈負〉の側面も含むが、早い執筆時期を考えるとやむを得ないものがあるだろう。

一九三二年四月にソヴェート全同盟共産党中央委員会「文学および芸術諸団体再組織に関する決議」で社会主義リアリズムが提唱される。が、社会主義リアリズム論が日本に紹介されたのは遅く、一九三三年二月、上田進〈ソヴェート文学の近況〉（『プロレタリア文学』）で、ここで社会主義リアリズムや革命的ロマンティシズムの問題や世界観と方法の問題が取り上げられていた。山田清三郎（『プロレタリア文学史』下）やその他の指摘があるようにこの時、ナルプ（日本プロレタリア作家同盟）指導部は社会主義リアリズムに深い関心を寄せていなかった。それどころか徳永直の「創作方法上の新転換」（『中央公論』三三年九月）を批判していて、ソヴェートの〈方針転換の正しい把握ができなかった〉というのが実情であった。以後、社会主義リアリズムの位置付けで、ナルプもコップもプロットも、種々の混乱が起る。

ナルプは、六月に「第六回大会中央委員会」を築地小劇場で開催していた。その報告書について平野謙は次のように書く。「創作方法に関する問題」について、これまで「世界観の問題と藝術的方法の問題とを混同し、もしくは同一視下と云う点で重大な欠陥をもっていた」ことを認め、「藝術的方法の問題を世界観の問題に還元してしまうことは、取りも直さず、藝術的創造の具体的諸過程における問題の提起と解決とを抹殺することを意味する」と結論づけた。この結論には明らかに「社会主義リアリズムというソヴィエト・ロシアの新しい問題提起に関する理論的影響がみられる」と平野は指摘し、それは当時の文化運動の先頭に立っていた小林多喜二の「政治の優位性」理論で「政治的立遅れ」を挽回しようとする「晩年の奮闘ぶりとは背馳してい」たという。こうした文化面の混乱振りを村山知義がどのくらい把握していたかは、明らかではない。

検閲はさらに厳しくなっていき、左翼劇場の改名披露公演で予定された「煙る安治川」は検閲削除が多く上演を中止せざるを得なくなる。それほど行き詰まっていたのだ。演劇集団は穏健な新劇座（伊志井寛・花柳章太郎・英太郎・大矢市次郎・柳永二郎ら）・築地座（友田恭助・田村秋子ら）・テアトルコメディ（金杉惇郎・長岡輝子・北沢彪ら）・美術座（東屋三郎・伊達信ら）などの公演が続いている状況だった。

久保栄の「吉野の盗賊」が前進座で一二月に上演され、久保の「自稿制作年譜」にTomの出所が記されている。村山知義の帰宅は、一九三三年一二月末であった。

［注］

1　栗原幸夫は「運動としてのプロレタリア文学」の中で次のように記した。「日本のプロレタリア文学運動は一九三四年に、弾圧とそれだけを原因とはしない多くの作家たちの離反により、作家同盟の解散に追い込まれた結果、運動としては消滅した。（略）これは日本だけのことではなかった。決定的な影響力を持っていたソ連においては、すでに一九三二年以降、プロレタリア文学の呼称は姿を消し、その文学理論や運動論は厳しい批判にさらされていた…（略）スターリンによって示唆された、国家＝党への忠誠度によって作家と作品を評価する社会主義リアリズムの方向とはまさに逆に、文学を民衆の側にとりもどすこと、いわばプロレタリア文学の初発の、あるいはそれ以前の、民衆的な芸術革命の理念をもういちど取りもどす方へとプロレタリア文学運動を乗り越えることこそが、この時の課題だった…」（『国文学 解釈と観賞』二〇一〇年四月号）

2　この立花隆論への批判を日本共産党は発表している。日本共産党中央委員会出版局『特高史観と歴史の偽造　立花隆「日本共産党の研究」批判』一九七八年一〇月。

第15回　プロット解散への歩み（『テアトロ』二〇一三年六月号）

1　築地改築と「ハムレット」上演

一九三三年前後の新劇界の動きは、これまで何回も述べてきた。今回も触れるが、それは多方面から光をあてることで、これまでよく分らなかったこの時期の〈モヤモヤ〉した闇の部分や弾圧の中で生きた演劇人の複雑で微妙な思いと行動が少しでも浮かび上がるのではないかと思うからだ。後にふれる村山知義の提言に賛同しない演劇人がなぜ存在したのか、その理由もこれまで以上に明らかになるのではないかと推測している。

そのためにも先ず押さえておきたいのは、この時期の演劇運動の中心にいたのは、誰かということだ。村山は不在、革命的演劇運動の最古参は佐々木孝丸で、プロットの常任委員には左翼劇場の久保栄と新築地劇団の薄田研二が入っていた。

小林多喜二の葬儀を思い出してみよう。親戚以外参列を許されなかったが、江口渙と佐々木孝丸が「死体の始末」ということで参列を許された。佐々木は「私は、警視庁筋からも、『危険の少ない人物』としてあまく見られていたのだということになるのかも知れない。」と書くが、そうではないだろう。この時プロットの中心にいて〈混迷極まる〉プロレタリア演劇を動かしていたのが佐々木だったからだ。そして同時に佐々木は党員ではなかった。それを権力は知っていた。

この多喜二の死を契機に作家同盟は解散する。しかしプロットは解散しなかった。泳がされていたのかもしれない。満身創痍のプロット側はまだ闘うことが可能だと考えていただろうが……現実はどうであったかということだ。これは一九三三年三月で、日本が国際聯盟を脱退したのと時を同じくする。日本は、ますます悪化し平和から遠ざかっていた。

築地小劇場を建設した土方与志が、演劇人に送られて家族と共にヨーロッパへ向け東京駅を発ったのは四月四日の夜遅く、四月一〇日には上海に到着していた。すぐに築地管理委員会〈山田耕筰・薄田研二・伊藤熹朔・河原崎長十郎・友田恭助・隆松秋彦（この後九月に死去）・染谷格・松田粂太郎〉が出来る。劇場の維持運営に関する委員会だ。商業演劇の劇場ではない、唯一の新劇集団用の非商業劇場を守り続けられるかどうかが、この委員会の肩に掛かっていた。

六月には劇場としての築地小劇場の十周年記念講演会があり、久保栄が講演をする。劇団築地小劇場の文芸部にいた小山内薫の弟子という事だったのだろう。続けて小劇場改築の基金募集の公演（「検察官」「五稜郭血書」）を打ち、両公演とも大入り満員であった。夏に工事に入り、落成は八月二五日だった（久保「伝記おぼえ書」）。

そして十月に新装改築公演で世界初のノーカット上演「ハムレット」（坪内逍遥訳・久米正雄演出・久保栄演出助手・ハムレット薄田研二・クローディヤス丸山定夫・ガーツルード山岸しづ江・オフィーリア高津慶子）が築地小劇場の舞台に上る。大入りの連続で大成功を収めた（一〇月五日〜二五日）。山本安英が派役で出たのは、体調を壊していたためである。

新築地劇団に所属していて築地小劇場の管理委員で、プロットの常任委員でもある薄田研二は、「検察官」は仕込みが安かったからよかったが、「五稜郭」は仕込みが高くついて千五百円ばかりの赤字をだした。「ハムレット」が入らなかったらどうしようかと思ったと自伝に記している。築地小劇場管理委員会のメンバーだからいえる言葉だ。

英文学専攻で既に一九一五年に「ハムレット」を翻訳した事のある久米正雄が演出にあたる。「ハムレット劇の全曲上演といふことは、沙翁時代を去って以来、世界の舞台で嘗て演ぜられたことを聞かない。（略）敢て主人公ハムレットといふ人物の個人的立場を偏重することなく、あらゆる場面の劇的要素を形成して『ハムレット』劇の持つ広さ、深さ、面白さを内面的に盛り現はしてみようと努力した所に特色を持つ」と書いた。つまりこの逍遥訳の上演は、世界初の全幕上演ということであった。時代状況を視野に入れるとこれは快挙といってもいいのかもしれない。これまで看過されてきたのは、プロット系集団の上演という色眼鏡故だと見ている。こういう偏向した歴史の把握にも疑問を感じるのである。一面的で客観性に欠けるからだ。

この重大な役割をもつハムレットを薄田が演じたのである。薄田の俳優としての存在が、当時いかようであったかも理解される。これは大同団結提唱や戦後の再出発時に大きく作用する。

逍遥訳の「ハムレット」を上演したのは、シェークスピア学者として第一人者であった事、さらにはこの時、逍遥の『新修シェークスピア全集』が刊行されて話題になっていた事、権力側も逍遥にはもちろん敬意を表せざるを得ないから検閲カットもないはず…等々の、満身創痍の左翼的演劇人たちには逍遥の訳を用いることで権力に対する問答無用的な思惑があったのかもしれない。しかも逍遥のシェークスピア劇朗読が、この「ハムレット」公演の初日にラジオで放送されている。宣伝効果は抜群であった。

舞台を見に来た翻訳者の坪内逍遥に薄田が批評を聞くと、「狂気を装う点がたりない」と評されたようだ。では劇評はどうであったか。

岸田國士は「築地改築記念の儀式的公演として十分重みもあり華やかでもあり、劇場の宣伝としてはもっとも時宜に適し、その上、実際を観ると多少一般に受け容れられないところもあるにはあるが、総じて真剣な当事者一同の道楽味によって、この舞台が専門家にいろ〳〵な問題を提供し、大衆には、珍らしく、品のいゝスペクタクルを与へることに成功してゐることだ。（略）極東における『ハムレット』劇演出の記録としては、これがまづ望み得るすべてゞあらう」（東京朝日新聞）と記した。観客動員が多かった理由もわかるような〈魅せる・観せる〉舞台であったようだ。

「ハムレット」の公演中に久保栄は薄田研二に、新組織の相談をする。これが新演劇人協会の立ち上げであった。「演出助手として久米先生や今日出海さんを助けて大車輪に活躍をし」「その組織面でも何かと動いてくれた久保栄君」が「ちょっと話があるんだ」と楽屋へ来たと言う。久保は後に自分の提案ではないように記しているが、わたくしは薄田の言を取る。久保の「手記」（『久保栄研究』11所収）を見てみたが、新演劇人協会については記されていない。

2　新演劇人協会（SEK）

薄田は、久保提案の新組織について次のように述べる（『暗転　わが演劇自伝』東峰書院　一九六〇年）。

「既にファシズム化している日本の反動権力と斗うには、加盟しているというだけで検挙されるような、常に敵の攻撃目標にさらされ絶間ないその指導者層の検挙、せまい組織のプロット、そのプロットの専属劇場のように再び小劇場がなるのでは築地で芝居の出来なくなる日が遠からずくるだろう」それについてどう思うかということであった。

薄田には当時、築地小劇場ばかりでなく新築地劇団まで駄目になるのではないか、という危惧があったという。久保の主旨は、「1、演劇芸術における自由を尊重し、その正しい発展を促進する。2、新演劇人の和（親睦をはかり、その経済的立場を擁護する。3、既成演劇の旧弊を排し、演劇芸術に加わるあらゆる桎梏を打破する。」（伝記おぼえ書）というものだった。〈自由と和、桎梏打破〉を目標とする組織案と考えていい。

久保との話し合いの後、薄田は築地小劇場管理委員会の委員と相談し、その「許可」も得て新演劇人協会を創立すべくその準備を始める。つまりこれは築地小劇場という劇場と新劇を権力の弾圧から守るという意味合いの強い、生き延びるための演劇人の協会であったとみていい。それ故に次のような横槍がプロットから入ったのだ。この辺り、その対応に恐らく薄田も久保もどうすべきか迷ったのだと推測される。佐々木はこれには関与していなかったらしく、『風雪新劇志』にも一切触れられていない。

一〇月一五日「SEK発会式の予定のところ、仁木、島より反対表明される」（久保）。より広範囲な演劇人を集める計画のSEKは、プロットという組織を壊すものと、仁木独人や島公靖には写ったのだろう。あるいはまだ地下の党指導部が存在していたからその筋からの横槍・反対であったかもしれない。こうして発会式は出来なかった。

が、創立準備公演は予定通り進められ、一一月三日〜一五日「織匠」（ハウプトマン作、久保栄訳・演出）公演がもたれる。公演パンフレット『築地小劇場』（一九三三年一一月）に「新演劇人協会創立の提唱」が載る。「新劇運動の新たなる台頭を希ふ総ての新劇当事者の期待に副ひ得る様極めて広汎なる新演劇人を網羅し、これの社会的使命の達成の相互扶助機関に外ならぬ（略）加盟単位を個人とし、曽てそれが如何なる劇団に属したか今後それが如何なる劇団に属するかを問はず、（略――広く自由に一つの傾向に或は一つの流派に偏することなく）新劇運動本来の目的を遂げさせることに邁進すべきである」という。演劇運動における統一戦線を目指したと見ていいだろう。

これはコップの〈労働者・農民・漁民などの大衆〉との団結という基本線には抵触する。体制内的な演劇などども含もうとする姿勢があるからで、それが嫌われたのである。かつての勝本と村山との間の論争を思い出させる。

一一月の初めに村山知義の公判が開かれる。傍聴した久板栄二郎や藤田満雄が興奮して戻ってきた様子や新演劇人協会とは別に佐々木孝丸・藤田満雄・山本安英たちが「女の劇場」を計画して長谷川時雨を訪問した事などが久保の「伝記おぼえ書」に記されている。この佐々木達の計画はプロット東京支部中央委員会書記局に批判されて「右翼的偏向と闘え！」というビラをだされたようだ。佐々木の意識が徐々に変化していたのだろう。そんな中で村山は年末に出所する。判決は翌年三月一五日にだされた（懲役二年、執行猶予三年）。

3　混沌・一九三四年

村山が帰宅した時、一月元旦から一七日まで第一回日本新劇祭が開催されていた。築地小劇場管理委員会主催・新演劇人協会賛助出演と銘打たれていた。ということは曖昧なままに協会は出来ていたということになる。これまでの新劇発達史上の名作の上演（森田草平）で、「歓楽の鬼」「父帰る」「玄朴と長英」「櫻児殺し」「地蔵教由来」が上演され、出演俳優たちもさまざまな所属からの人々であった。この公演に被るように楽劇協会金曜会の「アルルの女」（新橋演舞場）や美術座旗上げ公演「復活」（築地小劇場）が続く。出演俳優たちは、新劇祭同様に共通の俳優達が登場している。そして美術座のスタッフも俳優も、左翼劇場やその他の集団と被っているのだ。

佐々木孝丸が「プロットはまだ解散しなかったけれども、その中心部隊である左翼劇場は、それまでの政治的偏向と、極左主義を排して、出来るだけ着実穏和な方向を目指すことを声明した（略）劇団の名前も、『中央劇場』と改めた。（略）引き続く弾圧に耐えられなくて、総退却をしたというのが掛け値のないところだ」と記したように、一月三一日の東京朝日新聞に「左翼劇場転向」の記事が載り、改名披露の挨拶状が出た。中央劇場員一同（多くの名が並ぶ）の中にはもちろん出所した村山の名前はない。

村山は判決が出るまで静かにしていたようで、「白夜」などの小説の執筆をし、判決後も籌子の祖母の三回忌法要で高松に行ったりしていたようだ。亜土の一文からそれを知ることができるが、特高が村山の行動には常に同道していたことも亜土は記している。亜土はこの時三年生で一年間また高松に預けられた。

改名披露公演「煙る安治川」が検閲削除で上演不可能になる。そして中央劇場の名前ではなく、築地小劇場の名前で急遽「人形の家」（楠山正雄訳、佐々木孝丸演出、山本安英・滝沢修出演）を出して幕を開けた（二月二三～二八日）。中央劇場はなかなか改名公演が持てず、その間築地小劇場が特別興行の名のもとに「敵討以上」（青

柳信雄演出、薄田研二出演）、「同志の人々」（久保栄演出、嵯峨善兵・松本克平・滝沢修・小沢栄出演）が、上演される（三月一九日〜四月八日）。

村山の名前が久保の「伝記おぼえ書」に出てくるのは、村山が高松から戻り、四月一八日の「新劇の今日明日を語る会」（第一回）に出席した時であった。

この時、村山は、新築地劇団公演「帆船天佑丸」（久保栄訳・八田元夫演出）の批評をし、大同団結を久保に「暗示的に主張」したようだ。久保は、この頃既に前進座の文芸部にかかわっていた。

新築地劇団の八田元夫もこの時のことを告げている。

「丁度『天佑丸』（新築地劇団五周年記念公演 三四年四月一〇〜二二日 久保栄訳・八田元夫演出）の稽古の最中、彼は面会を申し込んで来た。（略）演劇の建て直しに関する相談であった。私は趣旨に賛意を表しておいたが、新築地の内部では、その提案の裏にある劇団合同に関しては反対意見が多かった。そのよっている所のものは、五周年記念を契機として出来上がった劇団の再結束が、独力でやって行けるという自信を持ち始めたからだった（俳優は丸山定夫・山本安英・薄田研二・高橋豊子ら…井上注）。これに対して左翼劇場は滝沢ほか数名の寥々たるスタッフになっていた。」（八田著『わが演劇的小伝』）

四月二七日に演劇雑誌『テアトロ』の創刊祝賀会が開かれる。村山は表紙絵を担当していたから、この会でも恐らく大同団結案は参加者に語られていて新劇人たちは各々の立場でそれを検討し始めざるを得なかったと推測されるのである。各人が村山案に賛成するか否かの決断には、ある程度の考える時間があったと見ることも出来る。つまり村山の大同団結提唱は、「斬られの仙太」が直接的な契機ではないということが、これまでの状況をみるとわかってくる。

そして美術座（「マヤ」）、金曜会（「忠臣蔵」）の公演の後に、やっと中央劇場改名披露公演が築地小劇場で開催される。三好十郎作、佐々木孝丸演出「斬られの仙太」である。

この公演の最中に、佐々木孝丸と村山は掴み合いの喧嘩をする。もちろん「斬られの仙太」の事だ。「五月

Tom、仙太をⅡ po-tea の恥といい、Cacakh（佐々木…井上注）と摑み合いをする。（銀座のオデン屋で。）」と久保は記録している。

三好十郎作「斬られの仙太」（三四年五月一二日〜三一日）は、水戸天狗党に題材を得た戯曲で三好の転向戯曲・左翼運動批判戯曲といわれ、「下級武士の独善と農民蔑視」を「共産党の独善と大衆蔑視が重ねられた」（菅孝行「試論村山知義」）戯曲と後に評されるような戯曲だった。

村山はこの戯曲に表現された三好の転向と自身の転向は異なるといって次のように後日、記している。「弾圧のために公演不可能に追い込まれた左翼劇場は中央劇場と改称して、三好十郎の転向声明である「斬られの仙太」を上演した。これは三好が自分を純真な農民にたとえ、革命家たちのためにだまされ犠牲にされた、というふうに書いたもので、私の態度とは、一ト口に「転向」とはいっても、全く逆の立場に立ったものであった。」（解説『村山知義戯曲集』上）。

三好と同等に扱われては困るという事なのだと思われる。

そして村山は、『新潮』（七月号）に書いた「新劇の危機」（大同団結提唱）が発売になる前に、前進座の久保作・演出「五稜郭血書」（六月一日〜二〇日　新橋演舞場）を観にきて、久保と話をしている。この話し合いがどのようなものであったかは両者ともに記録していないから不明だ。ただ、村山は相当に根回しをしていたことだけは理解される。

六月一三日に「新劇の今日明日を語る会」の第二回目が開かれ*、その後すぐに『新潮』の七月号が発売される。これを読んで、佐々木が怒り「組織外提唱は無視しろ」と久保に言ったのである。佐々木は当初から村山と行動を共にするつもりはなかったようだ。

七月、プロットが解散させられ、声明文を久保栄と久板栄二郎とで書く。「斬られの仙太」を演出した佐々木は「問題の進行中に、私は村山と大喧嘩して（理論的にというより、より多く感情的に）、新しい劇団には加わらず、大同団結に不参加を表明した新築地の方へはしつた。三好十郎も私と行動を共にした。（略）文芸部には八木隆一郎、和田勝一、八田元夫、（略）この人たちは、旧左翼劇場の文芸部よりも、みな『おとな』であつたので、私にはひどく居心地の良いところであつた。」（『風雪新劇志』）と振り返っている。

＊　村山はこの日、『新潮』七月号を持参していた。

第16回　新劇団大同団結

（『テアトロ』二〇一三年七月号）

1　村山の〈提唱〉

築地小劇場の管理委員会や新演劇人協会の仕事を前号で見てきた。第一三回（四月号）から一九三〇年代のプロットや左翼劇場に関して同じ所を行ったり来たりしながら述べているが、それは、三四年の村山知義の大同団結提唱が、やはり村山の思想的使命感からの行動のように思われてならないからだ。村山は敗戦後（一九四九年）に民主評論社から出た『新劇の40年』に入れた「一つの足跡」で、〈提唱理由〉を次のように書いた（原文旧字）。

「出て来た私は『斬られの仙太』を見ておどろいた。これは内容的には、農民とインテリゲンチャとを離間することを、たとえ結果的にではあれ、効果として持つものである、形式的には、歌舞伎的卑俗劇的手法を取り入れて、リアリズムからそれたものであつたからである。」「芸術的にも満たされず、経済的にも困難に陥つた俳優たちは、そのころ、乱立して来た芸術至上主義的劇団のあれこれに、芸の切り売りをし、充分な稽古もない出演をし、進歩的演劇一般及び進歩的芸術家の信用を失墜しつつあつた。」「非常な危機であつた。」「これを救うために、『新劇団の大同団結』の提案がなされ、新協、新築地時代がくるのである。」

また、自身の転向・出所については、後日このように記していた。「『社会主義演劇活動はする』と公判で述べ、判事も、それは止むを得ないと認めてくれたが、（略）わたしは自分のような弱い者にはそういう仕事（指導的役割…井上注）をする資格はない、（略）一人でできる仕事として小説を書こう（略）『転向政策』に乗っかった者として（略）処罰せねばならぬと思い、マルクス主義や党は正しいが、私が駄目な人間なのだ、ということを主張した『白夜』『帰郷』を書いて、『中央公論』と『改造』に発表した。」（村山戯曲集解説）。

有名な転向小説といわれている『白夜』については、既に『村山知義　劇的尖端』の拙文（本書収録）で触れたように自身の転向について、夫婦の恋愛について記された小説で〈転向小説〉とは言いがたい。この解説文に続くのが、上にあげた「斬られの仙太」云々の一文で、村山は、大同団結提唱は、あくまでも三好の「斬られの仙太」故だと主張している。

これまで記してきたことやこれから触れる雨雀日記を見れば、この〈提唱〉の真意がここに記されたようなものではなかったことが理解される。

〈新劇の危機〉という村山の言説は、例えば最近出た中山弘明著『戦間期の「夜明け前」』（双文社出版二〇一二年）で、「出獄後、彼（村山）が取り組んだのは、壊滅状態にあった新劇の『大同団結』の提唱と新協劇団の結成であった」と表現されてしまうような誤った短絡的結論を生む要因になっている。この時期の新劇は決して「壊滅状態」ではない。村山発言後にプロットは〈壊滅〉し、〈左翼劇場＝中央劇場〉は解散するが、〈新劇〉はずっと生きていた。プロット所属劇団だけが、〈新劇〉ではない。こういう見解も歴史の歪曲の一つなのである。

村山は、一九三四年四月から機会ある毎に大同団結を新劇人に語っていた。それは村山一人が号令をかけて新劇人皆が寄って来るというようなそんな性格のものではないからだ。第一五回と共にこれを見て欲しいのだが、秋田雨雀の克明な日記を読むと多くの新劇人と会議を持ち議論している様子がわかる。

しかし推測するに村山の主張は、どんなに話し合いをしても初めから最後の「新劇団大同団結の提唱」（『改造』一九三四年九月号）の発言まで基本的姿勢は変化しなかったのではないかと思う。まずそれを見ていこう。村山の主張は三点ある。

「新劇の存在価値はA、進歩的な、芸術的に良心的な、B、観客に追随せぬ、C、演出上に統一ある演劇を創造するという点にある。」しかし現在のような劇団の簇立は各々の劇団の経済的状況を不利なものとする。それは当事者の良心の如何に関わらず観客への迎合、卑俗劇への堕落を生むからだ。観客への追随は反動的演劇の働き手となりかねない。ABの事情から演出上の不統一はまぬがれず、不安定な状態はあらゆる舞台上の機構（照明や装置など）に改善がみられなくなる。これが「新劇の危機」でなくてなんであろうか……。そして世界観と芸術創造の方法は複雑多岐。芸術創作の方法論上の厳密な一致を追及しない。が、新劇当事者である以上、発展的リアリズムというかなり意味の広い標語のもとには一致することが出来る。発展的リアリズムこそ最も豊饒なジャンルやスタイルの母体でなければならない。

簡潔にいえば、こういう主張であった。この帰結するところは職業劇団として成立する単一劇団の存在、しかも優秀な俳優やスタッフを選考して集める。これが上のABCを可能にすることになる。もちろん「提唱」は長いもので、ここには予備軍のような集団もこの下に存在させようという視点もあり、その他多く目配りは効いている。詳細は『改造』に譲る。ABCの主張は現代の演劇全てに要求したい視点であるが、問題は〈単一劇団〉という絶対的な存在にもとめているところにあると、わたくしには思われる。反対意見が出るのもそこであった。村山は左翼劇場が登場した時のような社会的にも芸術的にも可能な集団を思い描いていたのだと思われる。これが村山の思想的使命感を感じる所以でもある。

が、それは演劇集団や俳優たちがそれなりの成果をあげて育ち、芸術に向う姿勢も多様になり、しかも国家権力の弾圧が強くなっている一九三四年の状況下では無理な要求であった。

2　雨雀日記

ここで『秋田雨雀日記　第二巻（一九二七年〜三四年）』（未来社　一九六五年）を見ながら当時の会議を追ってみ

たい。一八八三年生まれの雨雀と一八八五年生まれの長田秀雄は新劇界の長老という立場であった。雨雀が大同団結に関する会議で記録した日付は、ほぼ久保の「伝記おぼえ書」に記された日付と重なる。久保はメモ的だが、雨雀は時に内容に触れている。目ぼしいものを引こう。

村山の話は、一九三四年六月一三日の三文銀座で開かれた新劇の会から記録されている。この日村山は『新潮』七月号を提示したらしい（久保栄）。「新劇の大同団結の問題について語り合った。卑俗化の問題について、大同団結の具体化について。長田君座長。自分も意見を述べた。」これについて、佐々木は「無視しろ」と後で久保に語った。初めから佐々木はこの提唱に乗る気はなかったと考えていい。

六月二二日に、秋田は新築地の土井の発言が要注意だと記す。六月三〇日には「村山君は大同団結についての意見を述べた。大分意見が徹底」する。七月一八日、「この問題には色々な困難が含まれている。合同の統一的意向はどこにあるのかも問題であれば、リパートリーのことも問題になる。村山君の卑俗劇ということも極めて漠然としている。もう一、二度ほど意見の交換をする必要がある。」

七月二六日「午後三時から三文銀座へ行く。新劇合同問題で会議をすすめたが、佐々木孝丸が突然反対意見をのべたので、ちょっと妙な空気になった。七時からマーブルで「新劇の今日明日を語る会」を開いた。合同問題その他について十時ごろまで話した。」

佐々木は遂に本音を吐くが長老の雨雀にはまさに〈突然〉で理解されなかったようだ。なかなか話し合いは決着しない。個々の参加集団の存在意義なりをどうやら選考していたらしい。それが次の一文でわかる。

八月三日には、新劇合同問題の美術座批評の会がもたれ、「美術座の歴史、出し物、リパートリーなぞについての批判がなされた。」上演作品「閣下よ、静脈は」の批評では、「佐々木と村山の論争があった。この二人は思想的にも趣味の上からでもかなりな相違がある。村山君に少しがむしゃらなところがある。（そしてやはり好みとしては芸術至上主義的なところがある。）これがリパートリー作製に色々な困難を生じさせるだろうと思う。」

村山と佐々木が相容れないことが指摘され、しかも村山を「好みとしては芸術至上主義的なところ」と雨雀が評しているのは、注目に値する。これでは村山が〈芸術至上主義的〉新興芸術的という過去の殻を取りたくなるのも分る。

何度か会合を重ね、新聞発表をするのが、八月一五日。その後も演目や経済事項、劇場名等で「ごたごた」する。久保のメモでは八月二〇日のリパートリー会議で「青年」（林房雄）、「土」（長塚節）、「エディポス王」（ソポクレス）の名があがったようだ。

九月一二日　新劇合同の実行委員会があり、「第一回をギリシャ劇『エディポス』に決定。この日は佐々木、八田は出席したが、これはリパートリー委員の継続である。」と記される。

一三日には、「ギリシャ劇から演出することはアンビシャスな仕事だ。エディポス王の悲劇と市民生活とを対照して描写してゆくのだそうだ。脚色責任者、村山知義。脚本製作者、佐々木孝丸。」

そして劇団名が決まるのは、九月一七日。「劇団名は新協劇団（単一劇団）、日本新演劇協会（包含的な協会）午後三時頃各新聞に発表した。（新聞記者に）村山、長田二君が主として説明の任に当った。」のである。一八日付けの都新聞には以下のような記事が載る。

> （略）中央劇場、新築地劇団、美術座を解体して新に合同劇団「新協劇団」を組織するほか、種々次の如き具体案を発表して「我国演劇史上に一時期を劃する大事業の達成に努力する」旨の声明を発した。
> 日本新演劇協会を新設して「新協劇団」をこれが専属劇団たらしめる、朝鮮語劇団三・一劇場、移動劇団メザマシ隊、少年の為の少年劇団は依然、解体せずに同協会に加盟し、山田耕筰氏が主宰する日本楽劇協会の金曜会、創作座、テアトル・コメディ各団体は、協会外にあって、協会と提携する。

他に、劇文学家クラブ、演出家クラブ、照明家クラブ、音楽、効果、舞踊家クラブ、プレイガイド、築地小劇場管理委員会が組織メンバーになった。第一回は一一月一〇日から「エディポス王」又は「アンチゴーネ」

を「村山氏の手で、同時代に忠実な仮面、コーラスなどを用ひ乍ら、然も新しい解釈のもとに批判的に演出する。」という上演予定もでた。

しかし新築地劇団が「三劇団だけの合同に反対」という声明を出す。新築地劇団は新協劇団に参加する俳優と参加しない俳優とに別れたのだ。雨雀は九月一九日、「新劇合同に対して新築地が反対意見を朝日に発表しているので、その善後策のために文化アパートに集まった。新築地の態度は不届きだ。昨日、長田、久板、青柳の三君が、新築地の人々に逢って話がついているのに、その後ですぐに新聞記者を呼んであの記事を供給したものらしい。明日の実行委員で問責すること」と記す。

結局、新築地劇団は七人の脱退者（細川ちか子・三島雅夫・中島鈓一・西康一・山川好子・赤木蘭子・三好久子）を出して丸山定夫・山本安英・薄田研二等が残ることになる。

他方で日本新演劇協会の発足を準備し、岸田國士・山田耕筰・飯塚友一郎・船橋聖一・渥美清太郎などが、協会に参加して結成されることが決まる。

新築地劇団は、利己主義と批判されたが、「御挨拶」（九月二三日）によれば、「我々の当初の意図とは異って、僅かに、中央劇場、美術座、新築地の特定の個人を技術第一主義の方針でピックアップせる新団体の結成となって現れ、それが全新劇のための大同団結かのごとく宣伝され、且その結成も、我々が執拗に提起しました技術第一主義に対する疑義、抽象的ならざる芸術的方針の決定、経済問題の確固たる見通し等につき、ただ言葉だけで解決したかの様に云ひ、現実的な真実な一致点を新団体結成後の問題とする態度、（略）遺憾な状態のまま、直ちに加盟諸団体の解散、新団体の結成が、新築地側委員の出席しない際の実行委員会から対外的に発表されたのであります。」と、大同団結の弱点を指摘している。

新築地劇団*は、所属俳優の脱退により、九月二一日からの「タルチュフ」「永遠のユダヤ人」の二公演を延期せざるを得なくなるが、八日遅れで開幕、好評を博した。雨雀は「夜、新築地の『タルチェフ』を見る。（略）

丸山のタルチェフはやはり一番光っていた。この俳優は新劇俳優では唯一のタルチェフ役者であろう。薄田は一種の臭味があるが一通りにやっていた。山本はやはりいい。」と記録している。

こうして日本新演劇協会所属の新協劇団が、二八名の俳優（小沢栄・滝沢修・伊達信・原泉子・細川ちか子ら）と青柳信雄・久板栄二郎等六名の計画部で発足する。作家や演出家、美術家は協会に所属して公演時に劇団に各自協力参加する形になった。

〈新劇団大同団結〉ではなかったのだ。が、結果的には一九四〇年の新劇事件までの六年間、新築地劇団と新協劇団、築地座などによる華々しいリアリズム演劇時代が到来するのである。

3　「夜明け前」

リパートトリー委員会で出ていた「エディポス王」又は「アンチゴーネ」という予定の第一回公演はいつの間にか消え、島崎藤村の連載中の小説「夜明け前」が、創立公演の演目になった。これについては脚色をした村山も演出の久保栄もなにも触れていない。如何なる経緯で「夜明け前」になったのか、不明である。公演まもない一〇月九日の雨雀日記に唐突に登場する。先に引いた中山の著書では、雨雀の日記から、雨雀が村山に勧めたような誤った推測をしているが、これを読めばそうではないことが分る。中山氏は不用意な文章が多くて困る。

「午後、久板君と市ヶ谷駅で逢い、二人で麻布飯倉三丁目二三の島崎さんの家を訪うた。ロシア大使館の少し先きを坂を下りて最初の露地だった。簡素な家なので驚いた。島崎さんはもう立派なおじいさんだ。『夜明け前』の上演の許可を求めると、黙認するということであった。」

島崎藤村はこのように雨雀に告げたらしい。「それは困ったね。あれはまだ完成していないし、今までのところはイントロダクションのようなものだ。どんな結論になるかまだ描かれてないのだ」「小説と脚本はちがったものだ。自分としては〔略〕脚色することは好まないものだ。〔略〕私にかまわずに脚色化してみるのは〔略〕いいだろう。私は〔略〕意見も述べなければ、抗議もしない。」

そして一〇月一五日に「夜明け前」の本読みがある。「夜、牛込クラブで『夜明け前』の本読みがあった。村山君の『夜明け前』が出来た。三幕十場で、半蔵が名古屋の方へ立つ明け方で終えている。ダイアグラムを袖にうつして地図と年代を示している。〔略〕この芝居を一つ立てでやることに決定した。安心した。」

村山は、藤村の許可を受ける前から脚色を始めていたのだろう。一週間やそこらで脚色可能な小説ではないからだ。小説の特色を「きわだった歴史的人物を主人公とせず、〔略〕木曾の山の中の一つの小さな宿場に重点を置いたこと。〔略〕表面的な出来事の羅列をこととする物語から救い、この未曾有の転換期に当面した民衆の大多数の生活の最も現実的な物語たらしめた」と初演プログラムに書き、藤村の「リベラリスティックな立場」を特筆していた。

すでに前進座の文芸・演出部に所属して給料を得ていた久保栄が村山の脚色で演出、装置は伊藤熹朔だ。半月ほどの稽古で一一月九日に舞台稽古、一〇日に初日という強行スケジュールであった。青山半蔵が滝沢修、お民が赤木蘭子、おまんが細川ちか子、暮田正香が三島雅夫、寿兵次が小沢栄、作兵衛が宇野重吉である。

＊　千田是也が新築地劇団について興味深い発言を後年していた（一九八九年）。

「一九三四年ぐらいですか。多分、その頃の新協・新築地時代の全体的な路線は、同じですね。ただ日本は厳しくて国際の連帯を絶対に禁止していましたね。それから労働者の方を客にしちゃいかんと、観客の組織、労働者の観客の組織を作っちゃいかんと、二つのところで押さえているわけですね。ですから、その範囲内で、かなりの進歩的な、そういうインテリに受ける芝居を、あの時代はやったと思うんです。我々は一生懸命にね。ただ感じとしては、新協劇団より新築地の方が田舎っぺのようで、新協は見識が高いんですよ。そういう意味で新築地は大衆的なんですよ。ところが新協ってのはね。村山知義が神童として育ち、神の御腹としてお母さんが大事に大事に育ててきた秀才でしょう。その気がやっぱり久保君にもあるでしょう。だから何となく角張っているんですよ。でも後で勉強した人が書いたものの方がいいんですよ。新築地なんか何も書く奴がいないんだなあ。それは文士はいましたよ。佐々木孝丸とか、和田勝一とかね。それなりにちゃんと了見は持っているんだけれども、そんなに角張ったことを書かない。この人達は大衆的な人ですよ。そこの違いがちょっとありますね。今思い出しますと。私もまあ、あんまり角張るのは嫌いな方だから、昔から、こっちの方が住みいいやと思って、新築地の方へ行っちゃったんですけれどね。」

（「公開インタビュー抄録」聞き手 大笹吉雄 一九八九年一二月二日 於明治大学百周年記念館、藤田富士男監修『劇白千田是也』所収 オリジン出版んセンター 一九九五年）

第17回 「夜明け前」上演（『テアトロ』二〇一三年八月）

1 新協劇団と日本新演劇協会

新協劇団と「夜明け前」上演をもう少し触れたい。秋田雨雀は、一九三四年九月二〇日付「日記」末尾のカッコの中に次のようなまとめを記していた。

「(正午十二時文化アパート。新築地の口実――一、三劇団だけの合同は大合同を阻害する。一、従って単一劇団に全力を傾注するより日本演劇協会の仕事をすすめること。)」というものだ。雨雀は新築地劇団の出方に不信を抱くが、日本演劇協会（日本新演劇協会のこと）の結成には前向きの姿勢を示していたのではないか。むしろ新築地劇団を仲間に入れるためには協会の結成を早める必要があったのだと推測される。

翌九月二一日の項に、「夜、マーブルで発起人会。岸田国士、山田耕筰、飯塚友一郎君等も出席。」と記されている「発起人会」は、単一劇団の発起人会ではなく、日本新演劇協会のそれだ。新築地劇団の〈口実〉の一つとなった日本新演劇協会の仕事をすすめることが、大合同につながると皆は考えた。つまりここの発起人会は協会の為の集まりと見なければならないと思う。が、この「発起人会」は、どうも誤って理解されているようだ。

大笹吉雄は新協劇団に関する記述の中で「二十一日は新しい劇団の発起人会が開かれた日、二十九日は初顔合わせ」（『日本現代演劇史』昭和戦中編Ⅰ）と書く。が、前号に書いたように、当初新協劇団は俳優と計画部で発足し、日本新演劇協会所属の劇作家や美術家や演出家が公演に協力するという形をとっていたから、新協劇団に岸田達が参加したわけではなく、ましてや劇団の「発起人会」ではない。これは日本新演劇協会の発起人会であったのだ。そしてこの協会も村山知義が提案している（雨雀日記 一一月一四日参照）。

久保栄の「伝記おぼえ書」によると、九月二九日の項にお茶の水の文化アパートで新協劇団の結成式があり、「経済的危惧ナシと村山声明」があったと記録している。こうして新協劇団は「日本新演劇協会直属劇団」として発足する。同じ日に新築地劇団も総会を持ったことを久保は書く。山本安英などは、病気で寝ながら参加したらしい。〈単一劇団という村山の主張〉がネックになって多くの演劇人は参加しなかったが、解散した中央劇場の俳優たちと美術座・新築地劇団の一部の俳優たち30名弱で、とにかく新協劇団は結成されたのである。

そして新協劇団は旗上げ公演を持つが、旗上げ後早くも演出者などのスタッフを劇団に所属させるというように組織変更をする。そうなると当然にも日本新演劇協会は解散せざるをえなくなる。そして個人加盟者三百人を超える「新劇史上画期的な」日本新劇倶楽部が一九三四年一二月二一日に誕生する。これは「夜明け前」公演中の一一月一四日に、岸田国士が発起して新劇関係者懇談会を昭和通の八重洲園で開催し、協会提案者の村山も了承して協会を解散、新組織をつくることが決定していたものだ。このあたりの新劇人の行動には雲が掛かっていてよく理解できない。とにかく今度の倶楽部は、岸田が提案者だ。

村山知義は演出家クラブの幹事になり、幹事長に岸田国士、事務長に久板栄二郎、常任幹事には村山・北村喜八・遠山静雄・上泉秀信・金子洋文・薄田研二・川口一郎・伊藤基彦が就任する。古参の雨雀・長田・佐々木が消えて、岸田が浮上している。

規約の目的の項に「個人及び加盟団体間の親睦・連絡・協力を図り、共通の利益を伸長し、以って新しい演劇文化の向上発展に寄与する事を目的とします。」とあるように、親睦と広報活動が主眼であった。この倶楽部は、すぐに有名無実になるが、かつてのプロットのような思想的に武装した演劇運動集団ではなかった。もしかするとこうした大規模な演劇人集団の登場は、権力にとって掌握するのに都合のいい集まりで、国家的規模で生み出される後の文化芸術団体に継承されるものになったのかもしれない。

さて、その後新協劇団は大笹本に引かれているような立派な新協劇団規約をつくる。氏は、その日付を疑問視しているが、これは日付（一九三七年七月二〇日）通りでよく、劇団の体制が整ってきてからの作成とみたい。結成から時間が経ったこの時期に仰々しく発表したのは、外部に対してこれをする必要があったのではないか……。憶測をすると、一九三七年七月七日に盧溝橋事件がおこり、日中戦争が始まる。リベラリストにも警察の目が光りだす。雨雀がこの年五月の『テアトロ』に載せた「新劇展望序論」に記した如く、この年には「新劇復興」と言われて新劇界は賑々しく活動していた。それは権力を刺激したかもしれない。この立派な規約は権力に対する一つの防御姿勢のように思われるのである。

もう一つ、前回中山弘明の一文を批判したが、〈秋田雨雀の提案「夜明け前」〉という言説は、既に大笹本にあった。中山は大笹本から引いたのだろう。〈雨雀の提案〉というからには雨雀が記録しているかあるいは誰かが発言しているはずで、探してみたが出てこない。大笹本には出典がないので確かめることができなかった。何故「夜明け前」に拘るかというと、一つの仮説がわたくしにあるからである。

2 「夜明け前」の選択

「夜明け前」選択に関する推測は、既に『村山知義　劇的尖端』に書いた。が、ここで再度考えたい。何故、旗上げにブルジョア文学者の「夜明け前」が選ばれたのか、ということだ。これについてはこれまで触れられたことがなかった。わたくしは村山主導でことが運んだと見ている。

ここで思い出したいのは、かつて小林多喜二がナルプ第五回全国大会に準備した草案だ。多喜二はこの大会以前に地下にもぐり（三二年四月）、大会決議の草案「プロレタリア文学運動の当面の諸情勢及びその〝立遅れ〟克服のために」を書いたという。これに藤村が登場した。「ブルジョア文学の『ファッショ化』」を指摘し、「軍部に隷属する五日会」を批判し、「〝古風な誠実〟を称えられている嘉村礒多、『夜明け前』の島崎藤村、『山田長政』の中村吉蔵等はすでに五日会の連中におとらず熱心なファシスト文士としての正体を露呈」と切り捨てられていた（山田清三郎『プロレタリア文学史　下』理論社　一九六九年）。

多喜二は「右翼的偏向の諸問題」（『プロレタリア文学』三三年二月号）でも「我々の組織は、『プロレタリア』作家同盟とは云っているが、それは云うまでもなく「コンミュニスト」作家ばかりの組織ではなく、所謂革命的なすべての作家を包含する広汎な組織であることは云うまでもない。何故なら、我々の組織は「共産党」・ボルシェヴィキ組織ではない」からだが、社会ファシストやプロレタリア的と自称している作家団体と区別するものは、「それは指導のボルシェヴィキ性・即ち我々の活動の『党』派性によって！」だと書き、さらに「夜明け前」を、「藤村は客観的には反動的支配の水車に水を注いでいるもので、直木三十五や吉川英治らよりももっと巧妙に『反動的役割』を果たしている。」と断罪したのである。その「夜明け前」を村山知義は何ゆえに取り上げ、脚色したのか、という問題だ。

後年、平野謙が「社会主義リアリズムと中野重治」（『平野謙全集５』新潮社　一九七五年）で指摘しているように、蔵原惟人は、〈藝術作品を単に特定の階級的イデオロギイの反映〉としてとらえるだけでは不十分であって、〈それぞれの時代の客観的現実を反映する〉ものとして、時代の現実の客観性をどの程度正しく反映しているかという「藝術の客観的価値」を測定しなければならぬ（「藝術に於けるレーニン主義のための闘争」『ナップ』三一年一一月　古川荘一郎名）、と記していた。まさに「夜明け前」は幕末から明治へという「時代の客観的現実を反映」している作品といっていい。が、小林多喜二の「政治の優位性」理論とはやはり乖離する。

「政治の優位性」を支持したと推測される村山は、多喜二が切り捨てた藤村の小説を敢えて取り上げることで、さらには体制派小説家の重鎮となっている藤村の現在形の連載小説を上演することで、官憲が村山主導の新協劇団という演劇集団に貼るであろう「赤色」〈危険〉を〈玉虫色〉に、否、〈消去〉すべく意図したのではないかと、わたくしはみている。

他方で村山は、進歩的演劇人や観客に対しての目配りも忘れない。初演プログラムで藤村の「夜明け前」を、「きわだった歴史的人物を主人公とせず、藤村氏の先祖とそれをめぐる人々を主人公とし、江戸、京都、水戸、長州、薩州というような、これまた渦の中心となった場所を舞台とせず、木曾の山の中の一つの小さな宿場に重点を置いたこと。（略）未曾有の転換期に当面した民衆の大多数の生活の最も現実的な物語たらしめた」と評価し、主人公が宿場の問屋、庄屋、宿役人を兼ねていることが「武士、町人、百姓の三階級のあいのこであることは、その三階級の姿を描くことを必然にした」とあくまでも階級社会に生きる人々を中心に舞台で描く点を強調していた。実際この意図は、当時の進歩的な人々には歓迎されている。

それ故に島崎藤村に雨雀や久板が許可を貰いに行く前から、村山は「夜明け前」の脚色に掛かっていたのだ。現存する「夜明け前」の脚色については、久保栄との共同脚色といっていい側面もあるのだが、この旗上げの初演脚色に久保が関わったかどうかは明らかではない。村山も久保もこの初演に関しては何も発言をしていないから、村山一人で第一部は脚色したと思われる。

「夜明け前」は何度か改訂されているし、再演もある。したがって初演は、初演時の台本と批評を重視しなければならない。その辺りを混同して論じられることが多いのであえて記しておく。第二部の初演に関しては、久保の発言がある。これについては後で触れる。

3　「夜明け前」第一部の劇評

村山脚色・久保栄演出・伊藤熹朔装置・八代康照明・滝沢修主演の「夜明け前」第一部（三幕十場）初演は、三九回の公演で四五〇一名の観客動員。仕込みにお金が掛かり収支は赤字であった。が、芸術的には成功したとみられている（一九三四年一一月一〇～三〇日、於築地小劇場）。初日は満員だが、順次天候も左右して客足が遠のいたようである。劇評をみよう。

初日前に秋田雨雀は舞台稽古を観て「日記」（一一月九日）に次のように記している。長田秀雄・藤森成吉・中野重治らも観に来た。「舞台は全部が本陣青山家の住宅で占められていた。立派な舞台だ。（略）序幕二場の祝宴の場はすてきなものだ。この場はこの芝居で一種の高まりをなしているが他はドラマティックとはいえない。」と。

その後、初日「満員だった。出来は悪くはない。半蔵とお民との会話のところが一種の気分劇になっている。やはり祝儀の場はひったっている。御橋、小杉の二君は、やはり技術的にすぐれている。滝沢君は半蔵の心持を出そうと努力しているが、まだ力がたりないような気がする。赤木君のお民は無難であるが、まだ内部的燃焼が足りない」。

そして一一日「芝居の出来としては近来にないものだと思った。（略）しかし果して若い演劇ファンのくいつくものかどうか疑問だ。一般に進んだ演劇通には喜ばれているようだ」と。観客の少なさが、このような感想を記すことになったのだと推測される。雨雀は盛んに宣伝活動をしなければならないと書いている。

新劇関係者懇談会について記した一四日の「日記」で「高田保君は藤森、金子、長田、僕なぞが作をしないで芝居に関係しているのにいや味を並べていた」と記す。この高田の「いや味」は、その日の新聞の「夜明け前」酷評に繋がっていたのだ。

高田保は、まず小説の脚色上演を「創作戯曲の貧困を意味する」といい、村山など関係する劇作家の名をあげ、劇作をせよと言うようなことを書く。さらに脚色が「完全に戯曲化されて」いるならいいが、そうではないと論じ、原作との異同・本陣の装置への疑問・俳優の動きの窮屈さ・舞台表現に現れた階級制度の無視（牛方の行動）などなどについて「上・下」二日間にわたり批判、最後には村山が「『夜明け前』に対して確かな把握がなかったからの結果ではないか」と結んだ（東京日日新聞　一一月一四、一五日）。

当然にも村山は直ちに反論する。脚色が創作戯曲に劣るというのは偏見であること。創作戯曲の貧困は、高田保も含める劇作家達全員が負わなければならないこと。高田の批判は「夜明け前」上演の意義には触れず些末に拘り、本陣装置・俳優の演技・牛方の行動・戯曲的という問題……以外のことは触れていないと批判。つまり高田評が些末的だと指摘した。特に「牛方が通用門を這入り、縁に腰をかけて話し込むことは、この本陣の人々が特に良心的平民的である」からで、それに気がつかないのはおかしいと批判した。(東京日日新聞 一一月一六、一七、一八日)

雨雀は高田の劇評が出された日の日記では触れていないが、一一月二四日の「日記」で、日本新劇倶楽部の会で高田保と会って「ちょっとした論争をした。新協劇団の「夜明け前」について、自分の所属している機関(日日新聞)で冷酷な批評をしたことについてちょっとした批評をした。(略)高田にしては今度のことは確かに失策だった」と書いている。新協劇団の人々は皆腹を立てていたのだと思われる。そして一一月一八日の日記で水木京太の劇評を「非常に好意ある批評だ。これは今度の批評では一番身の入ったものだ」と記す。

その水木京太の批評はこういうものであった。

「第一回公演(略)まづよき野心的企てだ(略)脚色振りも、この大作にまともにぶつかって徒に奇手を弄しないところ、甚だ好意のもてるもの」と先ず書いて、しかし装置には批判的で「舞台は全曲を通じて馬籠宿本陣宅の内部、店座敷を中心にした単一装置(略)すべての出来事をここで展開させるために、装置にも人物の出し入れにも色々無理が出てくる(略)せめて表入口と半蔵の部屋と二場面にしたら、本陣らしい構へも見せられたらう(略)宿場の旅人宿以上の感じは受けられなかった」と指摘する。「半蔵の良心的苦悩は、周囲の農民の窮迫した生活に接した結果の、『一番下から見る』見方から発して」いるからその姿を描くには木曾の特殊性や幕末の事件の波及も伝えなくてはならないが村山は「その織込みをかなりよく処理したが、原作に即してあまりに年次的に物語らうとして、多くの場数を費やした難がある」と。

俳優の演技については、「新劇大合同にしては淋しい顔振だが、舞台では特に手不足を感じさせる程でもなく、すべて神妙な熱演といへば足りる」と評価、「旗挙として、華々しいといへぬまでも、雄々しい業績を見せてくれたことを悦こび、今後の成長を祈る」（東京朝日新聞 一一月一八日）と結んだ。原作を踏まえた装置と脚本の舞台表現に絞った感のある劇評だが、高田の些末に拘った評と比べると雨雀の言うように良心的といえる。

高田も水木も触れなかった序幕二場（雨雀が褒めた披露宴の場）の舞台表現は、脚本からは知ることができない。当時の観客の話題になった場で、久保栄の演出であった。花婿花嫁は宴の間中、観客に背を向けて坐っている。最後に周りを暗くしてお民が観客の方を向き、そこに照明が当たるという効果的な演出であった。これの評判がよかったのだ。実際、かなり前に劇団民藝が久保演出を再現した上演をみたが、なかなか洒落ていた。現在では何処の舞台でも使用されているが、当時の照明の使い方としては斬新であったと思う。

4 「夜明け前」その後

このあとの新協劇団は村山の装置・演出でゴーゴリー「イワン・イワーノヴィッチとイワン・ニキーフォロヴィッチとが喧嘩した話」を上演する（一二月二一～一五日）。批評に「構成派式の舞台と共にこの諷刺画的に様式化した演出は先づ成功といひ得るが演技がそれに伴はぬうらみがあった」（東京朝日新聞）という批評が出た。一九三四年の時点では村山は、新興芸術的な舞台を作っていたのである。「夜明け前」の写実とは、かなり隔たりがあったようだ。

この後新協劇団は翌年三月迄公演がもてなかった。演劇団の職業化の問題は先が遠かったようだ。

第18回　リアリズム（『テアトロ』二〇一三年九月号）

1　「××的リアリズム」と「発展的リアリズム」

伏字〈××〉は〈革命〉である。タイトルの二つのリアリズムはプロット（日本プロレタリア演劇同盟）の一九三四年七月の〈解散決議〉文に登場した。二つの言説は凡そ次のように説明されていた。

プロットは、「創造活動の基準を示すスローガンとして」当初プロレタリア・リアリズム、次いで唯物弁証法的創作方法を掲げた。そして多くの作品が誕生した。世界認識の手段としての芸術の役割を高く評価し、客観的現実の発展の姿を「アバキ出す事に努力し、主題の積極化を図った点で大きな功績」をあげたが、作家、俳優に高度な世界観を強要した点、あらゆる芸術的な問題を哲学的命題に還元して考へた点で、「芸術スローガンとしては根本的な欠陥をもってゐた。」これにたいする批判は、その後ソ同盟で形成されつつある「社会主義的リアリズム」の理論に助けられつつ進んでいる。

現在の極度に不自由な社会情勢に屈服することなく、進歩的方向をあくまで擁護するような「開放的な芸術理論の樹立、新らたなスローガンの設定が図られつつあり」、新スローガンとして「××的リアリズム」又は「用語に不備」はあるが「発展的リアリズム」がとりあげられるべきではないか、といわれている。

2　リアリズム再燃――迷える新劇

リアリズムの問題が演劇人や小説家の間で再燃するのは、一九三五年初頭である。それはおそらく新協劇団の一二月二本立て公演――一七回で触れた村山演出ゴーゴリ作品と青柳信雄演出ヘイワード夫妻作・菅原卓訳「ポーギイ」――が、「築地小劇場十周年記念と銘打って二つの翻訳劇（略）ゴーゴリ―全集の広告劇？……（略）こんなものでお茶をにごしてゐるんでは行末が案じられる」（朝日新聞劇評）と酷評され、しかも二千円の欠損も出したことから新協劇団内部で上演作品や創作方法の検討が浮上していたのだと推測される。

他方、新劇団の専用劇場であった築地小劇場の運営も困窮していた。当初借地に建設した築地小劇場はその後土方与志が土地を購入していたが、築地小劇場管理運営委員会は土方家に支払う月額五二〇円の地代を滞納し続け、しかも改築費用も建設会社に支払えず抵当権設定をせまられていた。困った委員会は管理運営権を土方家に返したが土方与志は海外に逃亡中で、代理人の当面の方針がハッキリしない状態であったから、劇場を開けることもできなかった。それで各新劇団は飛行館などの講堂で公演せざるを得なかったし、あらゆる意味で築地小劇場を使用していた新劇団は今後の検討を迫られていた。こうした状況を勘案して久保の「迷えるリアリズム」が都新聞に発表されたのであった。このタイトルは、読みようによっては「迷える新劇」と読み替えることも可能で、なかなか穿ったタイトルを付けたものだと思う。

久保栄が口火を切る形になったこの論評は、一月一三日に都新聞から依頼され、一月二〇日～二三日に掲載された。①社会主義リアリズム再論、②テーマと形象、③境遇と性格、④「反覆されないもの」――と四回に亘って発表されている（『久保栄全集』六巻所収）。

久保の文章は築地小劇場が閉まったままで寂しいということにはじまり、「あらゆる芸術と同じく、われわれの前にも、リアリズムの正しい探求という、けわしい課題が横たわっている」と唐突にリアリズムに話題を移す。

3　革命的リアリズム

ここで久保は、わたくしたちの国のリアリズムは、海の彼方の社会主義リアリズムの高揚に「つよい照映を投げかけ」られたが、われわれの理論家は「機械的な移入を企てたばかりで」まだ問題の核心にふれていない。新しいリアリズムの社会主義という字は、「決して広汎な意味の思想としての社会主義をさしていない。」マルクス・エンゲルスのいう社会主義とは異なる。彼等の時代には「生産諸関係」としての社会主義社会が存在していなかった。だから彼等のそれは、思想としての社会主義なのである。

生産諸関係としての社会主義は、スターリンが社会主義時代に踏み入ったと宣言した一九二九年以降のことで、新しい「生産諸関係の基礎のうえに打ち建てられた社会主義リアリズム」は、「ソヴェート芸術の基本的な方法論であり、社会主義建設の経験によって豊富にされた特殊な理論」だ。従ってかの国は「何を書くべきか」の問題は解決され、「いかに書くべきか」に力点がおかれているのだ。

「社会体制の逆」な、「世界観」の確保のないわれわれの現実のまえに、ソヴェートの「技術」に力点を置いた理論を機械的に移入すると、たちまちに「芸術的テーマの過小評価に陥り、部分的リアリズムの安易な肯定の泥沼に落込む」のだ。

「生産諸関係としての社会主義が存在しないかぎり、たとえば森山啓君がどう主張しようと、日本的現実を前にしたわれわれ全体のリアリズムに、社会主義という字を冠することは、できない相談」であると書いた。

久保栄は日本の現実をみてわたくしたちのリアリズムには、社会主義は付けられないと主張し、「革命的リアリズム」でなければならないといったのである。〈革命〉が伏字（××）にされるから「伏字を避けていうならば、反資本主義リアリズムである」と命名し、「われわれの反資本主義リアリズムは、決して社会主義リアリズムではあり得ない」と記す。言い換えれば社会主義国家ではない私たちの国では、「何を書くべきか」の問題が解決されていないから「革命的リアリズム」であり「反資本主義リアリズム」なのだと主張したのである。芸術におけるリアリズム表現ということに関していえば、この主張は現在にも当てはまる。

こんなに分かりやすい文章であるにもかかわらず最近一部の演劇評論家が、当時は社会主義が伏字であったから、使わなかったという誤った言辞をならべて歴史を歪曲している。伏字は〈革命〉だったということをまず理解して欲しい。

プロットの解散決議文に登場した「革命的リアリズム」はこの時以来、明確に表面化する。この決議文は、久保と久板栄二郎が書いたといわれている。久保は自己の主張をここに盛り込んでいたのであろう。

さらに久保は続けて、「ブルジョア戯曲の到達点は、限られた環境のなかの静学的な個人的心理の描出」であり、「われわれの仲間が、社会主義リアリズムを曲解して、性格描写を劇作の第一義と考えはじめたとき、すでに部分的リアリズムの陥穽が、われわれを待ち構えていた」「典型的境遇のなかに、典型的性格」を描くというエンゲルスの千鈞の重みある命題へは、決して性格描写のいとぐちからははいってゆくことができない。「主導的地位に立つものは、境遇であるのだ」と書いた。そして「悪しき性格化」の代表が三好十郎の「斬られの仙太」で、「夜明け前」第一部の脚色も例外ではなく「生活の言葉」ではなく「レトリック」を通じて表現しようとしていて「諸性格の貧困」の因をつくった、としている。

最後に久保は、チェーホフを引いて「ふたたび反覆されないものを求めてこそ、その時代のその社会の典型的境遇と典型的性格に到達する」と記し、この後、自身の創作の基盤となる創作方法に触れたのである。

久保はこの後、三月に出された中野重治と森山啓の久保・神山批判に対して長文の反駁「社会主義リアリズムと革命的（反資本主義）リアリズム」を『文学評論』五月号に発表した。久保栄・神山茂夫・森山啓・中野重治ら四者のリアリズム論争には、ここでは触れない。『久保栄全集』（六巻）所収の本多秋五の解説が端的に全てを語っているからで、それに譲る。参照されたい。

4　発展的リアリズム

村山知義は「発展的レアリズム」（村山は当初「リ」ではなく「レ」を使用）を主張した。プロット解散決議文に「用語に不備」はあるが「発展的リアリズム」と記述されたものである。これは村山が「新劇団大同団結の提唱」（『改造』一九三四年九月号）の中で既に記していた言説である。恐らく決議文へ入れたのも村山の意志を尊重してのことと推測される。が、久保と村山のリアリズム理解は全く異なるアプローチで発言されている。

村山は、「提唱」の中でこのように記した。「進歩的な、芸術的に良心的な演劇」とは「歴史の進展の正しい方向へのまなざしを現実の複雑多岐の間において失はず、現実の相互関係をあらゆる覆い物をはねのけて正しく描き出すことによって進展の正しい方向へのまなざしをあらはにするところの演劇」である。村山は明らかにしていないが「正しい方向」とは社会主義社会という方向である。

ここに度々登場する〈正しい〉と言う形容詞は、発話する者の思想により評価が分かれる便利なものである。その意味では極めて曖昧で具体性がない。にもかかわらず村山の言説は、新劇団の団結を意図した時から具体的な演劇集団（大から小まである多くの集団）を対象に発言されている。それゆえに「発展的レアリズム」という「可なり意味の広い標語のもとに」各集団は「一致することができるだろう」という帰結になる。「新しい発展的なレアリズムこそ、最も豊饒なジャンルやスタイルの母胎でなければならない」「劇団の当事者は凡そ反卑俗的なもの、凡そ反反動的なもの、凡そ芸術的に良心的なもののなかに何等かの意味において進歩的な点を見出し、それを強調し生かすやうに努めるべき」だという。非常に抽象的で大雑把な論である。意図的に大雑把にしていると推測される。

運動者村山知義は、この国の商業主義演劇を除いた演劇芸術全般に発展的リアリズムで創造にあたろうと主張しているのだ。そしてこの主張は一貫していて村山はこの後少しも変わらない。見ようによっては運動者の視点を貫いたという事もできる。

これでは我々の国の創作方法をいか様にすべきか、ということで極めてタイトな社会主義リアリズム論争が久保栄・神山茂夫・森山啓・中野重治たちの間ではじまっても村山が参加できないのも理解される。

四人の論争とは別に、雑誌『テアトロ』八月号で、久保栄に当時傾倒していた俳優松本克平が村山知義の「発展的リアリズム」を「時代的特性と科学性を無視した抽象的な創作スローガンを平気で掲げてゐる」と批判する（「村山体系と進歩的演劇」）。これに村山は長文の反駆「進歩的演劇のために」（『テアトロ』九月号）を書く。概略は次の如くであるが、これはほぼ大同団結時の主張、さらにはその後の『演劇論』（唯物論全書 三笠書房一九三六年九月、発禁。戦後再版）でも変わらないのである。以下、概略を記す。

商業主義演劇に反抗し、芸術的に良心的である新劇（心理劇世相劇の範囲を出られない集団）の積極面を見逃さないようにしたい。今では彼らの部分的リアリズムの不充分さは優れた芸術家により段々と納得されてゆきつつある。彼らが真のリアリストたる途を開くことに（われわれは）助力しなければならない。

われわれのリアリズムは、ブルジョア・リアリズムとは異なる。歪曲と卑俗化と神秘化等のリアリズムとは異なる。この現実に対する明確な理解と相並んで、明日への発展のリアルな想念が含まれ、現実のうちに発展を生み出す諸条件を見出す。発展を妨げる一切の腐敗物を暴露し現実を覆ひかくす仮面を剥ぎ取る。演劇運動と統一して考へられた演劇創造の方法のスローガンとして、われわれは「発展的リアリズム」といふ言葉を採用したい。

われわれは過去の演劇的遺産を批判的に摂取する。即ち、過去の演劇におけるリアリスチックな線を追求し、××（革命）的ロマンチシズムのよい伝統を採用し発展させる。戯曲、演出、演技、装置その他の全部門にわたつて、このことはなし遂げられるべきである。

われわれの演劇は、勤労大衆及びインテリゲンチャの広汎な大衆を観客として吸収しなければならぬ。卑俗的ではなく大衆的な演劇はわれわれの観客を広く大きいものとする。そして観客組織を作らなければならない……等々。

発展的リアリズムは、新協劇団の公演という実戦を通して、明確なものへと発展してきた。われわれは「発展的リアリズム」といふスローガンのもとに、協力して進歩的演劇運動を守り発展させるために努力しなければならない。「進歩的な、芸術的に良心的な」「観客と妥協せぬ」「演出上に統一のある」演劇の創造ということなのである。

ついでに翌年出された新協劇団編の『演劇論』も簡単にみよう。

〈進歩的演劇の観客〉のために編まれた世界と日本の過去と現在の演劇歴史書で、筆者は、村山・杉本良吉・松尾哲次・鈴木英輔。もちろん村山中心の本で、前書き（「進歩的演劇運動起つて既に八年を経る」に始まる——）と最後の「日本における進歩的演劇の当面の諸問題」（「発展的リアリズムの演劇の創造と提供」）を書いた。一九二八年の左翼劇場から村山の意識が連続していることが分る。

「読者なり観客なりの全存在に働きかけようとするもの」が芸術で、それは「リアリズムの芸術」であり、ブルジョア・リアリズムのように部分的・断片的に現実を見るのではなく、「われわれのリアリズムは現状の正しい発展に対する明るい展望を持つてをり、そのために豊かなロマンテイシズムを含んだリアリズムで」「健康な空想も飛躍もここに約束される。かういふ発展的リアリズムの演劇の創造と提供」が重要で、自分たちが行おうとしていることだと…。

これは「創造方法の基本スローガン」社会主義的リアリズムの実践に他ならない。村山の演劇行動に向かう意識は、戦前も戦後も変わらなかったのである。これは戦争末期の朝鮮行き問題で、いずれ検討しなければならないだろう。

5　大衆的な演劇

新協劇団は、一九三五年三月一日〜四日に飛行館で特別公演としてオストロフスキー「雷雨」(八住利雄訳)を村山演出で上演する。テキストレジは村山だった。久保の「伝記おぼえ書」に、村山が久保にテキストレジをやらせようとしていることが記されている。村山は久保を新協劇団に引き込みたかったのだろう。当時久保は前進座から給与を得ている演出家であった。

村山は大衆化路線を取り赤字を埋める収益を狙う。日ソ商会の協力で手に入るソヴィエット映画を併映した(「イワン」「呼応計画」「国境の街」「狙撃兵」)。日ソ商会が輸入している映画「雷雨」の宣伝を兼ねるという名目で同商会に応援してもらったらしい(仁木独人「新劇クラブ」三月一五日号)。四日間の公演及び上映で動員観客は一〇四六名、赤字は防げたようだ。

この後すぐに村山は、〈新劇職業化の問題〉について東京朝日新聞に書く。新協劇団・築地座・創作座の公演は成功し、新劇は「可成り盛んになって来たやうに見える」が観客動員数は、新協劇団が三千人、築地座や創作座が千五百人に過ぎず、かつての劇団築地小劇場と新築地劇団の「西部戦線異状なし」公演の数万人、プロット全盛時の一万人という動員数に比すと憐れだ。危機は新劇俳優たちを興行資本が引抜き始めていることだ。

新劇職業化を困難にしている諸事情は、①進歩的インテリゲンチャの少ないこと　②勤労大衆の文化水準の低いこと、経済的余裕の少いこと　③演劇の大資本による統制　④映画の圧迫　⑤新劇の芸術的魅力の不充分さ、優れた演劇技術者の少ないこと　⑥政治的自由の少ないこと　⑦当面的困難は観客に対する魅力と信用の喪失…等々にある。

この指摘は、⑥をはずし、④を〈テレビ・スポーツ・漫画〉に変えると現在でも通じる困難になるかもしれない。村山の示す打開策は、芸術性を高めること、卑俗化ではない大衆化、観客層の拡大で、そのためには新しい興行方法の採用——相互扶助的なタイアップ、新しい連中組織（観客クラブ・ファンクラブ・友の会）や本興行の他に通俗興行をするという結論以外ないのだ。

これは既に島村抱月がやって来たことだ。小山内薫に批判された抱月の二元の道（大衆的な大劇場公演と実験的な小劇場公演）や巡業が、知名度アップや観客動員数の増加につながるという結論に落ち着く。抱月は演劇公演を成功させる根幹に二〇年も前に気付き、それを実践していた。そして二一世紀の現在、多くの演劇集団および演劇プロダクションは、商業演劇界も含め、すべてこの方式をとりながら生き残る道を探っていることが実証されている。抱月の演劇運動については、井上編著『島村抱月の世界』（社会評論社　二〇二一年）を参照されたい。

第19回　新協劇団の仕事

（『テアトロ』二〇一三年一〇月号）

1　一九三五年

村山知義は、自分で提唱した新協劇団でどんな仕事をしたのか、見ていくことにしよう。劇作は、殆んどしていない。前回記した一九三五年三月の「雷雨」演出のあと、四月に東京朝日新聞連載小説片岡鉄兵原作「花嫁学校」の脚色（演出は青柳信雄、飛行館公演）をする。この脚色は「原作小説に忠実」で「芝居としてよくまとまったものになってゐる」（東京朝日新聞）と評価されたが演出が良くなかったようだ。

五月には私小説のような『白夜、劇場』（竹村書房）が刊行される。劇団は浅草公演を持つ（浅草松竹座）。これは「白虎隊饅頭」「坊ちゃん」「ホロロン閣下」の三本を新協劇団が出し、松竹舞踊劇団がオペレッタ「マルメロ女学生」を出すという実質四本立ての公演で、新協劇団の松竹への「売り」公演であった。「職業化」を目指したためと見ていいだろう。村山は三本目の伊馬鵜平作「ホロロン閣下」（「閣下よ！静脈が」の改訂版）を演出した。しかし出発時の鼻息の荒さは何処へ言ったかというような公演だった。

「小屋が松竹座だといふせゐか、どうもエノケンでも出しさうな組合せの出し物である。」「どれもこれも新協らしい――謂ふ所の進歩的、先駆的出し物とは思はれない」「松竹の思ふまゝに操られた出し物」「得がたい体験として自己批判さるべき」と批判され、村山演出は「諷刺なら諷刺らしく、もっと辛らつでよささうだ。」（東京朝日新聞）と書かれてしまう。

村山は「本公演以外にも通俗公演をやり、その際やむなくんばいくらか芸術性を歪めることを忍ぶといふ方針をもってゐる。」（『新演劇』）となかば弁明のように公演後に記したが、やはりこれはおかしい。同時にこうした発想も戦中の朝鮮行きに繋がるのかもしれない。

ここで「通俗」という問題が浮上する。村山は「大衆公演」と「通俗公演」は異なるといい、浅草の観客を低レベルの「通俗」と見て、「芸術性を歪め」たのである。実際には浅草の観客だけではなく、いつもの新協劇団の観客も来た。それゆえこの内容では評判が悪く、批判がでた。〈観客〉をどうとらえるか、〈地域――上演場所〉をどうとらえるか、という点で村山は――表向きはどうあれ革命的演劇運動を遂行しようとしている運動者としてはどうやら誤りを犯したといっていいだろう。〈通俗〉こそ、重視しなければならないとわたくしは思う。

一九三五年九月、築地小劇場に新・管理委員会が誕生する。やっと新劇団が使用できるようになるのだ。新管理委員会の挨拶状に「土方与志氏の志をついで築地小劇場の文化的使命の達成に深い関心を持って居られる土方家が改築以来の財政上の負担を全部整理して築地小劇場（略）前管理委員会に代って薄田研二にその管理を委託されました。」とあるごとく、薄田研二が種々関係各位に意見を聞いて、自身の他に仁木独人・柏原徹・松田粂太郎・島田敬一・千田是也を新管理委員に選び、委員会が発足する。

新協劇団は創立一周年記念公演を築地小劇場で上演することが可能になった。貴司山治の戯曲第一作で村山演出の「石田三成」（九月二七日～一〇月六日）を上演する。石田三成が関が原で破れて捉えられ処刑されるまでの話だ。

劇場側は「現代の社会の人々の最も特徴的な苦悶を、戦国時代の人物に仮託した」寓意史劇だと主張したらしい。岩田豊雄が、朝日の劇評で劇場側の弁を引きながらこの作品は「寓意的意義を除き、単なる悲史劇と見做しても、『大将の道』を説いた芝居と考へても（略）綺堂、青果といふやうな作家の仕事と、大差なくも見える（略）作劇術的に、新劇臭は殆んど発見できない。演出もその点は、努めて避けてゐるやうだが、この作品を左団次がとりあげても少しもをかしくないといふところに、いろいろ問題があるのだと思う。」と指摘し、滝沢修の三成、三島雅夫の家康を『適役』と非常に褒め、反対に女優の「貧困」をなげく。最後に「僕は『夜明け前』の純潔を好むが、観ては今度の方が面白いだろう」と評価した。そして新築地劇団も新協劇団も髷物ばかりが続くが、「史劇のみが現状において、果して最も『便利』なのだろうか」（東京朝日新聞）と、一九三五年という思想弾圧と戦時色の濃くなっていく時代の、検閲を考慮に入れた歴史劇上演にも疑問を呈していた。

他方で、鳴かず飛ばずの日本新劇倶楽部が、観客動員のために〈新劇を育てる会〉を創設し、会員募集を始める。この成果がどの程度だったのかは、明らかではない。が、観客の組織作りに歩を進めたことは評価できる。演劇は観客あっての芸術であるからだ。

秋、新協劇団はやっとレベルの高い創作劇を初めて上演することになる。久板栄二郎の「断層」（一一月一六日～一二四日　築地小劇場）だ。もちろん村山の演出である。

この〈上げ本〉を検閲した寺沢検閲官は久板に「これがギリギリの限界だよ。こちらも許可の標準がきまった」と告げたそうだ。久板はもっと「前向き」のサッソウとした物が書きたかったから「私は筆がすくんで、どうにもならない気持だった」（『新劇』）と書き残している。

劇評は賛否両論であった。染谷格は「これまでの諸公演のうち最も注目すべきもの」「もっと完成された舞台もあったし、スタイルの上でのもっと新しい試みもなされたのであるが、然し全体として『断層』ほど劇団全体の力をあつめたものはなかった」「新協劇団が掲げてゐるスローガン『発展的リアリズム』の線に沿ひ得る、積極的なものとなった」「発展的リアリズムの観点から、現代社会をこれほどまともに描き出した作品は、他にはなかった」（『テアトロ』）と褒めた。

反対にドラマツルギーが定石的で形にはまっていて新鮮な手法がないという指摘が多くで出る。「資本家一家の悲劇を描いたもので確かに力作には違いないが、芝居として上乗の出来栄えとは残念ながら観られなかった」（東京朝日新聞　K生）と批判される。K生は、菊池侃である。かなり厳しい批判で、しかも女優の評が良くなくて細川ちか子だけが見られたと書いている。よほど女優の演技がよくなかったようだ。

2　一九三六年

新協劇団一九三六年の始まりは、久保栄訳・演出の「ファウスト」（一月七日〜一四日）で幕が開く。近代劇協会、芸術座と二度しか舞台に乗ったことのなかったゲーテの「ファウスト」の上演は、「リアリズム遺産の現代的再評価」としてある程度評価される。都新聞で安藤鶴雄は「原作を翻訳し直すことから始めた演出者久保栄の努力、一番難しい詩劇を或る程度までこなし得た俳優に拍手を送る、久保氏は演出の基本に『積極的なロマンチシズムを内包する新しいリアリズムを設定する』と述べてゐるが、舞台から感ぜられるものはやはりゲーテの持つ独逸的な重苦しいロマンチシズムだった。」（一月一三日）と書く。ファウスト博士の滝沢修、メフィストフェレスの千田是也が良かったようだ。

この作品で久保は舞台音楽を初めて導入した。吉田隆子が作曲し吉田の作った楽団創生が生演奏をしたのだが、安藤は「音楽は雰囲気を醸し出すことには或る程度まで成功したが、余りに弱々しく伴奏と俳優の独唱等の処理で腑に落ちない点が残され」た、と記す。舞台音楽はこのあと「火山灰地」で成功するのだが、初めての試みは、俳優の歌にも問題があったようだ。伊藤熹朔の舞台装置が絶賛されている。久保の記録では一二回公演で三六五四人の観客動員があり、四百円の収益が上がったと言う。

他方村山は、新派の明治座正月公演の演出をする。亀屋原徳作「海鳴り」で、井上正夫が主演した。この脚本は「別に取り立てるほど異色のある脚本といふわけではなく、普通に上演してしまへば、従来の新派とさして変わらぬ芝居になつてしま」うから、演出者によっては「異色を発揮することもできやうと思ひ」、村山に演出を頼んだと井上は書いている（井上正夫『化け損ねた狸』右文社 一九四七年）。

井上新派の初演出である。村山を迎えるについては「傾向的な演劇を主として上演してゐた新劇畑の演出家を、純商業劇団の舞台につれて来ることに、色々と異論もあり、反対もあつたのですが、私はその演劇的技術だけをとり入れるのに、そんな心配をする必要は認めない」と井上が主張して実現したという。『化け損ねた狸』を見ると、貧しい田舎の老婆姿の井上正夫の写真がある。正月興行らしからぬ雰囲気だ。華やかさのない脚本も異論の出た理由であったのかもしれない。

井上の初のお婆さん役は、「劇界に相当なセンセイションを起こし」た。「長年の新派劇の習慣などにこだはらず」「実に熱心」に稽古に励んだ成果が現れたと井上は言う。旧派も新派も稽古期間が短いから、稽古の長い新劇の方法に井上正夫は、惚れこみ、以後傾倒する。

このときの批評に「海鳴り」は「従来の新派演劇から一歩前進して、商業演劇の今後の動向に一つの示唆を与へるものであり、それは新派と新劇との『中間』を行くものといへやう」というのが出た。これで「中間演劇」という名称が誕生したようだ。そしてこのあと村山と井上正夫が組む舞台が生み出されるようになるのである。村山から見れば、演出者の〈大衆公演〉（東京朝日新聞）という位置付けになるのだろう。

二月になって、友田恭助と田村秋子の築地座が解散した。友田一人の出資という経済的な行き詰まりが大きな理由と推察されるが、岸田國士が俳優研究所を始めるという事なので、そこへ参加したいと言う意向が解散声明に記されていた。これが後の〈文学座〉設立へと行くのだと推測される。

勢いに乗ってきた新協劇団は、二月の前半に「マンハイム教授」（ヴルフ作・松尾哲次演出）を出し、村山は装置を担当する。この舞台は評判が良かった。「新協の『マンハイム教授』を観て今更私が商業劇場へ足を運ぶみじめさを自嘲したい気持で一杯だった。それ程この芝居は私に深い大きな感銘を与へた。（略）戯曲の持つ真理の悲劇は一つの普遍性をもち、国際性をもって私達に迫ってくる。これこそ真の現代劇」（都新聞）と絶賛した大山功は、三島雅夫のマンハイム、細川ちか子のインゲ、赤木蘭子、小沢栄、原泉子等など、演者たちも好演していると記した。段々に新協劇団の調子が上ってくるのが理解される。しかし、村山の装置については言及がない。

3　演技の「同時性」と「異時性」

三月に「夜明け前」第二部が上演される（三月一七日～三一日 於築地小劇場）。「夜明け前」第二部の脚色は、村山知義の名前になっているが、久保の意見がかなり入っている。村山は戯曲集「夜明け前」第二部の解説では一切触れていないが、「夜明け前」脚本の印税は久保にも分配されていて、その書類を久保が保存していたことを記憶しておきたい。

さて、「夜明け前」のプログラムに久保は演技について興味深いことを書いている（「『夜明け前』プログラムの端に」『久保栄全集』6）。この中でかなり唐突に演技について触れた。

「築地系の演技は、白（せりふ）とアクションの『同時性』――この二つのものの直線的・機械的なつながり――の上に組み立てられているが、これにたいして新しい演技は、白（せりふ）とアクションの『異時性』――たとえば厳粛な内容の言葉を、弛緩したジェスチュアで語るというような対比的な表現方法――の上に創造されなければならないという議論が、つい最近に新劇の一部からアンチ・ツキジ的な口吻で述べられたことがある」という文章で始まる。まさに新しい演技を問題にしているのである。

久保は、たしかにある時期（築地小劇場時代やプロレタリア演劇時代）に演技が「同時性」の上に打ち立てられていたことは否めない。が、「同時性」の演技体系に対するアンチテーゼは、決して「異時性」の方法論によって提起されるものではない。すでに早く、「われわれは『同時性』と『異時性』の統一を、解決の鍵として、握っていた」と主張する。つまり異時性の演技は取り入れていたというのである。

そして自分達が目指す演技は、「白にアクション（表情をも含めて）を説明的に伴奏させるような素朴なものではなく、まず戯曲に現れた言語的形象と動作の指示とを拠りどころとして、たくましい現実感をもって劇中人物の意識過程の流れを総合的に軌跡づけることである。」「白はある場合アクションと対立し、合致し、ある場合アクションに先行し遅行する。」演技の発展過程を「現実の時間」のうちにではなく、「演劇的時間」のうちに把握することが必要」「あらゆる歌舞伎的な、新派的なリアリズムが、トリヴィアリズムに陥る最大の理由は、この演技の意識内容を、演劇的時間によって設定し得ないところから来る。」「夜明け前」の演出において、「このような演技を舞台のうえに輝かしたいと望んでいる」と書いた。この文章の書きようをみると、当時この問題が演劇人の間でかなり論議されていたことがわかる。

そして実際にその舞台の演技は実践され、賞賛をあびた。脚色については、「演劇的モメントの少いこの大作を四幕十一場にまとめて舞台化した脚色は上乗」「演出は細微な用意のもとに好ましい演出振りであるが、ともすれば余りに末梢的細部に気を配りすぎた結果、本筋を幾分弱め、やや自然主義的になった部分もある。」「にもかかはらず全体としては、まれに見る圧力のある厳粛な舞台として発展性を具へてゐた。」演技については「滝沢修の演技は抜群の出来で、立派に性格を描き出し」、下手だといわれていた「お民になる赤木蘭子も進境を示して」堀越節子、原泉子、三島雅夫なども好評であった（東京朝日新聞 菊池侃）。

このセリフとアクションの「同時性と異時性」の問題は、後に村山が演技について、「『接吻の責任』（映画…井上注）ではトーキーの新しい演技を、今度の演出ゴリキイの『どん底』（新協劇団九月公演…井上注）では舞台的演技の新しいスタイルを（略）一歩前進させやうと思つている」（『東宝』三六年九月）と記したことと共鳴する。

つまりこの一九三六年という時期は、セリフとアクションの異時性と同時性について、さらには内的意識の形象化などが新劇人の間で議論されていたのである。あたかも村山知義のみが「コントトラ・プンクト」（異時性）といい、あるいは千田是也のみが〈演技術〉に悩み、この問題を論じていたわけではない。戯曲の登場人物の性格と行動とを表現する演技をどのように形象化すればいいのかは、時代の焦点であったのだ。つまりそれだけ新劇という演劇が豊饒になったことを意味する。

4　中間演劇と映画

村山は、四月にまた井上正夫と組んで尾崎士朗作「人生劇場」（亀屋原徳脚色）を演出する。井上は新劇流の稽古に傾倒し、新しい商業演劇の向上を考えて演劇道場を立ち上げる。村山はその相談に乗る。芝明舟町の新協劇団の稽古場を借りて結成、山口俊雄・岡田嘉子・山田巳之助以下二〇名程の座員であったという。後に山村聡が大阪新派から加わり芸術的な大衆演劇を目指した。村山は、井上道場の専属になったかのごとく、六月には久板栄二郎の「断層」を演出する。その後八月の三好十郎「彦六大いに笑ふ」、一一月の八木隆一郎「熊の唄」では、杉本良一が演出に参加する。新協劇団は、井上演劇道場を全面的に支援したのである。村山が演出を杉本に譲ったのは、映画の撮影に関係することになったからだ。先に記した「接吻の責任」である。片岡鉄平原作の作品で公開時には「恋愛の責任」とタイトルが変わる。

その間、新協劇団では、五月に久保栄訳・演出の「天佑丸」（ハイエルマンス作）、六月に立野信之作・鈴木英輔演出「流れ」を出していた。村山は外で仕事をしている状況ではなかったのだろう。九月に新しい演技を目指してゴリキイ「どん底」を演出する。これは新築地劇団と共に行ったゴリキイ追悼公演であった。新築地劇団は「エゴール・ブルイチョフ」（千田是也演出）を出した。「俳優の演技は友田、田村、青山、山本、汐見等の円熟した芸に較べれば荒削りだが、演出者は俳優の力量以上のものを引出すことに成功し、演技と凝ったメークアップは誰も彼にも認められた。（略）ぞろべいな出し場ばかり並んで低調を極めた商業劇場が我々に何の魅力を与へない今月、一番見応へのあるのはこの『どん底』」（都新聞 坊）と絶賛される。坊は土方正巳。

村山の新しい演技は成功したのである。

第20回　一九三七年新協劇団と新築地劇団

（『テアトロ』二〇一三年一一月号）

1　新協劇団

新協劇団は、三月に久板栄二郎の「北東の風」（杉本良吉演出・伊藤熹朔装置、築地小劇場）を上演する。久し振りの創作劇であった。資本家武藤山治の生涯を通して明治末年から昭和五年までの紡績会社の争議を資本家の側から描いた戯曲で、資本家の真の姿を明らかにした新しい視点の舞台は、滝沢修の好演もあり、大評判になる。これは五月にも「醒めて歌へ」（オヂッツ作・鈴木英輔訳演出）と共に再演された。

四月は新宿第一劇場で村山演出の「春の目ざめ」（ヴェデキント作・野上豊一郎訳）と「科学追放記」（藤森成吉作・伊藤熹朔装置）を上演した。「たとひ、三日間五回の公演（マチネーを入れて）にしても、華々しく大劇場に出演できるやうになったことを先づ何より喜びたい。（略）舞台は二本ともいづれ劣らぬ熱演で、なかなか見応へがあり、見終って疲れを覚える程である。」と評される（東京朝日新聞 K生…菊地侃）。後者は六月に大阪・京都・金沢・名古屋を巡演した。

このあと七月に新協劇団は組織を改組する。幹事会は長田秀雄、レパートリー委員会は村山知義、教育委員会は杉本良吉、研究所は秋田雨雀、演出部は久保栄、演技部は滝沢修、美術部は伊藤熹朔、文芸部は久板栄二郎、企画経営部は仁木独人、と各部長を決めて新に出発する。改組は幹事と部長の分離を目的とし、事務局のなかに映画係（程島武夫）ができたことが新鮮であった。村山が映画の仕事を引き受けているからその関係で作ったのだろう。

九月二〇日から一〇月三日まで「アンナ・カレーニナ」(杉本良吉演出・伊藤熹朔装置、15回で六八〇〇人動員)を上演する(創立三周年記念)。新築地劇団とこの作品の上演台本を挟んで「醜争」といわれる小競り合いがあったが、新協劇団が上演することで落ち着いた。九月のレパートリー委員会で久保栄の「火山灰地」前編が読まれ、正月の上演が提案されている。そして一二月には「北東の風」が大阪で上演され、レパートリー委員会で翌三八年の演目が決定、一二月末から二月迄「夜明け前」の再演、三月〜四月に村山演出「春香伝」、六月久保栄「火山灰地」(一部二部)の上演が決まる(久保「伝記おぼえ書」)。

一二月一六日から二二日、本郷座で解説付「どん底」(二幕四幕)を上演(村山演出)する。これは映画「どん底」との併演であった。前の年の独逸映画との併演で集客力があがったからだろう。新協劇団の最後の公演は、先に触れた「夜明け前」(一部二部)の再演で、一二月二八日から一月、二月と上演した。隔日に一部二部を交互に上演するという形式を取り、この方法は好感をもたれた。もちろんこれは再演であったから出来たことである。

この年の新協劇団での村山の仕事に目ぼしい物はなかった。それは外で仕事をしていたからである。妻籌子の家を描いたといわれる村山作・演出「初恋」(ユージン・オニール原作による)を五月(大阪浪花座)、六月(新橋演舞場)と前進座が上演した。一〇月に公開された木村荘十二監督「新撰組」(PCL・前進座制作)に村山は脚本を提供していたし、一一月の前進座公演で映画の舞台版「新撰組(トーキー連鎖劇)」を書き、演出をしている。この連鎖劇が再流行する。これについては後で触れるが、旺盛な仕事振りといっていいだろう。

2 新築地劇団

創立九周年を迎える新築地劇団は、実に精力的に築地小劇場や他の劇場で公演をもっている。簡単にあげると、一月「ウインザアの陽気な女房たち」(千田是也演出)は二五回で三五五三人の動員、三月「桜の園」(青山杉作演出）は築地小劇場公演のあと、大阪・京都・名古屋と回り、二五回でおよそ一二六〇〇人も動員した。四月「陸を往く舟」（和田勝一作・八田元夫演出）で二〇〇〇人弱、五月は仙台で「女人哀詞」三回で二一〇〇人。六月記念公演「板垣退助」（佐々木孝丸作・岡倉士朗演出）は一六回で三八〇〇人、七月「女人哀詞」を大阪京都で一〇回九〇〇〇人等など、観客動員は素晴らしい。特に一〇月「土」（長塚節作・伊藤貞助脚色・岡倉士朗演出）は、「これだけ俳優の揃った好技を見せようとは、意外な位（略）新劇勃興の機運の論議される今日、新築地がこゝに又一つのヒットを出したことは、祝さるべき（略）その出来栄としては、何処に出しても立派なものであり、比較問題などを越えて、今月の芝居として一番見応へのあったものとして、推賞しておいてい丶と思う（関口次郎）」（東京朝日新聞）という評が出た。薄田研二・山本安英・永田靖・日高ゆりゑなど俳優達も良かったのだ。「土」は好評で、一一月、一二月にも再演されるという盛況ぶりだ。

薄田・丸山定夫・日高ゆりゑの「彦六大いに笑ふ」（三好十郎作・山川幸世演出）は、前年井上正夫が上演したもので、どうなるかと懸念されたが、いい舞台だったという。横浜宝塚劇場・渋谷東横映画劇場で前進座の映画「新撰組」のアトラクションとして上演されている。

プロレタリア演劇運動時代からの〈仲間〉である前進座と組んで仕事をしているのは、新協劇団も新築地劇団も前進座と共に演劇の大衆化をめざしていたと推測される。「トーキー連鎖劇」もその視点からのものだろう。一二月には、築地小劇場で「ジャーナリスト」（ヘクト&マックァーサ作・菅原卓訳・千田是也演出・伊藤熹朔装置）が上演されている。アメリカ現代劇だ。しかしこれは失敗作だったようで水木京太により通俗劇と批判される。いずれにしろ上演回数や動員数が多ければいいというわけではないが、一一月には、日独伊防共協定の調印が行われ、国民精神総動員が主張され、内閣情報部が募集していた国民の歌が「愛国行進曲」に決まるという、まさに戦争へと歩みが進み、日本国家はアジア制覇を目標に右へ右へと傾いていた。そんな時にこれまでの日本の現代演劇史上考えられないような新劇の盛況ぶりがあったのである。これは軍国主義国家への意識ある人々の〈ノン〉の表明であったように思われてならない。

一〇月に、九月に結成したばかりの文学座の友田恭助が戦死した。出征してすぐの、しかも演劇人の初めての死であった。これが一九三七年の演劇人が直面した〈戦争〉の現実であった。

3　新築地劇団の試み

新築地劇団は映画館や大劇場にも進出し、新しい試みをした。

映画監督衣笠貞之助と千田是也との共同演出でキノドラマ「嗤ふ手紙」（衣笠・八木隆一郎作）を作った。七月三一日から八月一五日迄の一六日間一六回新宿第一劇場で上演する。昼間は映画（「真珠の首飾」「未完成交響曲」「会議は踊る」「或る夜の出来事」など）と併演、夜は「渡辺崋山」（藤森成吉作・和田勝一脚色・岡倉士朗演出）と二本立で上演した。

「今月の興行で最も好奇心をそゝるものは発声映画と演劇とを結びつけたこの座のキノドラマ『嗤ふ手紙』である。舞台を三つ割りにして、左と右とは映画、中央の部分だけが俳優の実演で銀座裏の薬屋とレコード会社と専務室と地方の牧畜場と三つの場面が始終廻り舞台で変って、脚本にある平行した三つの物語が進行する。そして実演の間に写し出される左右の映画によりそれが補はれて居る。一しきり流行した連鎖劇よりは芸術的（略）野心深い試み」と伊原青々園は評価した（下線引用者以下同）。

その上で「舞台飾りが映画にとられた自然の景と同じやうに写実に力めて居る」「舞台飾りと調和さすやうに映画に着色したこと」など、「細心な用意を払って居る」のだが、山本安英演じる「背むしの娘」が毒を飲むところで、「映画に写し出された自分の姿と対話をして、それによって自殺するこの女性の心理を説明したこと」、そこに作意がありすぎて不自然だった。が、「トーキーを利用したかういう演出の仕方は未来の演劇のために新しい領地を拓いた」といい、さらに「渡辺崋山」（薄田・山本・永田靖・島田敬一など出演）を「全く力の籠って息もつけぬ面白い芝居」で、この二本を見に来る人が少なく「本当に芝居を味はう人が居ないのだらうか、あゝ何うかして大入りを取らせたい」と都新聞に書いた（八月八日号）。

この頃の新劇が新しい表現を試みてかなりいい舞台を作り出していたこと、それに反して暑い夏という時期も関係しているせいか、大入りにはならなかった集客率などのわかる評で興味深い。

4　キノドラマかトーキー連鎖劇か

衣笠貞之助は、「嗤ふ手紙」の公演パンフレットで次のように記した。

『キノドラマ』といふのは新造語です。トーキーと演劇とを結合さした新しい演劇の表現形式を、（略）斯様に名付けた（略）旧来の連鎖劇の概念からは凡そ遠いもの（略）今度のはトーキーだから、トーキー連鎖劇と名乗った方が手っ取り早くて判りよい」というが、それでは今回の上演意義が抹殺される。映画と演劇は本質的に異なっている。それを結合する為のこれは実験なのだと……。無声映画の時の連鎖劇とはことなり、発声映画（トーキー）だからと主張し、あくまでもキノドラマに拘る衣笠の一文だ。

この話の骨格はカイザーの「平行」から取っている。三つの話が同時に進む「平行」はかつて築地小劇場が上演した。別れた男と女、男が女に出す予定であった一通の手紙が原因でドラマがおこる。当事者の男と女は、手紙の事はすっかり忘れて各々が幸せに暮らしている。が、手紙の宛名を粗相で汚してしまった全く関係のない第三者の父と娘が、出す事の出来ない手紙に責任を感じて気に病み、娘はついに自殺するという真に不条理な内容であったが、通俗的でもあった。

娘は山本安英が演じていたから、さぞ上手く演じたにちがいない。が、余りに単純な話ゆえか、この内容について伊原青々園は全く触れていない。「渡辺崋山」についてはかなり詳細に論じている。余程新しい舞台表現に目が行っていのかもしれない。
映画（映像）と廻り舞台を使える演劇を利用して三つの話を同時に進めるのに「平行」は確かに好都合な題材で解りやすく実験に適していた。その分手軽すぎたとも言えるだろう。

共同演出の千田是也もキノドラマについて書いている。

「良き戯曲を、良き俳優によってたとへ裸の舞台でも、と云ふスローガンは確に純粋なスローガンです。」

「我々はあらゆる表現手段を豊富に取り入れ、我々はある近代科学の生んだあらゆる技術的可能性を大胆に取り入れて、総合芸術としての演劇の表現力を拡張していかなければならない」と…。さらに映画が舞台の表現能力に与えるプラスを幾つもあげる。特に映画が舞台と観客の距離感の固定を打ち破ることを指摘した。

しかし物理的に、映画はどこまで行っても映像であってスクリーン上に存在するから、巨大にアップをしても観客との距離感は変らない。むしろ別の錯覚を生む。近いと感じる錯覚だ。オペラで実在する舞台を観るのと似て非なる錯覚。バーチャルな画面は実在するかのような幻想を肥大化し現実と見紛うという、大きな問題が浮上する。

千田には演劇人らしい指摘もある。

「我々が今試みやうとして居るのはキノドラマの技術的可能性の実験ではなく「嗤ふ手紙」といふ一つの戯曲の上演である。この芝居の主題を明瞭にさせ、その中の登場人物の性格を明瞭にする為にのみ我々は映画を利用してゐる。（略）日本の劇場の技術的可能を計算しつ、全体のまとまりを作り上げることを第一とし（略）つ、ましい一つの試みを御覧に入れる次第」だと…。

村山知義の批評があるから引こう。

「面白かったことは、やはり映画人が台本製作からたづさはってゐるために、この『噛ふ手紙』は内容もドラマトゥルギーも全然映画的だと云うことだ」、たとえば「映画部分を全部除いてしまっても、充分、筋も解るし、芝居にもなってゐる」と。

「全然映画的」だと言う村山の批評を読むと、「新劇が興行映画的水準に引き下ろされた」からこれは新劇大衆化を誤っているというのである。

「初めから終りまで鳴らしつづけられ」る「低調な流行歌的現実」が映画と演劇とで提供される。それは「風刺的なものとして観客の感性には這入って来ない」「むしろあのキノドラマ全体の『基調』として這入って来る」。そしてカイザーの芸術的傾向が、「ドイツ的ではあるが、多分に流行歌的現実の中に生まれ、それにつれて漂っているものだから」だ。

これは現代の大衆の趣味のうちの低い部分に受け容れられるだろうが、それは大衆化ではない。新築地劇団はこれまでも「卑俗化への危険性が現はれてゐた。注意すべき」ことだ。村山はかなり好戦的に批評する。おまけにキノドラマを「連鎖劇と呼んだってかまはない」とまで発言しているが、「単に目先の新しさを覗ってスペクタクルでないものに成り得たのは、恐らく、衣笠貞之助、千田是也両君の余程の良心的な努力の結果だらうと思って、その点、衷心、頭が下がった。」と技術と舞台成果には脱帽していた（『演芸画報』九月号）。

5　キノドラマ――その後

村山が作った前進座の「新撰組」と衣笠・千田の「噛ふ手紙」は、「批評の方面では、既に、いろいろと難しい議論なども出て来て」（佐々木孝丸）と指摘されていたのをみてもこの時期、かなりな議論を沸騰させたようだ。

東宝株式会社の演劇研究雑誌『東寶』が、一九三八年新年号で「トーキー連鎖劇の検討」を取り上げている。この号には、まずアメリカの劇作家ポオル・グリイン「演劇と映画」（村崎敏郎訳）の論――自身の映画脚本の体験からハリウッド映画は、ビジネスであり、企業であるから、芸術はいらないことを実感していること、「新しい演劇は想像の言葉と生々した肉体の無限な利用に立帰る」という演劇の世界に期待する一文――がある。ついで新劇人の北村喜八・佐々木孝丸・鈴木英輔・村山知義と旧派の古参批評家渥美清太郎が、寄稿した。以下、見ていこう。

北村は、「トーキー連鎖劇は将来の新形式となり得るか」の一文の中で新築地劇団と前進座の「演劇とトーキーの結合」に「悲観的な見解」を示す。結合や融合が可能であったとしても「高度な芸術形式をつくるものではない」とし、演劇は「科白以外に、音楽、踊、合唱、朗読などをとりいれ、無秩序の中に新しい形式を生みだすといふことが考へられる」、トーキーの取りいれは何処までも「演劇の表現を助けるための補助手段」と主張する。トーキーを〈映像〉と考えると北村の主張は、現在どこの舞台でも利用している映像や全盛のミュージカルで実現している。その意味では先を見た論といえる。

新築地劇団系の佐々木は、「キノドラマ雑感」で、名称は、旧来の連鎖劇では妥当でない、「連鎖」ではなく「総合」であり「溶合」であるからだ。キノドラマは「世界で最初の新しい芸術的な一ジャンルを創造しようとする第一歩を踏み出した」、そして「脚本」が大事だ、従来の戯曲でもシナリオでもない、キノドラマ用の新しい文学形式が生れなければならない、と述べた。佐々木は演出家であり劇作家でもあるから、こうした意見も言えたのであろう。

鈴木は「トーキー連鎖劇私見」で、「著しく悲観的な考へ方をする一人」と自らをいい、演劇や映画がその表現においてもはや十分なるリアリティをもって表現し得ぬ程発展し進んでいないからだ。村山は「トーキー連鎖劇はわかり易くて面白い」というが、それがこの形式の優位性を裏書するものではない。逆にこの形式の卑俗性を示す。「大衆の卑きに自分をおとすことになつてゐる」それが、商業演劇がトーキー連鎖劇に触手を伸ばす原因でもあると主張。村山の言説を引きながら鈴木は反対論を記す。彼は批判の旗頭のようだ。

その村山は「トーキー連鎖劇後日譚」で、反論の多さに驚き、この道の多難さに触れ、幾つかの反対論を上げている、上の鈴木の説も上げていた。映画人の中には「映画に対する冒涜」と言った人もいたらしい。村山は「この新しいジャンルの将来については楽天的である。『あれが失敗だつたからこの形式の峠はもう見えた』などと云ふ人は、真に東洋的な諦念の達人である」と、新興芸術の先頭を切って歩いてきた存在らしく、新しいジャンルの開拓を諦めてはいない。

渥美は、「連鎖劇の思ひ出」で、連鎖劇の始まりの明治四十一年の夏、宮古座で場内が暗くなり、スクリーンが下がり、「活動写真」が写し出された驚きを記す。そして当時の様子を語る。大正三、四年頃の盛況ぶりに触れながら、新派俳優たちが皆こぞって出演し、旧派の俳優までも出た様子から、映画の部分は少なく、「トリックの必要な所でだけ映画を使うというに過ぎなかった」、「オペラ館時代は珍しいのでよく行つたが、斯うどこもかしこも連鎖劇になつてしまふと、一向に製りばえがせず、一日二回の忙がしいやり方が嫌ひでしたから流行り出して後の方は余り知らないのです」そして一年もしない内に「パツタリ絶えてしまひました」と告げている。

渥美の指摘がこの試みの未来を示したように、大騒ぎした割にはこの後大きな成果はあがらなかったようだ。むしろ既に最初の連鎖劇流行の後に、映像を流した舞台がプロレタリア演劇時代に生れていたから、その点からみると、新鮮さなどで、惹き付けられるものではなかった。キノドラマは技術的には格段に進歩したが、脚本や映画人と演劇人の共同作業という困難で重要な問題が横たわっていたのである。

第21回　新劇全盛から解散への道

（『テアトロ』二〇一四年一月号）

1

新劇団は、一九四〇年に強制解散させられる。そこへ行くまでの歩みを今から見ると、どうにも危機感が薄かったように思わざるをえない。「何をやっても色眼鏡で見られていたんだから」と言われてしまえばその通りといわざるを得ないが……捕まらないように努力していた人々もいたことを考えると五年間の空白が残念でならないのである。その辺りを若干見ていきたい。

村山知義は、一九三八年の一二月に「劇界月評」（『中央公論』一九三九年一月号）で〈新劇の現在と未来〉のいわゆる〈展望〉を書く。前年から新劇は観客が増加して、〈歌舞伎、新派等々の不振を他目に着々確固たる地歩を占めつゝある〉（東京朝日新聞）と新劇全盛が巷間で言われていた時期で商業演劇界も新劇に目を向けていた。つまり新劇は決して〈危険な演劇〉ではなかったのである。それゆえと思われるのだが、〈渋沢秀雄の骨折りによる〉（堀川寛一）といわれた新劇協同公演が一九三八年一二月一日から二〇日まで有楽座で連続上演されている。

村山と渋沢の関係がいつごろから生れたのかは詳らかではないが、映画（ＰＣＬ）の仕事や新派・歌舞伎などの俳優たちと個人的に親しくなり、このジャンルの演出をこの時期何度もやっているので、渋沢との縁もこのあたりで生れたのかもしれない。後で触れることになるが、渋沢は戦時中、出獄した村山に東宝の仕事をやらせるように菊田一夫に頼んでいる。

「新劇協同」と言うのは、新築地劇団・新協劇団・文学座の三劇団が順番に有楽座で上演した連続公演をさす。文学座は一日から四日迄五回の公演で、「秋水嶺」（内村直也作、岸田国士演出）と「釣堀にて」（久保田万太郎作・演出）を出す。

新築地劇団は六日から一二日迄九回の公演で、「ハムレット」（シェークスピア作、三神勲・岡橋祐訳、山川幸生演出）を出す。

新協劇団は一四日から二〇日迄九回の公演で、「千万人と雖も我行かん」（「北東の風」第二部、久板栄二郎作、村山知義演出）を出す。

三劇団共通券を出した公演で、入場観客数は『新劇年代記』によると六千名であったようだ。そしてこのあと新協劇団は単独で一二月末に「夜明け前」を三日間（五回公演）東劇で上演し、約八千名弱の観客を集めている。これをみると、この時期の新劇が〈全盛〉と評されるのも理解され、以下に触れる村山の「劇界月評」は、こうした現状を受けてのものだということを理解しなければならない。

村山は、「東京での新劇一公演の客が一万、商業劇場一ト月の興行の客が五万と踏み、新劇の客が、ますます殖えて行くことを考へれば、客の数の上から云っても、新劇はもう劇壇における確乎とした存在になったと云へる」と書くことから始めている。そして観客が増加すると商業演劇のようになるという危惧が新劇人の間で出ていたらしく、それを否定し、我々は商業資本家に雇われることはなく、独立の経営を貫く。現在、築地小劇場以外の劇場で上演するのは、過渡的なもので、今後は築地小劇場を千人位の観客を収容できる劇場に建替えて、新劇が年中上演出来るようにしたい。半年とか一年先のスケジュールを立てられるようにし、稽古日数を多く取り、一劇団が一年に五、六回の公演と数回の地方公演をする。劇団のアンサンブルを重視し、外国のようにレパートリーのロング・ランも期待したい、というようなことを記した。

村山の指摘は、現在にも通用するもので、自分たちの劇場を持って芝居を続けていくことの重要性は変らない。今、新劇集団や小劇場集団をみると稽古場兼小劇場を所有している集団が、シアター・ゴーアーのすくない現在においても、国家の助成金の存在もあるとはいえ、どうにか生き延びていることは否定できない。

村山論は観客——特に固定客に関する言及はないが、固定客を獲得できるか否かも演劇が、芸術集団が、存続する重要な要素で、それは非商業集団も商業集団も変わりない。

2

さて、一九三九年に入ると、一月に「演劇統制問題」について、文学座、新築地劇団、新協劇団の三劇団と関係官庁との話し合いがもたれている。これは前年から問題視されていた懸案事項で、長谷川如是閑や新関良三らから既に意見が出されていた。この時の出席者は陸軍情報部柴野中佐、保護観察所・内務省・警視庁・日本文化協会からの各係員で、新劇団の現状報告、新劇団上演戯曲の討議、時局上における新劇団の方向、演劇法に対する新劇団の希望、等などが語られ係官の応答があったというが、その内実は明らかではない。こうした会合がもたれるということは、いわゆる〈危険信号〉が出されていたと見るべきなのだが、それにたいして彼らは現実をどの程度正確に把捉出来ていたのか、という問題だ。〈新劇全盛〉という状況に流されていたのではないかと思うのである。

たしかに新劇団も国家権力の動向に敏感に行動し、例えば一九三七年一二月一五日に日本共産党、日本労働組合全国評議会及労農派幹部らおよそ四百名が検挙された時、同じ月に新協劇団は村山知義・長田秀雄・滝沢修・中村栄二・仁木独人らが、警視庁特高課を訪問し、今後の活動方針を説明し、「当局と懇談了解」(『テアトロ』)を求めたことがあった。

にもかかわらず三月の藤森成吉の「劇界月評」を見ると、演劇統制問題は話題にならず、観客動員が多いことは喜ばしいが、創作劇が不足しているからこれの解決をという指摘がされていた。新劇人たちは、観客が多いと言う事で権力側の切迫した状況を正確に把握できなかったのである。

客観的に状況把握をすると、一九三七年七月に日中戦争が始まって、権力は「北支事変」「支那事変」と呼び変え、南京事件をおこし、国家総動員法を発令し、三九年二月には国民精神総動員強化策を決定していたのだ。映画法が公布され（四月、実施は一〇月）、脚本検閲の強化などが定められていた。そして演劇法も検討されだすのである。

三月に、「事変下最初の文化立法たる映画法を制定した内務省警保局では、今度は映画と共に国民娯楽の中枢を占めている演劇の浄化と統制に乗り出すことになり」という記事が東京朝日新聞に出た（三月三一日）。「浄化と統制」という恐ろしい文言が並んでいた。

警保局の議案は要約すると次のようであった。これをみると一年後に新劇団を解散させたあとに組織される移動演劇が、すでにこの時期から検討されていたことが分る（傍線…井上）。

一、農村に娯楽を与える目的で、健全で低廉な農村演劇の普及、村芝居の浄化。
二、巡回演劇団を組織して国民精神総動員の運動宣伝をやらせる。
三、歌舞伎の保存と新劇の浄化。
四、脚本検閲の統一。
五、国立又は公立の演劇場を新設。
六、演劇研究所の創設。

上演台本の検閲は各地域ごとにおこなわれていたから、それを統一しようというものであった。しかし上演場所は無数にあり、これは到底困難な事で、実際には実行されなかった。台本検閲は素人の我々には非常に困難だという検閲官の言説も東京朝日新聞でとりあげられている。さらに検閲は台本に限られているから歌舞伎や新劇については検閲することができる。しかしそれよりも大衆に魅力を与えている漫才、浪花節などは検閲をしていない。このような台本のない芸能の方をどうにかした方がいいという指摘も出されていた。

この時、新劇が問題にされたのは、観客動員の多さが原因ではなかったかと思う。まことに皮肉なことである。こうした国家の在りように〈新劇全盛〉といわれた新劇人たちは、どの程度の危機感をもっていたのか、分らないのである。

3

一九三八年三月に村山知義は、朝鮮の古典文学に取材した張赫宙作「春香伝」を演出した。これは先に記した前年一二月の特高課訪問の結果で、権力へ擦り寄った公演であったと推測している。あるいは、演目の相談などもしているから、国家の目的の為に朝鮮半島の作品を取り上げたのかもしれない。その点では村山は、生き延びる為の工作をしていたと言うことができる。

「春香伝」は築地小劇場公演後、大阪と京都へ巡演し、一〇月から一一月には朝鮮公演もした。京城・平壌・大田・金州・群山・釜山・大邱を一二日間廻っている。

「筋も単純人物も型通りで、別に多奇なき貞節美談である。しかも素材とした彼地の唱劇に拠る所あってか、劇的というよりは叙情的な傾があって、いささか平板を免れない。（略）新劇最初の朝鮮劇は、まづ風俗的スペクタクルとして成功したが、半島同胞と膝を交へて日鮮協力の舞台に接して、特にこの企画の意義深きを感ずる。」（水木京太）

上げたり下げたりの奇妙な批評だが、春香が特別出演の市川春代、恋人李夢龍を赤木蘭子が扮して、男装の麗人風であったようだ。レヴュー調に出来上がった大衆的な舞台を村山は作ったようだ。これは新協劇団内では、批判されていた。が、村山の目的は〈権力〉と〈半島〉にあったのだ。

実は「春香伝」は東京学生芸術座が一九三七年六月に上演していた。作者は柳致眞。『テアトロ』八月号に劇評が載っていてわたくしも知ったのだが、批評をした金承久は、李夢龍と春香の〈恋愛〉に中心を置くという誤った形で紹介されたことを嘆いていた。金はこの作品の価値は、「恋愛小説としてはあまり異彩なものではない。唯、その恋愛悲劇を、当時の社会、政治、経済的諸条件に観点をおいて、それに対して、辛辣な批判の目を向けながら、封建的暗黒政治に依つて、蝕まれて行く民衆の生活と結びつけて描いたところに、大きな価値が存在してゐる。その意味でこの春香伝は、李朝末期の社会史としての意義も大きい。」が、この上演はそうではなかったというのである。

この評を新協劇団の「春香伝」に向けてみると、これも金の評する舞台にはなっていない。村山は、もともとそういうものにすることは考えていなかったのである。

4

一九三九年四月に新協劇団は久板栄二郎の「神聖家族」を村山知義演出で上演する（四月一八日～五月七日 築地小劇場）。二〇日間二六回の公演で観客は九二六三名と記録されている。四百強の築地小劇場だから連日ほぼ満員ということになる。これは時代の暗さにやりきれない人々が何かを求めて劇場に通ったと見ることが出来よう。どんな舞台であったのか……。東京朝日新聞上泉秀信の劇評から引ひいてみる（四月二一日）。

「子供時代は花柳界で育ち、出版女工、左翼運動、刑務所、転向、教養も低く趣味も違ふ男との結婚、母といふ経路を辿った女主人公フキ子の悲劇的半世紀である。社会的環境に焦点をおかないで、フキ子のひたむきな性格の発展として扱ってゐる点で、作者は左翼演劇の残滓を綺麗に洗いおとしてゐる。（略）作者はその意図の半分をやうやく盛りこみえたのではなからうか。唯その周囲の市井事的な葛藤が巧に絡んで、生々と描かれてゐるので、それが補ひをして、観客の興味を十分に繋ぎとめることに成功してゐる。その点は演出家の行届いた神経に与って力あるところも多い。（略）最後の五幕目で、フキ子についての解釈をいろ〳〵と長談義するが、これは作劇場相当に苦しい逃げ道といふほかはない。（略）しかし近頃見応へのある佳作であること、作者の努力が十分に報ゐられた好演出であることには、誰も依存はないだろう。」

上げたり下げたりの劇評だが、「社会的環境に焦点をおかないで、フキ子のひたむきな性格の発展として扱ってゐる点で、作者は左翼演劇の残滓を綺麗に洗いおとしてゐる。」という指摘が実に興味深い。〈左翼演劇は社会的環境を重視する、性格描写を重視するのは左翼演劇ではない〉と言っているに等しいからだ。しかし舞台はフキ子の描き方に難があったようで、それを周りの登場人物が補ったらしく、村山演出の力を最後まで誉めている。上泉は、村山を褒めることで権力側の村山或いは劇団への〈危険視〉を軽減しようとしたのかもしれない……。村山は、商業演劇を何度も手掛けているからどんな作品でも上手に作るコツを知っている。おそらく観客の喜ぶ舞台を作ったのだろうが、権力から「新劇の浄化」をといわれていた割にはこの作品はどっちつかずで、むしろ危ない。にもかかわらず〈暗黙の抵抗〉にもなっていない作品である。この上演は、よくなかったと思わざるをえない。

村山の次の演出は、七月の再演「デッド・エンド」（シドニイ・キングスレイ作・中村真男訳）である。これは新橋演舞場で上演され、六日間七回公演で五九四五名の観客動員であった。相変らずの客の多さだ。

劇評は遠藤慎吾。舞台機構の整わない築地小劇場の初演より、大劇場の舞台機構を利用した新しい演出が観られるかと大いに期待したらしい。

「村山知義の演出は、小劇場そのまゝ、橋本欣三の装置も勿論小劇場のまゝ、のを寸法をのばしたと言ふだけ。そこへ、小沢栄に代った宇野重吉（ギムプティ）、北林谷栄に代った志賀暁子（ケイ）などの主役達が前の時よりもずっと出来が悪いのだから、舞台は面白くない。」（東京朝日新聞 八月三日号）

村山の演出に新しさがなく、「病根に満ちた現代アメリカ社会を象徴してゐる作者」が書き込んだ世界は描き出せなかった。築地小劇場の舞台は映画よりいいといわれたのであるが、舞台が広くなり、装置も演技も検討されなかったことが原因であったようだ。村山知義の演出にバラツキがあることもこの舞台で理解される。これは松竹の〈買い〉の舞台であったのかもしれない。

そして次が一一月の新協劇団五周年記念公演「石狩川」だ。こんな批評が出た。

「『石狩川』の如き芝居について何か言ふには、明治維新史そのものに対する一つの確実な判断を基礎にして発言せねばならない。（略）『石狩川』が大衆劇であるやうな感じを与へながら、しかし、真の問題はかなり高い教養者のうちで醸成されねばならないのである。（略）『石狩川』における村山知義の演出は、或ひは成功であったとは言へないかも知れない。しかし、この作品において村山知義は新たな自個の所説を提出してゐるやうな気配がする。私にはそれが何であるかは判然と受取れない。しかし村山が一つの動きの途上にあることだけは明らかに看取された。」

そして村山が一〇年以上前に新しい運動の扉をあけた存在である事に触れながら、「村山は、その頃、この種の運動の暁将であった。その後、彼はカメレオンの如くに変貌した。しかし、彼は造型性を棄てることはなかった。演出において、殊に『石狩川』の改造された築地小劇場の新しい舞台機構を得た彼は、造型性に従来よりも大きな位置をあたへた。舞台上の人物の配置、動きなどに、固定すぎる位に強度の造型性が窺はれるのである。（略）動きのうちにおける静止である。瞬間の静止を造形美のうちに捉へてゐるのである。この手法は歌舞伎芝居のうちに無意識に扱はれて幾つかの型となって表はれてゐる。」と太田咲太郎は『劇作』(一九四〇年一月号)に書いた。

太田が「築地小劇場の新しい舞台機構」と記しているのは、築地小劇場が三度目の改築をしたからである。次回、劇場と「石狩川」について再度触れたい。

第22回「石狩川」と「大仏開眼」（『テアトロ』二〇一四年三月号）

1　築地小劇場の株式会社化と三度目の改築

一九三九年夏に築地小劇場は株式会社組織にして鉄筋コンクリート客席八〇〇人規模の劇場改築を計画する。この改築問題は劇場側や観客側からの〈もっと設備のととのった、客席もひろい劇場を〉という要求だけからではなかった。

千田是也は、この改築について次のように書く。

「これまでこの劇場の小屋主でも地主でもあった土方家が、もはやその負担に耐え切れなくなってこられたから」で、外国で闘病している土方与志の留守宅に負担をかけないようにということから、新築地劇団と新協劇団とでどうにかしたいということだったという。しかし新築地劇団のメンバーには「アンナカレーニナ」の時のように新協劇団に「またしてもやられるのではないかと心配する向き」が多かったらしい。新協劇団は「細川ちか子のパトロンの藤山愛一郎氏や東宝を後楯にもつ」集団であったから心配だったのだ。実際株式の引き受け株も新協劇団は千五百株、新築地は千二百五〇株しか引き受けられず、土方家からの「土地買収問題も藤山愛一郎氏に（略）肩代わりをして貰うよりほかに妙案は浮ばなかった。」

そして残った株を売り出す。それが「比較的順調」に売れたのである。

結果、代表取締役は長田秀雄、役員は薄田研二、山川幸世、村山知義、松田粂太郎、細谷辰雄、西村晋一、

杉野橘太郎（監査役）という組織ができた。工事は九月に許可が下り一一月二三日にやっと落成した。売り出した八万円の株式はすべて売れて幸先のいい結果になったのだが、鉄の統制で鉄筋の建物は許可されないことになり、「中劇場建設」という計画は流れ、費用も三万以下の建物という結果になる。〈鉄の統制〉というところで、戦争が刻々と進んでいるのが分かる。

村山知義はその経緯を「築地小劇場の改築」（『文藝』一〇月号）に、暖冷房完備の快適な客席と広い楽屋、食堂、図書室、事務所などを持つ劇場という計画は消えた、と書いた。ただ舞台に関する部分は三万円で改良することができ、築地の象徴であったクッペルホリゾントを壊し奥行を広げ、ベニヤ板にキャンパスを張った「ルンド・ホリゾント」を設ける。大道具置場を左右に広げ、照明室や効果室も広げ、舞台監督室を客席後方に置き電話で指示できるようにし、楽屋・風呂場・衣裳部屋等々を改善し、押出舞台を創り、モーターを置いて客席の換気を可能にして電気ヒーターをつける……等々の舞台に関する改築が可能になったと報告している（改築設計図は千田本『もう一つの新劇史』にある）。

新築地劇団と新協劇団の軋轢は、協同公演や政府の演劇統制の締め付けがひどくなるにつれて緩和されてきたと千田は書いているが、やはりこうした現実問題が出てくるとややこしくなっていたのである。こうした裏面の話は、村山の報告からは知ることができない。

2　新協劇団五周年記念公演「石狩川」

改築なった築地小劇場で新協劇団五周年記念公演「石狩川」（本庄睦男作、村山知義脚色・演出）が、一一月二五日から一二月二〇日まで、ほぼ一ヶ月近く（三七回）上演された。

『新劇年代記　戦中編』（倉林誠一郎編　白水社　一九六九年）によれば一〇月に出された五周年の挨拶状に「五周年を迎える新協劇団秋のスケジュール」があげられていて映画出演・催し及び事業・記念公演などが記され、「石狩川」の演出に久保栄の名が出ていたという。

　そこで久保栄の日記から関連事項を引いてみたい。

一〇月四日には上演予定演目として「石狩川」「大仏開眼」「破戒」の演目が決定していた。が、演出は決まっていなかった。久保は「おそらく、石狩川と破戒が僕の担当となるだろう。そう願っている。」と記す。

一〇月六日に新協劇団の総会があった。総会が「終わって、すぐ幹事会の顔をそろえ、石狩川の演出を決定する。僕ときまる。助手、松尾。」そのあと久保は、「石狩川」を読み続ける。

一〇月八日に「トム（村山）の立てた『石狩川』の場割、原作者のところから持って来た文献の一覧などを、松尾の口から聴く。開拓に関する部分が、比重を失して少ない。それについての意見を松尾からトムに伝言してもらうことにする。」とある。これはあとでわかるのだが、松尾はこの伝言を村山に伝えていなかった。

　この日の記述は、「演劇時評に代える日記抄」（雑誌『日本映画』一九四〇年一月号）で、「シップの館の聚楽から幕があき、庚午丸船室で終るというのだが、やはり原作序章のトウベツ踏査隊の描写を第一幕として、生き身の玉目三郎（実在人物の姓は、玉ノ目）を舞台に出すほうがよくはないか。（略）前半に、自然と闘争のすがたを強く描出しておかないと、後半がひきしまらないように思うのだ。（略）場数のふえることは、演出のほうで何とか転換を工夫するから、遠慮なく書いてほしいと松尾に言づける。」と記録されている。

　そして久保は本庄未亡人から借りた文献に目を通す。

一〇月一〇日「ゆうべから『石狩川』をもう一度よみ返している。ところどころ、シルシをつける。トム宛に、脚色上の注意を書き送る。」

一〇月一三日「松尾と銀座へうち合わせに出て、岩佐に会う。ミュンヘンで、『石狩川』のうち合わせと雑談。（略）トムを缶詰にして、とにかく『石狩川』を書いてもらうことにする。」

一〇月一八日「松尾が来る。トムは、15日に、群馬県利根郡水上村湯檜曽（ユビソ）という温泉にカンヅメになり、脚色だけに没頭し、22日夜、帰るという。松尾は一両日中に出かけ、もし、四五十枚出来ていたら、写して来て僕に渡すという。配役のことなど考えてみる。克平を吾妻謙にもって行っては、とても33回興行はもつまい、やはり、滝沢だと松尾はいう。堀盛が、結局、小沢か。」この推測通り、実際の上演では滝沢が阿賀妻謙を、小沢が堀盛、松本が伊達邦夷を演じた。

一〇月二〇日「松本に会い（略）話す。トムは、自分が一生けん命努力しても、久保が頃合を見計って出て来て、いいところをサラワれてしまうという持論をもちつづけている由。トムは、一劇団一演出家主義を相変らず主張しているが、そういう分裂策にのって、彼についてゆく者は、おそらく劇団に一人もあるまいということ。『石狩川』は思う存分、（顧慮なしに）手を入れたほうがいい、君から手紙をもらったが、ここまで来れば、トムに助力することで君が割引かれたり、ないしはトムが『図に乗ったり』することはできない。等等。」と松本克平が、久保に話した内容が記述される。

これを読むと久保栄と村山知義の関係は、何だか危うい。この文章のあと久保は「二人きりで会っていると、旧に変らない克平、劇団員がそばにいると、急に冷淡になる克平、――この態度は何から来るか？」と記している。人間の関係の複雑さが浮ぶ。

一〇月二三日「松尾が一〇八枚、（第四幕第一場 有備館）まで出来た原稿を持って来る。（略）第1場シップ聚楽の書き起しからおもしろくない。全篇改作の決心をする。阿賀妻が三十七八才になり、子供二人あることになっているのからして変だと思う。全篇書きなぐってある。」

「演劇時評に代える日記抄」では「読むにしたがって、史実にたいするイメージの浮かべ方が、脚色者と僕との間で、救いがたく喰いちがっているのを感じる。」とある。

そして久保は村山と朝から昼迄話し合いをする。その後、空襲警報で電気が止まり警報・解除の繰り返しで街中に久保が足止めを食らっている様子などが記述され、一九三九年の戦時の現実をわたくしたちは知る。既に戦争は日常になっていたのだ。

一〇月二七日に村山は原稿が「書き進められない」という速達を久保に出し、久保は村山に会いに行き、久保の批判した「脚色に（村山は）かなり執着がある。」ことを知る。村山は久保の改作プランには「不賛成」であったのだ。

村山と久保の間には、新協劇団の俳優や演出家たちがいた。彼らはそれぞれに自分の都合で両者に異なる意見を話すという現実があったようだ。そしてついに久保は「僕が手を引くことを（村山に）切り出す。（略）細部をクドクド考えなおしたり、反省してみたりしても始まらない。『石狩川』からは、手をひくことだ。トムが演出するか、松尾が演出するかだ。」と自分に言い聞かすような久保の一文が書かれる。

しかしこれはずっと尾をひいて脚色問題も数回議論がつづいて一一月に入っても結論は出ていなかった。二五日が初日なのだから普通に考えてもこのような調子でいい舞台のできるはずはない。

久保は「演劇時評に代える日記抄」一一月三日の項で、「原作の欠点をひきついだ農民問題への無関心は、この側面の描写をまったく不成功に終らせている。要するに脚色者は、邦夷・阿賀妻の劇的行為が現実の障壁にさえぎられて蹉跌（さてつ）する道すじを描きながらも、その創作的共感を舞台のどの人物よりもこの二人のうえに傾けている感が深く、そういう歪んだジャスティフィケーションは、いま移民問題のかまびすしい時局下にあって、脚本『石狩川』に正統的な歴史劇としての価値を与えるための、いちじるしい障害となっていはしまいか。村山の語気のつよい駁論に耐えながら」反論したと書く。

そして一一月六日に「石狩川」審議会をへて、結局、久保は演出を村山に「委せることを申し出」る。こうして村山脚色・演出で「石狩川」は上演されることになった。

3　村山演出「石狩川」

この間の状況の変化を、たとえば秋田雨雀はどのように記録していたのかと、『秋田雨雀日記』を見た。「昭和十四年の日記は、弾圧のため、警視庁に没収された。」と編者が記している。「演劇人検挙の日。日記没収。」という記録もある。この後の時間をみると、演劇人内部でもめているような時代ではなかったことがわかるが、同時代人の理解や行動は目先の事に追われるのだということもわかり、これはわたくしたちの行動の指針になる。

村山は『村山知義戯曲集』上巻の解説で「石狩川」について次のように記している。

「私の父方の曽祖父は仙台伊達藩の支藩亘理侯に二十二代も仕えた儒者の家柄であり、邦夷と同じように北海道に移住したが、こちらは現在の紋別の近くに伊達村をひらいた。私は二度そこを訪れて、曽祖父母、祖父母の機嫌をうかがったことがある。そんなことで、この小説にはことに愛着を持ったのであった。」

村山が自身の脚色に固執した理由は、右記のようなことからだったのだ。他方、久保栄も北海道札幌に両親がいたし、姉の夫農業学者をモデルにした「火山灰地」は十勝地方を題材にしていた。祖父は明治期に徳島から移住し煉瓦工場を江別に建てていた。そして丁度この時期にそれを戯曲にするべく執筆中でもあった（戦後発表する長編小説『のぼり窯』）。両者ともに〈北海道移住〉にはこだわりがあったのだ。

『村山知義戯曲集』にある「石狩川」を読むと、久保が「第1場シップ聚楽の書き起しからおもしろくない。（略）阿賀妻が三十七八才になり、子供二人あることになっているのからして変だと思う。全篇書きなぐってある。」と批判した部分は、変更されていない。久保が「全篇改作の決心をする。」と記したように確かに脚色の出来はよくない。

「年は三十九歳。（彼のモデルの吾妻謙は、この時二十八歳だが、いろいろの都合から年を加えた。）」とある。その理由は記していない。第一幕は明治四年の設定だ。ト書きが非常に長い。明治二年の移住の決心から、明治四年の阿賀妻が東京から戻って来る時までがト書きになっている。この部分が上演でどのように行われたのかは明らかではないのだが、出演者の誰かに語らせたのか、あるいは舞台両袖に文字で見せたのか、その指示はない。いずれにせよ移住の決心とその間の経緯がここには記されているのだ。一代記ものの大きな問題点であるのだが、歴史的事実を何処まで描き、何処をカットするか、誰を語り手として芝居を動かすか…など、難しい問題が残る。これでは芝居としては初めから既に終わっている。

前号に引いた劇評の筆者太田咲太郎は、文学座の「売られる開墾地」との比較から劇評のペンをとっている。前者が「所謂お芝居もなく、何処か冷たく、妙に洗練されたやうな感じをあたへてゐる。」舞台で、「一見したところ、甚だ高度の難解な芝居であると思はせるかも知れない。」が、「『石狩川』の方がはるかに高く、難しい」と書く。一幕のト書きの部分がどのように演出されたかには言及していない。

前号の批評で触れた太田のいう造型性というのは、どうやら「押出舞台」を使用したもので演者の動きの「静止」であったように推測される。「売られる開墾地」(於・飛行館)の演出(久保田万太郎)は「何処までも心理的内面の動きに頼ろうとしてゐる。一切の舞台的具現はそれを根拠にしての問題」になっていたようだ。俳優達(森雅之・三津田健ら)が演じる農民が「山の手の青年の匂ひや、所謂インテリ臭とも言ふべきものが妙に濃く漂って」いたらしい。

ところが村山演出は、「改造された築地小劇場の新らしい舞台機構を得」て「舞台上の人物の配置、動きなどに、固定すぎる位に強度の造形性が窺はれ」「舞台上の心理を中断しても、尚、且、彼は造型性に依拠しようといふ」「特に意を用ひたかに見えるのは、動きのうちにおける静止である。瞬間の静止を造型美のうちに捉へてゐる」「この手法は歌舞伎芝居のうちに無意識に扱はれて幾つかの型となって表はれてゐる」と太田は書いた。〈静止〉はストップ・モーションなのではないかとわたくしはみている。

早稲田大学演劇博物館所蔵の舞台写真をみると、伊藤熹朔の装置は写実的である。都新聞の劇評(坊――土方正巳)では、熹朔の装置が「新しい舞台の奥行を充分に見せてゐる」とあった。この評には久保が演出をしていたらもっと緻密な舞台になっただろうという一文もある。「舞台はソツがなく器用に纏つてゐるが、各場が余りに抜け目なく『お芝居』に拵へられてゐるために反つて原作の迫力が薄れてしまつたやうだ、演出も演技もなれで大した破綻を見せず、なだらかに運んで行く、これは新劇が職業劇団にまで成長して来た証拠ではあるが、大きな危機に直面してゐることも意味する、われ〳〵が新劇に期待するものは、どこまでも原作に真正面から組付いて行く気迫である。」

土方は俳優たちの演技にも言及しているが、太田が記したような演技の「静止」についてはふれていない。舞台評は、評者の視点（思想）により見方が異なることを改めて知る。

4 「大仏開眼」

皇紀二六〇〇年の始まり、一月一日から築地小劇場では、新築地劇団の「建設の明暗」（中本たか子作・脚色、岡倉士朗演出、吉田謙吉装置）が上演される。南部鉄瓶製作禁止となり、軍需品下請けに転身するの職人たち、最後まで鉄瓶造りに執着する職人とを題材にした「戦時体制」下の現実を表現しようとした戯曲であった。主役の友代役の本間教子の演技が抜群であったようだ。劇評（Z―飯澤匡）では、直ぐに笑う観客のレベル低下が嘆かれている。飯澤が健在であったら、意味なく笑う現代の観客に何と思うだろう。

新協劇団は日本文化中央聯盟の主催による「皇紀二千六百年奉祝芸能祭」のトップを切って長田秀雄作・伊藤道郎演出・鈴木英輔演出協同「大仏開眼」（四幕一四場―プロローグとエピローグ）を、二月二日から三月一八日まで築地小劇場で上演した。

新築地劇団の千田是也が参加し、新協劇団総出で華々しい舞台を作った。千田によれば、一九二〇年の長田のこの作品は、「雄大な構想のうちに抒情味をまじえた絵巻物風の作品だったので、この作家とほぼ同じ世代のロマンチストで大きなことの大好きな道郎にはぴったりだった。」という。伊藤道郎は千田の長兄で、装置家伊藤熹朔は次兄。

伊藤道郎は演出を引き受けたが、長田は上演にあたり改作する。改作は「原作の抒情的・夢幻的な美しさはすっかり失われ、しかも物語の即時的・叙事的展開の美しさにはまだ到達していないという、かたくるしい、面白味のない作品になってしまっていた」という。その改作版を稽古の段階でどんどん変更したらしい。千田が『現代日本戯曲選集 第四巻』（白水社）に収録されている「大仏開眼」は、上演した改作台本と異なっているというから、現在わたくしたちはこの時の上演台本を見ることはできない。

舞台は、前宣伝が行き渡り「芸能祭の収穫の一つとして銘記さるべきもの」（Z評）といわれる。他方、大笹吉雄は「新劇事件の一つの引き金になったといわれる『大仏開眼』」と書く（『日本現代演劇史』）。これについて次回に考えたい。

第23回 「皇紀二千六百年」と新劇人一斉検挙（『テアトロ』二〇一四年六月号）

まえおき

何度も休んでしまい編集部に迷惑をかけてしまった。ありがたいことに休載を心配された読者から問い合わせもあった。少し休んだ理由を書きたい。

二月に井上理恵編著『木下順二の世界 敗戦日本と向きあって』（社会評論社 二〇一四年）を、斎藤偕子・川上美那子・菊川徳之助・秋葉裕一・阿部由香子、そして井上とで上梓した。昨年はそのための最終チェックに追われて一度休んだ。

木下順二の初期――〈劇作家になるまでの歩み〉と初期作品――「風浪」「山脈（やまなみ）」「夕鶴」、五〇年代の作品――「暗い火花」「蛙昇天」「沖縄」「オットーと呼ばれる日本人」「無限軌道」、六〇年安保以降の作品――「白い夜の宴」「子午線の祀り」「夏・南方のローマンス」「巨匠」などについて論じた。

戦争の出来る国に変えられようとしている現状を思うと、木下順二が敗戦後の状況を背後に置いて書き続けた戯曲を知ってほしいし、それを分析したこの本を、是非多くの人々に読んで戴きたいと思っている。

この三月にヴェネッティアで開催された「日本の自然再考」という国際会議に参加した。アメリカ・イギリス・イタリアの日本学の研究者と日本の文学・演劇の研究者とで、意見交換をするカンファレンスであった。基調講演はコロンビア大学の Haruo SHIRANE 教授。海外での日本演劇の定番は能と歌舞伎だ。今回は、嬉しいことに近代演劇が加わった。「火山灰地」における〈自然〉について話してほしいというイタリアの主催者の希望で参加した。宣伝も兼ねて〈日本の近代演劇は treasure house〉と前置きして〈自然と人間の闘い〉について話した。そのための準備に追われて二度も休載してしまった。この概要は〈井上理恵の演劇時評〉に載せてある。興味のある方はブログを開いていただければと思う。〈現在の URL https://3yos-vevue.seesaa.net/〉

1

さて、一九三九年九月にイギリスとフランスがドイツに宣戦布告して第二次世界大戦が始まった。アメリカは即座に中立を宣言した。既にこの時から、アメリカの目的は太平洋に、アジアに向いていたのだろう。その後日本に宣戦布告するのだから……（一九四一年一二月八日 米・英、対日宣戦布告。一二月一一日 独・伊、対米宣戦布告）。

すでに朝鮮半島を植民地化していた日本は、その年の暮れに彼らに〈創氏改名〉……日本名を強要する。後には日本語教育を強いた。そして国内では戦時体制を強化していく。そういえば現体制は、日本語もままならない小学生にアメリカ英語教育を強いている……まことにおかしい話だ。

一九四〇年は日本国にとって重要な年になった。皇紀二千六百年というお祭の年にあたっていたし、戦争遂行の足場を固めた年だからだ。その為に政府は何をしたか……そして演劇はどう対応したか……すこしみていこう。

まず二月一日に〈改正〉「興行取締規則（警視庁令）」が発表される。『新劇年代記　戦中編』（白水社）にその抜粋が載っている（原文漢字カタカナ）。それによれば、〈演劇興行は許可を受けた脚本で上演すること〉……これは今さら改めて言う事ではない。国家の演劇検閲は一六〇三年から始まっていることだ。

「国民精神ノ涵養又ハ国民智徳ノ啓培ニ資スル脚本ヲ上演スベシ」……脚本内容の限定が更に強化された。〈上演時間は五時間三十分〉を超えてはいけない。〈午後十時三十分〉以後の上演は不許可。この時間制限は、朝から夜まで上演し続けていた歌舞伎興行を念頭に置いている。いずれ夜間外出禁止になっていくからその布石だ。

この結果、松竹は昼興行と夜興行の二部制を考え出す。この興行形態は、敗戦後も踏襲され昼間の時間を使える非労働者の女性観客が増大する要因になった。六〇年代半ば過ぎからの経済の高度成長期にはこの興行形態は殆んどの劇場で用いられ、景気のいい会社の顧客集団——団体観客を増大させた。そして低成長時代に入った現在では、夜興行は減り、昼興行が中心で社会の現役をリタイヤーした男女と有閑夫人が席を埋める状況になった。昼間労働している人びとは劇場に行きにくくなったのである。

「技芸者ノ申請ト許可」「許可証ノ発行」が決定された。あたかも犯罪者かのごとく氏名・生年月日・本籍・住所・芸名・技芸の種類・専属興行所・劇団・無帽の半身写真等々の提出が義務付けられたのだ。国家資格ではない俳優という存在に対する、近代社会における職業差別といっていいだろう。

が、これも新しいことではなく、役者は江戸期には制度外の存在として差別され「士農工商」以下に置かれていた。明治期にはそれが少々変化する。一八八二年に「演劇取締規則」が出され、俳優になるものは〈俳優鑑札〉を貰わなければならなくなる。ちなみに寄席と劇場は異なり、劇場で芝居をする俳優のみに鑑札が必要とされた。俳優から税金を取る必要があったからともいわれている。そして寄席芸人は俳優の下に置かれていた。寄席で政談演説をして有名人になった川上音二郎は、一八八四年に俳優鑑札を受けて劇場で芝居をすることのできる〈俳優〉になった。

さて、〈昭和の俳優鑑札〉には「思想、素行、経歴其他不適当ト認ムル者」には許可証はださないという一項が付与されていた。この「其他不適当ト認ムル者」というのが曲者であった。どのような理由もつけられるからだ。そして許可を取り消された場合には一年間は活動ができないという付帯条項もついた。

この規則改正（悪）は、演劇人には恐らくこれまでと同じような権力の弾圧と受け取られていたのだと推測される。しかし今からみれば政府は欧州開戦を契機に戦争推進姿勢を一層強くし、この後発生する種々の事件が見えない糸で繋がっていくのがわかる。つまり一九四〇年八月の新劇人一斉検挙は権力にとっては予定されていた行動だった、ということになる。

まず一月には津田左右吉が右翼の攻撃を受けて早大教授を辞任している。民政党斎藤隆夫議員が戦争政策を批判すると議員を除名される。豊田正子の「綴方教室」――山本安英の舞台が未曾有の観客動員数で有名になった――〈生活綴方〉運動の関係教員の検挙が始まる。労働組合が解散させられ、他方で聖戦貫徹議員連盟が結成される。二月一一日の〈紀元節〉――現在この日は〈建国記念日〉になっている――に皇紀二千六百年祝典で減刑令が出た。

国民体力法（兵士になる頑強な身体つくり?）が公布され、小学校の国史教科書巻頭に「神勅」が載る。大本営政府連絡会議が「武力行使を含む南進政策」を決定し、他方で「ぜいたくは敵だ！」のたて看板が東京府に立てられて、料理屋などで米食使用が禁止される。

そして八月が来る。民政党の解党と新劇人一斉検挙が同時だった。検挙は八月一五日、一七日、一九日に行われたらしい。二三日には新協劇団と新築地劇団が解散させられる。

九月に〈日独伊三国同盟〉が調印された。一〇月に大政翼賛会が発会し、岸田國士が文化部長になる。そして政治団体はすべて解党する。

2

さて、こうした時代の動きはもちろん同時代人は〈点〉としてしかしらない。しかし村山知義は、早くに手を打っていた。先に触れたごとく新協劇団は二月の皇紀二千六百年を祝う日本文化中央聯盟主催芸術祭にどこよりも早く「大仏開眼」（長田秀雄作・伊藤道郎演出・鈴木英輔演出協同・伊藤祐司音楽・伊藤熹朔装置・千田是也参加）を上演したのだ（二月二日～三月一八日 築地小劇場）。そして奈良文化講座まで開催した。

「大仏開眼」の上演がいつ決定したのか、明らかではない。目ぼしい記録は残されていないのだ。伊藤道郎・祐司らコスモポリタンな雰囲気を持つ兄弟のいる新築地劇団の千田是也が、この「大仏開眼」に参加したのは道郎が演出をしたからだ。新築地劇団では一年前からこの企画に参加しようという話が出ていたことを『もうひとつの新劇史』で告げているから、新協劇団も同様であったと推測される。

繰り返しになるが、「大仏開眼」は一九二〇年に長田秀雄が『人間』四月号に発表したもので、上演用の改作台本が出来上がっていなかったから道郎は二〇年も前の作品を読んでOKを出したという。

「その頃の長田さんの文化史観を奈良朝を借りてあらわそうとした、雄大な構想のうちに抒情味をまじえた絵巻物風の作品だったので、この作家とほぼ同じ世代のロマンチストで大きなことの大好きな道郎にはぴったりだった。」と千田は記している。

ところが、二〇年も経って長田も変った。〈唯物史観や発展的リアリズム〉（千田是也）を身につけた長田の改作は「原作の叙情的・夢幻的な美しさはすっかり失われ、しかも物語の即事的・叙事的展開の美しさにはまだ到達していないという、かたくるしい、面白味のない作品になってしまっていた」という。「これでは僕のやるとこない」としょげている道郎をみた千田は、村山に伝えたらしい。村山は作者には了解をとるから「道郎さんの気の済むように君たちでなおして、ぜひ演出を引き受けてもらってくれ」と返事をする。

上演パンフレットに村山は「各方面のオーソリティーの意見をも聞き、科学的歴史観の見地から可なり大胆な改訂をした」と記した。が、千田によれば道郎の意見を聞きながら千田・鈴木英輔・松本克平とで稽古をしながら「脚本をバラバラにほぐし、全体のうねりやりずみかるなはこびを考えながら構成しなおし」「言葉でくどくど説明したり心情を吐露したりする場面」を切りつめ、「かわりに歌や踊やマイムやシュプレヒコールで情動や論理を端的にあらわした場面」を作る。最後の「葛城郎女が大仏の掌上で狂い踊る場面へ移っていくフィナーレなどは、これまでの新劇ではお目にかかったことのない、さすがにミチオ・イトウらしい、美しい舞台処理」であったという。ミュージカルのさきがけであったのだろう。

しかし初日を観た長田秀雄は、久保栄に改作について〈不平〉を述べている（「伝記おぼえ書」）。劇評もよくなかった。そうしたことを知った上で千田は「偏狭なナショナリズム横行のあの時期に、四人のコスモポリタン兄弟が（略）〈皇紀二千六百年〉を奉祝して、気侭に遊ばしてもらえたというのは、とても奇妙なめぐりあわせであった」と書いている。稽古段階でどんどん台本を変え、堅苦しくない楽しい舞台づくりであったからだろう。残念ながらこの台本は残っていない。舞台写真は千田本で見ることが出来る。

千田は参謀藤原仲麻呂を演じて、久保栄に「まるでドイツあたりの近衛騎兵将校の如く」だったと評された。そしてこれを機に千田は新築地劇団を退団し、新協劇団に外部から協力するようになる。

3

二世市川左団次が二月二三日に亡くなった。新協劇団は〈自由劇場回想公演――市川左団次追悼――〉を二回持つ。五月一〇日から二四日までは「出発前半時間」（ヴェデキント作・松尾哲次演出）、「遁走譜」（真船豊作・千田是也演出）。五月二五日から六月一二日までは「どん底」（小山内薫訳・村山知義演出）。

村山知義の「どん底」は二度目で都新聞の坊（土方正巳）批評によれば、「初演の時に設定された演出の線に沿ひ、手馴れた舞台にますく磨きがかけられ」、詳細な演出ノートが作られたようだ。千田はサチンを演じ、村山の「きつい御注文で、新築地でやったニヒリスト・アナーキスト的なサチンでなく、大いに人道主義的なサチンを相つとめることになった」という。有名な牢屋は暗いの歌は、築地小劇場時代の節を再現した。

この公演の最中に新協劇団は、劇団組織の改革を発表する（六月一日）。詳細は『新劇年代記』に引かれているが、「総会が最高決議機関だといふデモクラティクな立前（ママ）は廃止され、ごく少数の幹事会が再考決議機関となり、たゞ一人のプロデューサーが幹事会の決定を実行に移し、各部門と直接にタッチするやうにすべきだらう。劇団組織は出来るだけ単純化され、命令が直接に伝達されるやうにすべきだらう。」と述べられている。

つまり〈独裁的強圧的〉ではないとはいうが、幹事会―長田秀雄・秋田雨雀・村山知義が選出したプロデューサー村山知義の自由に出来る劇団に変更されたといっても過言ではない。大笹吉雄（『日本現代演劇史』白水社）が都新聞の記事を引いているように「合議制から独裁へ」移行したのだ。大笹は、プロデューサーという呼称がこのとき初めて新劇史上に登場したと書く。村山の手足になって動くのは、演出班の松尾哲次と演技班の滝沢修だった。

久保栄は、六月六日に「アライジクから電報」「コンヤコヤニテアイタシマツモト」を受け取る。松本克平から新組織を聞かされる。「自分を出しぬいて、Tom、Takizawa（原文ロシア語）、彼の間で秘儀されたものと思う。」と記していた（「伝記おぼえ書」）。

新協劇団はもう一つ新しいことをした。それは七月九日の牛込第一病院の慰問公演である。演目は、「息子」（小山内薫作、水品春樹演出、小沢栄・信欣三・伊達信出演）と「父帰る」（菊池寛作、松尾哲次演出、原泉子・滝沢修・宇野重吉・落合弘子・三島雅夫出演）だ。久保によれば、「父帰る」の演出を松尾が頼みに来たが、久保が断わり、松尾が演出したという。

この慰問公演について「これは新劇界最初の慰問公演」で「新劇界の演劇時局運動は今後他の演劇分野のそれよりも最も積極的に正しく活躍するであらう」と『月刊新協劇団』に記事を載せたと『新劇年代記』は伝えている。

村山の「独裁」的な仕事が、強引な組織変革と慰問公演であるというのを知ると、複雑な思いを抱かざるを得ない。村山は、伊藤四兄弟参加の道郎演出の「大仏開眼」上演を企画したりし、慰問公演を行ったりで、新劇界が時局に〈恭順〉な姿勢を権力に示そうとしたのだろう。

が、たとえば「大仏開眼」は、松本克平には以下のように位置付けられている。

「昭和十五年に文部省から建国二千六百年奉祝劇を要求されるや、新協は長田秀雄の『大仏開眼』を改作上演して苦境を突破した。奈良の大仏の建立は、中央集権国家の民衆強化のために奴隷の労働力の犠牲の上に完成されたものであるというテーマであった。」（「自伝的文章」『新劇の山脈』朝日書林　一九九一年）

この言説は五〇年後に書かれたものだから当時の舞台の印象とは恐らく異なる松本の新劇観が入っていると推察される。しかし先に引いたように唯物史観に洗礼された長田秀雄が改作した「大仏開眼」は、こういうものだったのだろう。それを上演時に千田たちがテーマをぼかして改作し、ミュージカル化して祝祭劇にした。音楽や踊りや歌が入るとテーマの強烈さは緩和される。

しかし権力は、松本のような視点でこの作品を見ていたし、新劇団を唯物史観の下で演劇をしていると把握していたのだと思う。そして忘れられない一九四〇年八月が来る。

4

新劇人一斉検挙がいつだったかは、人によって異なる。『新劇年代記』には、八月一九日の項に「新協劇団、新築地劇団に対し警視庁は弾圧、検挙を行う。」とあり、都新聞文化部長の土方正巳の日記が引かれている。「六月十九日　午前六時を期して、新協、新築地関係者の一斉検挙、文化面全体に対する影響は大きい。（略）八月二十二日（略）夜、木曜会に出席、久し振りで会員の皆に会ふ。十時会が終ってから薄田研二を訪問、新協、新築地が解散になるについての話をきく。」（『新劇年代記』）。

松本克平は「八月十九日に、新協・新築地劇団員七十余名は一せい検挙され、四日後には強制解散させられ」

と記した。久保栄は、〈一九日朝、七時に逮捕（verhaftet）〉と書く。千田は、八月一六日の午前中、村山、久保、久板、水品、八田、岡倉、山川、千田、松田、三木道夫と『築地小劇場史』の編集委員会で集まり、その翌日一七日早朝に松田と三木を除き、皆捕まったと言う。村山は一五日、安英も一五日、千田は一七日、『新劇年代記』は土方正巳の「日記」を根拠に一九日、久保は一九日、松本も一九日。

いずれにせよ新劇人は逮捕され二劇団はこの年の夏、強制解散させられたのである。

第24回 「不条理・検挙・保釈」

（『テアトロ』未掲載＊ 二〇一四年七月号掲載予定）

1 不条理劇の登場

前回「まえおき」で触れた井上編著『木下順二の世界 敗戦日本と向きあって』（社会評論社）の書評が図書新聞二〇一四年五月一七日号に載った。評者は、菅孝行氏。わたくしたち執筆者は、木下順二という劇作家が、一作毎にどのような新しい試みをして戯曲を書いてきたのか、同時に、その戯曲表現に彼が生きた時代をどのように書き込んできたのかを、読み解いた、つもりである。

この本は六人で書いたのだが、菅氏の評の殆んどは井上論への批判になっている。その一つに不条理劇についてがあった。木下の「暗い火花」（一九五〇年）を、わたくしが「日本的不条理劇」と位置付けたことによる。

菅氏は、不条理劇について次のように記す。

「見かけ上ダイアローグの成立しない演劇のことではない。この世界には神も、理性の秩序も、宇宙の調和も存在しえないという『思想』の演劇的表現」である。「木下順二にそんな『思想』の持ち合せはない」から「暗い火花」は不条理劇ではない。対話のチグハグサは、「木下の〈趣向〉」だと。

菅氏が伝統演劇の〈趣向〉というテクニカル・タームを使ったことに非常に仰天した。木下は作品〈世界〉を面白くするための〈趣向〉とは無縁の存在だ。

さて、不条理劇について若干記したい。ヨーロッパでは、「対話による人間関係の再現」というドラマ形式では〈人間を〉表現できないと劇作家が知ってしまったのは、一九世紀末だという。つまり近代劇の父といわれているイプセンは、「ヨーロッパの伝統の末に確立した〈近代劇〉」が出来上がって直ぐに「袋小路に入ってしまった」（毛利三彌）ということなのだ。

小田中章浩（『現代演劇の地層』ぺりかん社二〇一〇年）によれば、ションディはそれを二〇世紀初頭のモダン・ドラマにまで拡大し「（モダン）ドラマの危機」と呼んだ。つまり新しい表現方法を求めて、イプセン・チェーホフ・ストリンドベリ・メーテルランク・ブレヒト・ピランデルロ・ワイルダー・ベケットという劇作家たちが、「ドラマの危機」を回避し、解決しようと劇表現を模索したのである。

表現できないものとは何か。その一つは〈人間の内面〉――ロマンティック・アイロニー（シュレーゲル）と名付けられたものである。これは心理学的には〈意識の流れ〉と称された。プルーストやジョイスの二〇世紀の新しい小説は、この概念を取り込むことが出来た。が、戯曲は概念の取り込みが困難であった。

木下は、これを戯曲「暗い火花」発表あと、小説「無限軌道」（一九六五年）で試みた。わたくしたちの本では、川上美那子がこれを論じている。

今、一つは社会が抱える貧困（差別）・搾取などの体制内矛盾だ。従来の自然主義的な対話表現では、この二つを同時に〈再現〉できなかったのである。

木下は、その二つを「暗い火花」で描出しようとしたのである。自然主義的表現を抜け出そうと木下があがいたように、ヨーロッパの劇作家たちは、常に今あるものとは異なる新しい表現を模索し、人間を可能な限り〈丸ごと〉再現できる方法を探求していた。短絡的にいえば、その新しい表現の戯曲――ベケット「ゴドー」（一九五二）やイオネスコ「禿の女歌手」（一九五〇）――を、マーティン・エスリンは不条理劇と命名したのだ（The Theatre of the Absurd, 1962）。因果律から切り離され、対話が成立しない、閉塞感たっぷりで合理的な解決法がない。まさに人間は不条理な存在であるということの表明。

小田中章浩は著書でションディによる説を紹介しているが、わたくしはかつて大学院で、原書だったか、邦訳だったか、エスリン『不条理演劇』（小田島雄志訳 一九六八年）をゼミで読んだことを、菅氏の書評から思い出した。今も書斎のどこかに本があるはずだが、見つけられなかった。

小田中は、この「新しさ」を「不条理」と呼ぶか、「アヴァンギャルド・シアター」（前衛劇）と呼ぶか、「ヌゥヴォ・テアトル」と呼ぶか、「反演劇」（アンチ・テアトル）と呼ぶかということを指摘して、ここから問題提起をして論を進めているが、ここではこれ以上踏み込まない。

つまりシェークスピア学者であった木下順二が、ヨーロッパの劇作家たちと同じように〈ドラマの危機〉を感じとった存在であり、表現方法の新しさを求めていた劇作家であったということを、戯曲分析をすることで明らかにしたかったのである。六〇年安保後に登場した演劇人は、確かにドラスティクな表現の変革を可能にしたが、彼らのみが劇表現の新しさを模索していたのではない。菅氏にはその辺りをご理解いただけなかった。

2 村山の場合——検挙される

村山知義も、「ヌゥヴォ・テアトル」（新しい演劇）を求めて一九二〇年代から彷徨していた。これまで述べてきたように、村山はヌゥヴォ・テアトルから新しい思想に出会ってリアリズム演劇への道を歩んでいる。それはヨーロッパを基準にすると後退であるかのように思えるが、そうではない。

もともと日本演劇には、自然主義表現の土壌は稀薄であったからだ。「対話で人間関係を再現する」という劇構成がなく、能や浄瑠璃・歌舞伎をみてもわかるように〈物語ってきた〉のである。

非自然主義表現がすべてであった日本的現実、いいかえると日本的〈アヴァン・ギャルド〉に対抗的に、二〇世紀初頭から演劇人たちは「本当らしさ」を求めて演劇運動を進めてきた歴史がある。島村抱月の芸術座が〈自然らしさ〉を売物にして日本中を席捲し、とりあえずは自然主義的な演劇が根づく。そこへ登場したのが、これも日本的な〈ヌーヴォ・テアトル〉の先駆座であり、築地小劇場であり、左翼劇場であった。そのあと対抗的に表れたのがマルクシズムに裏打ちされたリアリズム演劇で、新協劇団・新築地劇団の時代が来て、はじめて本格的なリアリズム演劇が完成したのである。そしてかつてイプセンが出会ったように、リアリズム戯曲として完成度の高い「火山灰地」は、同時にリアリズム演劇の枠組みを壊す構成を戯曲内部に秘めていたのである。

これが日本の現実であった。新しい演劇――リアリズム演劇（日本的モダーン・ドラマ）の完成が村山や久保栄・千田是也たち新劇団の演劇運動をもって初めて可能になった。そしてそれは新思想―反体制的なマルクス主義思想を抱え込んでいたから、国家権力はこの集団の存在が邪魔であったのだ。

村山も他の劇作家たちと同じように、新しい思想マルクス主義に出会って、社会変革を表現できる戯曲・演劇をめざし、それが〈革命的ロマンチシズム〉を内包する〈発展的リアリズム〉という創作方法であったのだが、実際には新協劇団時代の村山は、それを戯曲で具体的に描出することはできなかった。

『村山知義戯曲集 上巻』にある「戯曲リスト」を見ても、三六年――歌劇「カチューシャ」、舞踊劇「大蛇消え失せる」、三七年――トーキー連鎖劇「新撰組」（既に触れた）、少年のための戯曲「ロビンフッド」、三八年――「初恋」（既に触れた）、シナリオ「藍玉」、「高田屋嘉兵衛」（「政商伝」）、三九年――シナリオ「春香伝」、シナリオ「初恋」、シナリオ「新撰組」、等々があるのみで、他はこれまで述べてきた脚色台本と演出、そして小説である。

この時期に新派――井上正夫の舞台を演出したことなどは、一九回目（二〇一三年一〇月号）に既に触れ、村山の演技指導に関する「同時性」「異時性」にも触れた。村山は新劇という場所から外に出て、外部集団（新派・前進座・映画）に台本を提供し、演出者として新しい風を演劇界に送ったことになる。

新協劇団は創立から強制解散まで四〇回以上の公演を持ち、「朝鮮にも満州にも行った」が、村山の劇作家としての仕事には長編小説「夜明け前」の脚色以外見るべきものはなかった。驚いたことに創作戯曲は、三二年の左翼劇場に書いた「志村夏江」以来、なんと五二年の「死んだ海」までない。演劇運動者として権力を意識して劇団運営に心を配った故だとみることもできようし、あるいは小説（多くが大衆的それ）執筆、演出、シナリオ執筆などの仕事に追われていたからと考えることもできる。わたくしは後者のような気がする。

したがって村山の側からすれば、違反するようなことは何もしていない。にもかかわらず、何を今さら治安維持法違反か……ということだ。直接的な違反はないのだ。しかし一九四〇年八月に治安維持法違反で検挙されたのである。一〇〇人以上の新劇人が捕まったといわれている。その中で村山・久保・千田の三人が特に長く拘束され、翌四一年二月に起訴され、巣鴨刑務所に送られたのである。

3　籌子の手紙

検挙された村山に送った妻籌子の手紙が『ありし日の妻の手紙』（村山編籌子著一九五〇年）に収められている。戦後出版時に村山が註をつけていて、その中にこの時のことが記されてある（原文旧字）。以下、アトランダムではあるが引いてみよう。

「太平洋戦争勃発の前年八月に検挙され、戸塚署の留置所にずつと置かれ、起訴され、翌年二月東京拘置所に送られた。」

村山は拘置所にいるときに、母元子を亡くす。キリスト教徒の母は、「今井館といふ内村鑑三の弟子達の集まつてつくつてゐた教会堂の堂守のやうになつて」、母の姉の遺児良子と住んでいた。村山は教会堂の裏に母のために小さな二間の家を建ててあげたそうだが、「小出さんというお気の毒な老婆を住まわせ、自分は教会堂の講壇の後ろの控え室に起居し、小出さんの便所の肥汲みまでしていたという。そして「その肥汲みの最中に、脳溢血で没した。」

拘束されていた村山は、「朝から夕方まで」一〇時間の外出許可をもらって落合火葬場で母を荼毘に付した。母と村山、母と弟、母と籌子のことは、連載の初めの時期に書いたが、母は村山の華々しい道と比して何という奉仕の歩みであったのかと、思う。

さて。今回の検束について当局は「今度の事件は、新協劇団をやつたといふだけのことで、治安維持法に引つかけようがなく、警視庁も検事局も、ただ劇団の方向を変えさせさへすればいいのだ、とゐつていた」ようだ。

ところが四一年六月七日の手紙の註に状況の変化が記されている。

「官僚内に、少壮の革新官僚といふファッショ的分子が台頭し、検事局内にもその勢力が強くなり、自由主義的な旧勢力に挑戦し、さふいう傾向の人々は続々左遷されることになつたので恐慌を来たし、私をしらべた検事の如きは『私はこの事件は起訴する法的根拠を見出せないのだが、さういふ内部的事情のため止むを得ない。しかし起訴してもすぐに保釈にする。そして公判の時も私が立ち会ふし、執行猶予は云ふ迄もない。まあ時世だと思つてあきらめてくれ給へ』」と村山に謝ったらしい。

しかし「情勢はいよいよ悪化し、保釈は不可能となり、その武田麟太郎の同級生だといふ気の弱い検事も左遷され、その後は何度も検事が変り、予審判事も『裁判は独立だなんて云つても、やつぱりそれは文句だけで、政治情勢には勝てないんでね』などと」言い訳をいった。そして一二月八日の開戦になって、村山は外に出て日の目を見ることが出来なくなった。

籌子の手紙には、保釈の交渉や日常の出来事、息子亜土のこと、差し入れの衣類や本のこと、友人達の動向などが記述されている。その中で、井上正夫の秘書のような蜂野豊夫や松竹の演劇部長高橋歳雄が差し入れや見舞金を送ってくれたことなども記されていて、村山が出所後に、匿名で仕事ができたのもこの人たちの厚意がバックにあったことがわかる。

村山は四五冊のスクラップ・ブックを持っていた。全て警視庁に没収されたが、返還を要求していて、新劇関係のポスター・ビラ・舞台写真・プログラム等は返還されず、児童書関連の絵や籌子の詩・話だけが返還された。それで籌子の本を再版して出す事が可能になり、村山の絵も現在見ることができるのだ。籌子の手紙は、四二年四月一七日で終る。

村山たち新劇関係者は、治安維持法違反で捕らえられたのであるから、手記を書かされ、公判前には上申書を提出させせられている。手記や上申書には触れないが、拙著『久保栄の世界』(社会評論社 一九八九年)や『久保栄研究』でそれに触れている。

「新協劇団関係者手記」は読むことが出来る。司法省刑事局から発行された極秘資料「思想資料パンフレット特輯」(一九四一年三月)が、国会図書館に所蔵されていて、久保栄(全文)と村山知義(一部)の手記が収められている。久保の手記は『久保栄研究』一一号に復刻掲載された。これは今も手に入るから、それを参照されたい。久保栄所蔵書は、久保マサ氏の死後、早稲田大学演劇博物館に贈呈された。資料整理がつけば、閲覧可能だ。

4 保釈・判決

東京地方裁判所の公判が始まる。第一回公判は一九四二年六月一〇日であった。そして第二回公判が始まる前日六月二三日に最後まで残されていた村山と千田が釈放される。久保を含む一二人——久板栄二郎・滝沢修・今村重雄・松尾哲次・松本克平・染谷格・岡倉士朗・和田勝一・八田元夫・山川幸世・土肥元雄(石川尚)——は、すでに前年一二月二六日に釈放されていた。この保釈について、松尾哲次は、巣鴨が治安維持法違反で検束される人の増加により、部屋（独房）がなくなったからではないかと聞き取り時に話してくれた。

新協劇団と新築地劇団は別々に公判が開かれ、最後の検事求刑の七月六日以降合同公判になった。村山への求刑は懲役六年、千田と久保は五年、松尾・今村は四年、久板・滝沢・松本・岡倉・和田・山川は三年、染谷・八田・土肥は二年であった。ついで弁護士の弁論が二回あり、八月一〇日に判決が出る。村山は懲役三年（通算四五〇日）、千田も三年（通算三五〇日）、久保は二年（通算二〇〇日）、他はそれ以下の判決が下る。彼らは直ちに控訴した。

控訴院で、一九四四年六月に村山には懲役二年執行猶予五年の判決が出る。もちろん執筆・演劇活動の停止だ。以後、新劇人は、東宝や松竹関係の仕事をしたり、移動演劇の仕事をしたり、田舎に引きこもったり、あるいは自宅でひたすら文筆に時間を費やしたり、それぞれに戦中を生きることになる。村山は、保釈後から生計を立てるために演出の仕事を探し、許可を得て演出をしていた。

「私は裁判所や警視庁に頼んだ末、やっと匿名で演出をしてもいいという許可を得た。（略）ただし、（略）実在の人物であり、その人の許可を得たうえ」（『自叙伝』四巻）でと言われたのである。

順不同にあげると、北条秀司の名で「閣下」、堤千代の名で「あしかの茶碗」「我が家の風」、真山青果の名で「岩崎谷」、菊田一夫の名で「桑港から帰った女」「今年の歌」「つばき」「紅の翼」「都会の船」「わが町」「雁来紅の女」を、北村小松「上陸第一歩」、山本有三「米百表」などなど、四二年から四四年におよそ一九作品の商業演劇の演出をした。最も多く演出をさせた菊田一夫は、当時緑波劇団の作・演出をする東宝の嘱託であった。これについては拙著『菊田一夫の仕事』に記した。

次回で両者の記述を見ながら、村山の戦中を描出したい。（後に記したような経緯でこの連載はこれで終る。）

＊　本稿は『テアトロ』掲載予定であった。初めの「不条理」部分について、編集部が初校でカットした。それゆえ、今号の掲載をお断りした。菅孝行氏は、載せてくれて構わない、とわたくしに話されたが、筆者に無断でカットして掲載しようとした行為を遺憾に思ったから断った。その後、全文掲載しますから続きを書いてほしい、というご連絡を頂いたが、年月も経っていたことや別の仕事でいそがしかったからこれもお断りした。

当時の状況やこの論文は、直後にわたくしのブログ「井上理恵の演劇時評」の二〇一四年の項に載せている。

第Ⅱ部

演劇的足跡

はじめに

村山知義（一九〇一～一九七七）は、日本演劇史上にセンセーショナルな存在として登場した。有名な築地小劇場[1]の「朝から夜中まで」（カイザー作・北村喜八訳・土方与志演出・千田是也他出演、一九二四年一二月）の構成主義的装置がそれに当たる。以後、彼の登場はいつもセンセーショナルであるように思う。その派手な登場に張り付くようにして、分らない多くの疑問がわたくしにはある。小論ではその疑問の幾つかを考えてみようと思う。

思いつくままにあげると……何故築地小劇場に途中参加しなかったのか、友人柳瀬正夢がいたのに先駆座（一九二三～二五）に参加しなかったのか、どうして心座だったのか…　何時頃から社会革命集団に参加するのか、新劇大同団結をなぜ言い出したのか、なぜ発展的リアリズムだったのか、なぜ創立公演は「夜明け前」だったのか。敗戦間際になぜ朝鮮に行ったのか、なぜ再建新協劇団だったのか、彼の集団はなぜ戦後主流の演劇集団になれなかったのか……等など…　かなりの疑問符付き〈村山関連事項〉がわたくしの中にはある。本稿では一九三〇年代以降から戦後というのが私の担当なので紙幅の許す限り、その幾つか、特に社会革命との関連事項に視点を置いて〈演劇史〉の中で検討してみたい。

第1章　プロレタリア芸術デビュー

一九二六年一月に始まった共同印刷の争議は、徳永直「太陽のない街」で知られる大争議であった。前年暮に創立大会をもった日本プロレタリア文芸連盟（略称プロ連）は出版部・講演部・演劇部・音楽部・美術部・法律部・スポーツ部を置き、先駆座は演劇部に吸収されて佐々木孝丸を中心にトランク劇場（移動演劇）を結成、共同印刷の争議に出動してこれを応援した[2]。佐々木孝丸は「移動演劇のハシリ」（『風雪新劇志』現代社一九五九年）と言っているが、演劇はそもそも巡業という側面を持つから、その存在そのものが〈移動する演劇〉という役割を内包する[3]。ただある意図――反体制的思想をもって観客に臨むのは私たちの国ではこれが初めてであった。村山知義はこの時プロ連の政治的文化集団（美術部）に籍を置く。美術部は神楽坂で毎夜街頭似顔絵を書き、その売上を争議団にカンパし、資金援助をした。村山もそれに参加して徐々に集団の中に入っていく。美術運動や築地小劇場に参加したときとは異なり、センセーショナルではないが、地道に着実に歩みが進んでいた。

一〇月二、三日には無産者新聞一周年記念の「無産者の夕」（芝協調会館）が開催された。無産者新聞は佐野学を主筆とする「階級的大衆新聞」で、この新聞を「全幅的」に支持することが当時の左翼青年の「階級的良心」を証明する「あかし」であったと佐々木はいう。トランク劇場は「犠牲者」（久板栄二郎作・佐野碩演出）、「カムチャッカ行」（久板作・小野宮吉演出）、「馬鹿殿評定」（長谷川如是閑作・千田是也演出）、「二階の男」（シンクレア作・堤正弘演出）を上演、村山は柳瀬正夢と共に装置を担当する。佐々木は「舞台装置も例によつて柳瀬正夢が中心となつて、それに村山知義が献身的な応援をしてくれて、金のかからぬ簡素なものではあつたが、兎も角、本式に飾ることが出来た。（略）久板栄二郎がプロレタリア劇作家として第一歩を踏み出し、佐野碩が演出家としての才能の片鱗を示し、村山知義が、その多方面な才能をプロレタリア芸術運動のために役立てることとなった」（佐々木前掲『風雪新劇志』）と記録している。「無産者の夕」は、村山のプロレタリア芸術〈デビュー〉の日であった。

トランク劇場は本格的なプロレタリア演劇集団前衛座創立を準備する。資金集めを目的として前衛座の名で秋田公演（秋田・土崎・能代）を持つ（一〇月）。秋田は『種蒔く人』発祥の地でもあり、今野賢三・金子洋文が「太夫元」で佐々木・小野宮吉・村山知義・佐藤誠也らに築地小劇場の人気女優花柳はるみが参加して「二階の男」「エチル・ガソリン」「牝鶏」（金子洋文作）を上演、創立の資金集めは成功し、公演が準備される。

この頃、マルセル・マルチネ「夜」（佐々木孝丸訳、メイエルホリド上演時は「大地は逆立つ」のタイトル）、ルナチャルスキー「解放されたドン・キホーテ」（千田是也・辻恒彦訳）、イワノフ「装甲列車一四六九」（黒田辰男訳）、シンクレア「プリンス・ハアゲン」（佐野碩訳）、ウイットフォーゲル「誰が一番馬鹿だ」（辻恒彦訳）などが続けざまに訳出され、これらはこのあとプロレタリア芸術運動に大きな影響を与えた。その中の「夜」を築地小劇場が初演したのである（土方与志演出　一九二六年一一月二六～一二月五日）。青年たちの左傾化に正比例するかのごとく表現活動への検閲は徐々に激しさを増し、この「夜」の検閲も酷かった。佐々木は事前に予想して「相当の分量をカットして検閲に出したにも拘らず、さらにその上メチャメチャに削除された」、しかも今回限りの上演、地方公演は許可しないという条件付きであったと記している（佐々木前掲本）。いつもは静かな築地小劇場の観客席が「怒涛の喊声」（水品春樹）をあげ、「驚くような熱狂振り」（山本安英）であった。多くの観客が「夜」の舞台に「全く頭を打ちのめされた」（真船豊）のである。このあと築地小劇場も土方を中心にして何人かが徐々に左傾化していき、演目にそれが反映、二年後に小山内薫が急死すると直ちに表面化する。その芽がこの時から育まれたのであった。

本格的なプロレタリア芸術を目指す前衛座の第一回公演「解放されたドン・キホーテ」（佐野碩演出）は、「夜」

の翌日に築地小劇場で上演された（一二月六〜八日）。小野宮吉のドン・キホーテ、生方賢一郎のサンチョ、関鑑子の王妃、花柳はるみの姫君、千田・佐々木の革命家で、村山は装置と衣裳を担当、しかも反動的な宰相ムルチオ伯で舞台に立ち、好評を得る。秋田雨雀は、築地小劇場の「夜」と共にこの舞台は「深い感動を与へて呉れた」と評している（『演劇新潮』）。

一九二六年一二月二五日、天皇が逝去し〈大正〉が終わり、〈激動の昭和〉の幕が上がる。

第2章 〈日本のダ・ヴィンチ〉

前衛座は「新しいタイプの演劇人を育てる目的」で翌年一月演劇研究所を開講し、演劇集団としての形態を整えていき、五〇人ほどの研究生が集まる。ところが、当時若者を捉えた新しい理論福本イズムの「分離結合論」に演劇集団も影響され、演劇研究は二の次になる。古くからの左翼たちは新進の福本イズムに夢中になっている若者たちを「極左小児病患者たち」「福本イズムの妖怪」（佐々木孝丸）と否定して、集団は思想対立で分裂する。村山は自らの思想的構築も曖昧な中でアンチ福本側に立ち、労農芸術家連盟に所属する。佐々木をはじめ種蒔き社以来の馴染みの仲間達（柳瀬正夢・金子洋文・小牧近江・今野賢三・青野季吉・前田河広一郎・小川信一・佐野袈裟美・葉山嘉樹・山田清三郎・林房雄ら）の側についたのである。この集団にはソヴェート帰りの新進評論家蔵原惟人が加っていた（労芸は六ヵ月後に分裂、前衛芸術家同盟〈前芸〉できる）。

ところが折角出来た前衛座は、二つの左翼集団の間で取り合いになる。柳瀬正夢・久板栄二郎・佐野碩・小野宮吉・関鑑子の座員や研究生たちの多くは日本プロレタリア芸術連盟（プロ芸）に行き、彼らはプロレタリア劇場を作る。そして分裂した労芸の一方の前芸に村山は参加し、佐々木と行動を共にして前衛劇場を立ち上げる。この分裂は村山に好機をもたらした。一九二七年四月に千田是也がドイツへ演劇留学の途につき、柳瀬・久板・佐野・小野らが抜けた後を村山は補い、佐々木と共に奮闘しなければならなくなるからだ。いいかえれば〈遅れてきた前衛芸術家〉村山知義の〈革命的演劇時代〉が到来したのである。

この時期に「やっぱり奴隷だ」「カイゼリンと歯医者」「進水式」「ロビンフッド」等々を書き、演出も装置もする。「進水式」（『文芸公論』一九二七年四月号）の上演について村山は、次のように記す（『自叙伝』）。

日本最初の左翼的専門劇団ともいうべき『トランク劇場』が、その年五月二十八、二十九日、上野自治会館で初演した。私の演出、装置。（略）佐々木孝丸が主役のカイゼルに扮した。当時は制服警官が必ず劇場に設けさせた『臨監席』から監視する例だったが、（旅興行先新潟の…井上注）葛塚の時は警部が舞台上に椅子を置かせて、サーベルを突いて控えており、佐々木孝丸作の『地獄の審判』という劇の進行途中に、突如『中止！解散！』と叫んで芝居をやめさせてしまった。

葛塚は農民運動の盛んな地であったから、恐らくそれで舞台監視も他所に比して激しかったのだろう。当時の状況がわかる好記録だ。

「進水式」は二幕の短い戯曲で、宮殿の間の一幕には、芸術・農業・社会主義・労働者・ストライキなどに関する反動的なカイゼルの長台詞があり、戦艦〈フリードリッヒ三世〉の〈進水式〉式場の二幕では、最後に資本家を見ながらカイゼルが以下のセリフを叫んで終る。

「権力を握っているのは奴等だ！」「見ろ、あの犬のような下司共奴が、しょっちゅう這いずり廻って俺の靴の塵を嘗めてやがる蛆虫奴が、あの硝子玉の蔭に何ていう傲慢な本当の眼をかくしているかを。」「あいつ等だ！すべての責任、何が起ろうと、すべての責任はあいつ等が負うんだ！俺はただ、俺はただ――」（急速の幕）

長台詞が多く、プロパガンダ色の濃い作品である。この時期の村山戯曲には同様なものが多く戯曲としての構成力には欠けるが、斬新ではある。この作品は短いせいもあり「非常に観客に歓迎され、初期の私の戯曲の中で、最も上演回数の多いもの」となったと記している（村山解説『村山知義戯曲集上巻』新日本出版社 一九七一年三月）。

佐々木は「当時、トムが、如何に八面六臂のめざましい働きをしていたか（略）仲間たちから『日本のダ・ヴィンチ』という称号をたてまつられたのもこの頃」と村山の活躍を書く。僅かな人材で集団を動かすには、そうせざるを得なかったのだが、それは豊かな才能を持つ村山知義にとって能力を生かす待ちに待った時間であった。この頃に始まる村山の活躍が、日本共産党から「党フラクション」となるべく党員勧誘された理由だと推測される[4]。

権力の弾圧や抑圧が強力になるにつれ、紆余曲折しながら二つの文化集団は話し合いを持つ（一九二七年一二月二一日）。〈プロ芸〉と〈前芸〉が一つに成る話し合いに村山は参画、早くも左派文化集団の中心メンバーになる[5]。柳瀬正夢が〈マヴォ〉の会合で初めて会った村山を「帰朝早々の新鋭村山知義君（略）は保守的芸術至上主義者であつた。（略）そのころ私は村山君に新しいフォルムには社会主義思想の核が必要である事を説いたが容れなかつた。」（復刻「自叙伝」『ねじ釘』第一号 柳瀬正夢研究会 二〇〇二年）と書いた時から四年、「無産者の夕」から一年と二ヶ月…なんと早いことかと思う。

一九二八年三月一五日、共産党への大弾圧・大検挙（「三・一五」事件）があった。シンパの中野重治や鹿地亘らが捉えられたこの事件で、佐々木は「このときの芸術家に対する検挙は、単なる『まきぞえ』ぐらいなところで大したことはなく、いづれも間もなく帰された（略）が、この『三・一五』のあらしは、両団体の成員に異常なショックを与え、もはや区々たる感情にこだわっていられなく」なったと記す（佐々木孝丸「左翼劇場由来記」『新劇の40年』民主評論社 一九四九年）。度々引いた佐々木の著書『風雪新劇志』にはこの「左翼劇場由来記」も収められているのだが、占領下の『新劇の40年』発刊当時には書けなかったことが一九五九年に出た著書には次のように加筆されていた。

「私たちは、（少なくとも私自身は）、この大検挙の発表で、共産党の実態を、おぼろげながら察知することができたのである。そして、それから受けた、一種悲愴な異常なショックは、プロ芸、前芸の両団体を急速に合同させることになつた」と言う一文だ。

日本共産党は一九二二年七月一五日非合法下で設立されたが、その存在はもちろん明白ではなく文化運動をしている人々も〈知る人ぞ知る〉であったのだ。それがこの大弾圧で明らかになったことを意味している。そして一九二八年三月二五日に新団体「全日本無産者芸術連盟」（ナップ）が成立（創立大会は四月二八日）、新しい演劇集団の名称は、蔵原惟人が「左翼劇場」と名付けて決定、佐々木は「焼け棒杭に火がついて、元のさやにおさまつたというところ」だと記す。共産党と労農党が手を結び両党のシンパ演劇人が左翼劇場を誕生させたと言っていいだろう。村山の時代が始まる。

第3章 左翼劇場のプロレタリア・リアリズム

一九二八年四月、合同後の左翼劇場は創立公演をもつ。村山演出・装置で藤森成吉作「磔茂左衛門」（五幕）を予定していた。しかし初日間際に検閲で上演禁止され、急遽鹿地亘作・佐野碩演出「嵐」（四場）、村山知義の作・演出・装置「進水式」「やっぱり奴隷だ」（人形劇）三本が振り替えられる。上州の農民運動を題材とした「磔茂左衛門」は、一九一六年七月に井上正夫一座が松竹座で一部カットして舞台に上げていたから、左翼劇場側は許可が下りると推測していたらしい。しかし「上演を禁止」された。驚いたことに「磔茂左衛門」は翌年六月、劇団築地小劇場で全幕上演（青山杉作・北村喜八の共同演出）を許可されている。これをみても左翼劇場が権力側に〈赤色要注意演劇集団〉のマークを貼られていたことが分る。

治安維持法が三年前に成立し、この年の六月には「死刑罪・目的遂行罪」が追加され、全県警察部に特別高等課が設置、いわゆる特高が日本中どこにでも存在することになった。そして今から見れば非常に象徴的な出来事になるのだが、これまでこの国の演劇運動を牽引してきた〈ノンセクト〉派の小山内薫が一二月二五日に持病の喘息発作で突然逝く。小山内が押さえていたわけではないが重石がとれ箍が外れたように当時の現代演劇運動は急速に〈左傾化〉するのである。

一九二九年二月四日、全国組織日本プロレタリア劇場同盟（のち日本プロレタリア演劇同盟――略称プロット）の創立大会が開かれ官憲の「中止」「禁止」の中、同盟が結成される（佐野碩の一文『劇場街』一九二九年一二月）。小山内薫の追悼公演を終えた築地小劇場は、時代の表現をめぐって二つに分裂し、残留組の劇団築地小劇場と〈築地〉という〈家〉を出た新築地劇団とが結成される（三月）。新たに出来た新築地劇団（土方与志・丸山定夫・

細川ちか子・薄田研二・久保栄ら）の旗上げ公演は、金子洋文作「飛ぶ唄」、片岡鉄平作・高田保脚色「生ける人形」であった。東京朝日新聞に「生ける人形」の舞台は「エピローグの計画は舞台から実生活へ、芸術から政治へ、演劇可能性の一切を克服して全社会的飛躍を指示するが如く、脚色者と演出者とのたゞならぬ協力と手腕とが感ぜられる。」（五月一〇日号）と評され、集団の思想性のわかる旗上げであった（一九二九年五月三日〜一一日 築地小劇場）。

村山知義の左翼劇場時代の仕事で代表的な作品は、中国の鉄道労働者の戦いを題材にした「暴力団記」（上演時「全線」四幕九場、初出『戦旗』一九二九年七月、初演六月二七日〜七月三日 築地小劇場）だろう。この作品は一週間上演され、当時の左翼劇場では華々しい「レコード」であった。「元気がよくて、燃え立つのは、両築地も数歩を譲る、芝居もうまくなった、あの『全線』のやうのなら、一般の人が観てもおもしろいと感ずるだろう」（都新聞 七月二日号）と劇評が載る。

「暴力団記」の新しさは、菅井幸雄の指摘にあるようにそれまでのプロレタリア戯曲が「闘う労働者の姿のみを描く」か、あるいは「弾圧する資本家階級とか支配権力の側のみを描く」かのいずれか「一方に偏していた」のと異なり、この作品では、「鉄道労働者の闘争とともに、敵である官憲や暴力団の性格をも浮き彫りにしたことである［6］。特定の主人公を置かず労働者集団と暴力団の二つの群の対立を描き、しかも労働者集団は敗北し、復讐を誓う。この敗北も現実味を帯びていた。今からみれば稚拙な部分もあるが、同時代の作品の中におくとその斬新さは際立っている。その上佐野碩演出の舞台は、暴力団や労働者など多数の、いってみれば群集といえる人々を上手く処理して単なるアジプロ劇・プロパガンダ劇の範疇を越えた。

村山は「すぐれた演出者の手にかかれば、戯曲にある欠点が消され、自分にないものが不可されるものだ、ということを悟った」とその舞台表現を評価する（菅井解説前掲書）。築地小劇場の二つに分かれた集団から何人もの演劇人が左翼劇場に参加するようになるのは、この上演の舞台成果に因るところが大きい。滝沢修は「これを見て大いに感激し、それが直接の動機となって、のちに左翼劇場に移り、プロレタリア演劇陣営の一員として働くようになった」（菅井解説前掲書）という。そして左翼劇場の名付け親蔵原惟人（一九二六年にソ連留学から帰国、日本プロレタリア芸術聯盟に加盟）は、「現代プロレタリア戯曲の最高」（「一九二九年の日本文学」）と絶賛した。これではまず一番に党員に勧誘される筈である。

蔵原惟人は、文学芸術の創作方法の問題を理論的に解明し、この時期に「プロレタリヤ・レアリズムへの道」（『戦旗』創刊号 一九二八年五月）を発表していた。簡単に言えば「プロレタリア前衛の『眼をもつて』世界を見ること」「厳正なるレアリストの態度をもつてそれを描くこと」、それがプロレタリヤ・レアリズムという創作方法ということだ。これに「暴力団記」は叶ったのである。

築地小劇場から新築地劇団の旗揚げに参加した久保栄は、「蟹工船」上演で土方与志と袂を分かち、『劇場街』（一九二九年六月創刊）で評論活動を初めていた。その八月号に当時の人々を驚かした劇評「『全線』を観る」を載せる。これは久保の存在を〈左派〉演劇人に印象付けたものとなり、村山戯曲と佐野演出の是非を記した画期的なものとなった。以下、部分的に引こう。

久保は「二七惨変」を中心にした「最近の史実そのものが、すでにプロレタリア戯曲の題材として最適のものであり、これに着眼したこと自体が、すでに作者の第一の功」と記し、この問題は「闘争しつつある日本のプロレタリアートにたいして、最も強く呼びかけ得る」と評価。「いたずらに大衆的興味を追わず、終始一貫プロレタリア的な問題のみを展開しながら、しかも比較的意識水準の低い大衆にまでも訴え得るほど、巧妙な作劇術を駆使している。（ただしこの点では作者の意図を敷衍した佐野君の演出に負うところが非常に多い。）」と評価。「プロレタリアアトを迫害する場面が、比較的蔭になっていること」「ストライキ決行前の急迫せる事態は、暴力団側の劇的行為の中に反映しているのみ」「同士の血は決して無駄ではなかったという事実。『打倒軍閥』『打倒帝国主義』のスローガンを（略）終幕の幕切れに突如『闇中の声』によって語られるだけで終るのは、はなはだ書きたりない」と批判する。

佐野演出については「労働者、暴力団の二つのグルッペの取扱いに於いて、前者を統制ある整然たる一団として、後者を乱雑きわまるハキ溜的存在として表現しようとする意図が、そのかぎりで成功している」「正当な意味でのプロレタリア・レアリズムに立脚している点」「すなわち佐野君の言葉を籍りれば『必要で且つ充分な程度に誇張した演技や滑稽な刺激的シグサ』を意識的に取り入れながら、しかも『表現すべき内容の現実性を極度に発揮し得るような手法』を取り逃がさなかった点」と評価し、該当箇所を詳細にあげた。

これは、これまで具体的な表現として分らない部分のあったプロレタリア・リアリズムが、どのように舞台表現されていたのかを指摘する極めて興味深い指摘である。そして久保はこの舞台の成功が、「村山君の最もよき作品である以上に、佐野君の最もよき演出である」と佐野を褒め、俳優たちの演技も「全員の技術的レベルが、非常に高められた（略）労働者の表現においては他劇団の追従をゆるさない」（『久保栄全集』五巻　三一書房　一九六二年）と称えた。

こうして左翼劇場は現代演劇の先頭を歩く集団になった。そして驚くことに築地小劇場の分裂二劇団も、この時期に革命的戯曲を上演し、成功を収めていく。しかも松竹の本郷座や帝劇（一九二九年一一月に帝劇は経営権を一〇年間松竹に賃貸される）の舞台でであった。資本は、時代のヒーローがどこにいるのかを見極めるのが実に早い。

一九三〇年二月、左翼劇場は徳永直作「太陽のない街」を村山演出で初演、三月にも再演、劇場の周りを観客が取り囲み、多数の労働者も観に来て大成功の公演となった。

そしてこの年五月二〇日、村山は「家にやって来た顔見知りの特高係り三人の来訪を受け」治安維持法違反で逮捕、佐野碩・杉本良吉も捕まった[7]。村山は「この年の検挙の時の状況をどうも記憶がボケてしまい、次の時とどっちかと迷ってしまう」と記しているが、この年は既に二月二六日に共産党の大検挙があり、次の

「検挙の近いことが知らされて」いたという。蔵原惟人はそれ故、密かに特派員という名目でソヴィエトへ行ったのだ。

村山の検挙理由は、「『赤旗』を秘密で読むグループにはいっていたこと、共産党に毎月資金を提供していたこと」(『自叙伝』)であった。村山はこの頃収入の三分の一を寄付していたらしい。そして一二月に釈放された村山に、翌三一年のメーデーに向け演劇上演をしてほしいという「地下の指導部」から指令が来て、「勝利の記録」を書く。これは上海で行われた「分散メーデー」を舞台上で見せ、日本のメーデーでも実践するためであった。

ここで村山の入党について考えたい。村山は三〇年五月に捕まり、一二月に釈放されている。この時はたして「シンパ」だったのだろうか…。[注4]にあげた林淑美は「生江健次予審尋問調書」から生江に勧誘されて一九三一年五月に入党したと書く。そして村山は『自叙伝』で蔵原惟人(二九年九月に入党)から誘われ入党したと書き、『ありし日の妻の手紙』(櫻井書店 一九五〇年)の註で、「出所するとすぐ、五月には共産党に入党し、蔵原惟人、中野重治等とプロレタリア文化聯盟(コップ)の結成につとめた」と記している。

村山と同じ時、蔵原惟人は逮捕を事前に察知して三〇年六月、密かにソヴィエトにいき、プロフィンテルン第五回大会に参加、三一年二月に帰国する。五月に地下の中央部と連絡が取れ、文化団体の指導係に任命されたらしい(祖父江昭二)。村山は釈放後、〈指導部〉の〈指令〉を受けて五月一日初日の「勝利の記録」を四月に書く。『ありし日の妻の手紙』(一九三〇年五月〜一一月)を読むと、〈同志〉たちの話も出て来る。釈放されて出てきたあとの〈五月末に入党〉とは、どうにも釈然としない。これは推測なのだが、この時期に村山は既に入党していたのではないのか。佐野も杉本も前後して入党したのではないか……と思われるのである。

こういう記録がある。堺誠一郎の記録だ。「除隊した私に杉本や関根から連絡があり、共産党員だけに配布される薄い美濃半紙に刷った『赤旗』をあずかったりした」(青木笙子『沈黙の川 本田延三郎 点綴』河出書房新社二〇一一年）。村山はこの薄い「赤旗」を、読書会で読んでいた。「薄い半紙に蠅程の字で、驚くべく立派で綺麗なガリ版刷りの『赤旗』の読書グループを、上から定められた人々とでつくっていた。その場で読み、話し合い、灰にしてしまった。こういう資金と『赤旗』読者のグループをわれわれは『シンパ』と呼んでいた。」（『自叙伝』三巻）。逮捕前に入党していたとみるわたくしの推測もあながち誤りではないように思われるのである。

これ以後、村山は「指導部」からの「指令」で〈演劇行動をする〉、言い換えれば革命的演劇運動の指導者として行動するのではないか、という推測である。

歌舞伎の封建制に叛旗を翻した前進座（一九三一年六月、村山の命名）結成にも村山は関係する。そして現代戯曲史上初めてとなる女性の名前をタイトルにした〈教養戯曲〉（教養小説風の意）といっていい「志村夏江」（一九三二年二月擱筆、四月初演）を書く。村山は「この戯曲で私は長い間の課題だったプロレタリア演劇の新しい形式の創造」を意識して、「詩を取り入れたり、構成舞台を取り入れたりした」（前掲書解説）。これはプロレタリア・リアリズムに「ロマンティシズム」を導入したという意味であるのだと思う。リアリズム表現に広い可能性を加味したわけで、この辺りが前衛美術で出発した村山の美学の発露だ。後に社会主義リアリズムで取り上げる「革命的ロマンティシズム」も大衆への広汎な浸透を意図して取り入れられているのに通じる。その先取りといえるかもしれない。

この舞台は杉本良吉演出で上演されたが、その舞台稽古の日にまた村山は逮捕される。杉本良吉と小野宮吉とで「プロット内党フラクションをつくり、蔵原の指導によって、ナップを改組し」、一九三一年一一月二七日「日本プロレタリア文化聯盟（略称『コップ』）を組織し、大河内（プロ科）、生江（プロット）、中野重治（作家同盟）と私とで、『コップ』内党フラクションを結成して活動していた。」（前掲書解説）。この活動が当局に知られて三二年三月〜六月末までに皆検挙される（コップ大弾圧）。もちろんよく知られる〈スパイMの手引き〉だった。

村山は「舞台稽古の日の未明に、上落合の自宅で、寝込みを襲われたのであった。（略）第一審で懲役三年の判決を受け」豊玉刑務所の未決監に入る。一〇月には熱海のアジトにいた共産党幹部の大半が捕まり、党は殆んど崩壊状態であった。そして村山は三年間も「芸術活動を全く中絶」することに耐えられず、「マルクス主義はどうしても正しいものと思うから、社会主義的芸術運動は相変らずやるが、実際面の政治活動はしない」と「転向」上申書を書いて執行猶予三年になって三三年末に出所する。上申書を書く時には恐らく〈小林多喜二の死〉も〈幹部の逮捕〉も聞いていたのではないかと思う。情報源は妻壽子との面会と手紙だったが、これは残念ながら「空襲で全部焼けてしまった」という。後年村山亜土は原泉が多喜二の遺体が「検屍を断られ」自宅に戻った日について記している。殺された翌日のことだ。「原泉さんは（略）小滝橋に住んでいて、中野さんも父と同時期に投獄されていたので、面会や差し入れなどで同行することが多かった。昭和八年二月、（略）庭から目を吊り上げてとびこんで来て、半泣きのような声で母に、『あたし、先に行ってるからね』と言い捨てて駆け去った。母は声も出ずに立ちすくみ、血相をかえ、洋服ダンスをあけたりしめたりして、身支度もそこそこに出て行った。」（村山亜土『母と歩く時』JULA出版局 二〇〇一年）。その後、壽子は亜土と村山面会時にハンドバッグに書いて見せたという。

蔵原惟人は小林多喜二の死を母の面会で知った。蔵原の村山壽子宛て書簡（二月二十六日）の頃だろうと言われている（小林茂夫解説『蔵原惟人集』新日本出版社 一九九〇年）。村山は〈社会主義的芸術運動〉をするために「転向」して出所した。そして転向小説『白夜』を発表する。これは夫婦の恋愛問題に触れた〈私小説〉で、村山と花柳はるみらしき女優、壽子と蔵原惟人らしき指導者、各々の恋愛についての夫と妻の揺れ動く気持を報告・記述した不思議な小説だ。「転向小説」と言われる割には、本多秋五も指摘しているが、転向に関する作者の逡巡する思いを表した記述はない。あくまでも二人の他者への愛にたいする対応の仕方なのである（『現代日本文學大系』筑摩書房 一九七二年）。

この時期にかかれた一連の〈私小説〉は、権力を意識した村山の意図的行為であるとわたくしには思える。

第4章　大同団結提唱と発展的リアリズム

ほぼ一年半の留守は重かった。留守の間の左派演劇運動は幹部の佐々木孝丸や新人久保栄、八田元夫そして千田是也（三一年一一月ドイツから帰国）によって担われていた。千田は、コップ弾圧のあとの四月〈指導者たちが次々につかまり、段々プロットに深入りした〉と『もうひとつの新劇史』（筑摩書房 一九七五年）に書く。久保栄は合唱詩「五月近し！」や「パン」（翻訳）、「中国湖南省」等が左翼劇場で上演され、「五稜郭血書」を築地小劇場十周年記念公演に書き、演出をしていた（三二年六月〜七月）。左翼劇場の演出部員になりプロット常任中央委員国際委員会責任者にもなっていたし、プロットの関連で前進座にも関わっていた。三三年には、コップの研究会資料として「社会主義リアリズムの輪郭」（七月）、「ソヴェート演劇とわれわれ」（八月）を書く（『久保栄全集』六巻 三一書房 一九六二年）。

久保はここで「芸術創造方法の新しいスローガンとしての『社会主義リアリズム』」が、「『唯物弁証法的創造方法』にたいするアンチテーゼとして」登場したもので「ソヴェート政策を支持するすべての作家を統一的な『全ソヴェート作家同盟』にひろく包含すべきことが主張されている」と作家の〈統一戦線〉に触れ、エンゲルスの手紙についても言及し、さらに「革命的ロマンチシズム」にも触れていた。

一九三二年四月にソヴェート全同盟共産党中央委員会「文学および芸術諸団体再組織に関する決議」で社会主義リアリズムが提唱される。が、社会主義リアリズム論が日本に紹介されたのは遅く、一九三三年二月、上田進〈ソヴェート文学の近況〉（『プロレタリア文学』）で、ここで社会主義リアリズムや革命的ロマンティシズムの問題や世界観と方法の問題が取り上げられていた。山田清三郎（『プロレタリア文学史　下』理論社 一九六九年）

やその他の指摘があるようにこの時、ナルプ（日本プロレタリア作家同盟）指導部は社会主義リアリズムに深い関心を寄せていなかった。それどころか徳永直の「創作方法上の新転換」（『中央公論』三三年九月）を批判していて、ソヴェートの〈方針転換の正しい把握ができなかった〉というのが実情であった。以後、社会主義リアリズムの位置付けで、ナルプもコップもプロットも、種々の混乱が起る。獄にいた村山が、文化面の混乱振りをどのくらい把握していたかは、明らかではない。

「政治の優位性」理論で文学運動を牽引していた小林多喜二が虐殺され（三三年二月）、演劇運動では千田是也も杉本良吉も三三年七月に逮捕され（三五年四月保釈）、佐々木・久保・八田の存在はより大きくなっていた。検閲はさらに厳しくなっていき、左翼劇場の改名披露公演で予定された「煙る安治川」は検閲削除が多く上演を中止せざるを得なくなっていたのだ。演劇集団は穏健な新劇座（伊志井寛・花柳章太郎・英太郎・大矢市次郎・柳永二郎ら）、築地座（友田恭助・田村秋子ら）、テアトルコメディ（金杉惇郎・長岡輝子・北沢彪ら）、美術座（東屋三郎・伊達信ら）などの公演が続いている状況だった。

千田・杉本と入れ替わるように出獄した〈浦島太郎〉の村山を待っていたのは、中央劇場と改名した左翼劇場の三好十郎作「斬られの仙太」（三四年五月二二日〜三一日 於築地小劇場）の舞台であった。水戸天狗党に題材を得たこの戯曲は三好十郎の転向戯曲・左翼運動批判戯曲といわれ、「下級武士の独善と農民蔑視」を「共産党の独善と大衆蔑視が重ねられた」（菅孝行「試論村山知義」『寄せ場』21号 二〇一一年）戯曲と評されるものだ。舞台を観た村山は驚く。

弾圧のために公演不可能に追い込まれた左翼劇場は中央劇場と改称して、三好十郎の転向声明である「斬られの仙太」を上演した。これは三好が自分を純真な農民にたとえ、革命家たちのためにだまされ犠牲にされた、というふうに書いたもので、私の態度とは、一ト口に「転向」とはいっても、全く逆の立場に立ったものであった。（解説『村山知義戯曲集 上』新日本出版社 一九七一年）

そして七月、プロットが解散。村山は「かつてのプロレタリア演劇の仲間たちが右往左往し、思想を失ったいろいろの劇団が乱立し、（略）いい加減な芝居をしている状態」を見て、「転向者」「保護観察下」にある自身の存在を「資格がない」と言っていられないと思い、演劇運動の再開を申し出るべく警視庁へ行く。①「労働者階級を観客対象としない」（職場サークルを作らない・労働者券を発行しない）、②「明確に社会主義的内容を持った劇を上演しない」……という約束を得て演劇活動に戻った（前掲書解説）。そして「新劇の大同団結」を提唱したのである（『新潮』六月号、『改造』九月号）。

簡単に言えば〈観客と妥協しない〉〈進歩的で芸術的に良心的な演劇〉を掲げる職業劇団、〈一つの劇団に最高の演出家や一流の俳優を結集〉、その創作方法は〈発展的リアリズム〉という〈かなり意味の広い標語〉（ロマンチシズムを広範囲に取り込める命名と見た…井上注）のもとに一致できるだろうというこの提唱は、当然にも他劇団から多くの反感をかった。この提唱に強く反対をしたのは、新築地劇団であった。

「マルクス主義の世界観・芸術観は棄てきれぬが、（略）共産主義的政治運動、芸術運動には関与」しないという上申書を書いて出所した千田は、プロット解散から大同団結提唱を次のように書く。

解散の結果、「新築地、中央劇場のような大劇団は、自分たちの延命策を講じるのが精いっぱいだった（略）——その結果の提唱なので中央（左翼）劇場や新築地劇団には…井上注）新協劇団結成のさいの〈引き抜き〉や一部の作者、演出家、俳優の〈切り捨て〉のために根深い反目が生じていた」と……。そして千田はしばらくして新築地劇団に参加する。千田が新築地に入ったのは、新協劇団に参加する杉本良吉と相談の上で、提唱で生まれた二劇団の対立関係を緩和する為であったという（前掲『もうひとつの新劇史』）。

また、八田元夫（新築地劇団演出）の一文を読むと、村山の大同団結提唱は「斬られの仙太」公演が直接的な契機ではなかったこともわかる。

八田は「『天佑丸』（新築地劇団五周年記念公演 三四年四月一〇～一二日 久保栄訳・八田元夫演出）の稽古の最中、

彼は面会を申し込んで来た。（略）演劇の建て直しに関する相談であった。私は趣旨に賛意を表しておいたが、新築地の内部では、その提案の裏にある劇団合同に関しては反対意見が多かった。（略）五周年記念を契機として出来上がった劇団の再結束が、独力でやって行けるという自信を持ち始めたからだった（俳優は丸山定夫・山本安英・薄田研二・高橋豊子ら…井上注）。これに対して左翼劇場は滝沢ほか数名の寥々たるスタッフになっていた。」（八田著「わが演劇的小伝」『新劇の40年』民主評論社　一九四九年）

当時前進座の文芸部にいた久保栄は（給料は六月から支給、正式には一〇月加入）、「伝記おぼえ書」（『久保栄全集』12巻　三一書房　一九六三年）の中で次のようなメモを残している。

銀座の森永で開催された「新劇の今日明日を語る会」（四月一八日）で「大同団結、暗示的に主張さる。」、五月「Tom、仙太をII po-tea の恥といい、Cacakh（佐々木…井上注）と摑み合いをする。（銀座のオデン屋で。）」六月『新潮』に「新劇の危機」（大同団結提唱）が載ると、佐々木が「組織外提唱は無視しろ」と言ったことなどが記録され、これを裏書する佐々木の一文がある。

「斬られの仙太」演出者の佐々木は「問題の進行中に、私は村山と大喧嘩して（理論的にというより、より多く感情的に）、新しい劇団には加わらず、大同団結に不参加を表明した新築地の方へはしつた。三好十郎も私と行動を共にした。（略）文芸部には八木隆一郎、和田勝一、八田元夫、（略）この人たちは、旧左翼劇場の文芸部よりも、みな『おとな』であつたので、私にはひどく居心地の良いところであつた。」（前掲『風雪新劇志』）というものだ。

不在の時間を理解し得ない村山の行動であったが、村山にとっては、そんなことはどうでも良かったのではないか。先に引いた久保栄の社会主義リアリズムに関する一文で「ソヴェート政策を支持するすべての作家を統一的な『全ソヴェート作家同盟』にひろく包含すべきことが主張されている」とあったのを思い出すと、村山の提唱が、その線上の行動と理解される。村山の提唱は新劇人の間に深い疵を残した。が、〈社会主義的芸術運動〉をやるために先鋭部隊的演劇集団を立ち上げようとした村山は、「斬られの仙太」は口実で、執行猶予で出てきたときからの予定の行動であり、これは社会主義リアリズムの提唱が含意する〈統一戦線〉であり、革命的演劇人村山知義に担わされた責務――〈指令〉であったと思われる。

「乱立している新劇団をまとめて新劇界の不振を挽回させようという村山知義氏等の提唱が具体化」（東京朝日新聞 三四年六月一六日）と報道されて新協劇団は作られた。新たに出来た日本新演劇協会の所属団体となって演技部と経営部のみで九月末発足する。俳優と制作のみという奇妙な座組みの中でスタッフは外部から呼ばれ、創立公演「夜明け前」（三四年一一月一〇～三〇日 於築地小劇場）が持たれた。ところがかつてナップからコップへの編成替えの時のようにこの協会はすぐに消え、一二月に日本新劇倶楽部が結成され、新協劇団は独立し、次のような構成で再編成される。演出部（村山知義・久保栄・松尾哲次ら）、文芸部（伊馬鵜平・藤森成吉・秋田雨雀・久板栄二郎・鈴木英輔ら）、美術部（伊藤熹朔・吉田謙吉・島公靖ら）に照明部、効果部などが加わり、新協劇団は本格的な活動に入る。

第一回公演（三四年一一月一〇～三〇日 於築地小劇場）では、島崎藤村の未だ完結をみない小説を取り上げた。村山知義脚色・久保栄演出「夜明け前」（第一部三幕一〇景）で、第二部は三六年三月に上演された。二年の開きがある。この間には、「ゴーゴリー全集の広告劇」と批判された翻訳劇二本、オストローフスキイの映画「雷雨」の宣伝を兼ねた同名舞台（村山装置・演出）、人気新聞小説「花嫁学校」（片岡鉄平作・村山脚色）、「白虎隊饅頭」「坊ちゃん」「閣下よ！静脈が……」（村山演出）、「石田光成」（村山演出）、「断層」（久板栄二郎作・村山演出）、「フアウスト」（久保栄訳・演出）、「マンハイム教授」（松尾哲次演出・村山装置）等が上演される。観客動員は増加したが演目は支離滅裂、「新劇と商業演劇とが接近（略）と取り沙汰」（村山）されたらしい。村山一人の集団と間違えられそうな村山の登場ぶりだ。

ところで何故、旗上げにブルジョア文学者の「夜明け前」が選ばれたのだろうか……。これについてはこれまで検討されたことがなかった。ここで思い出したいのは、かつて小林多喜二がナルプ第五回全国大会に準備した草案だ。多喜二はこの大会以前に地下にもぐり（三二年四月）、大会決議の草案「プロレタリア文学運動の当面の諸情勢及びその〝立遅れ〟克服のために」を書いたという。これに藤村が出てくる。「ブルジョア文学の『ファッショ化』」を指摘し、「軍部に隷属する五日会」を批判し、「〝古風な誠実〟を称えられている嘉村礒多、『夜明け前』の島崎藤村、『山田長政』の中村吉蔵等はすでに五日会の連中におとらず熱心なファシスト文士としての正体を露呈」と切り捨てられていた（山田清三郎前掲書）。小林は「右翼的偏向の諸問題」（『プロレタリア文学』三三年二月号）でも「我々の組織は、『プロレタリア』作家同盟とは云っているが、それは云うまでもなく「コンミュニスト」作家ばかりの組織ではなく、所謂革命的なすべての作家を包含する広汎な組織であることは云うまでもない。何故なら、我々の組織は「共産党」・ボルシェヴィキ組織ではない」からだが、社会ファシストやプロレタリア的と自称している作家団体と区別するものは、「それは指導のボルシェヴィキ性・即ち我々の活動の『党』派性によって！」だと書き、さらに「夜明け前」を、「藤村は客観的には反動的支配の水車に水を注いでいるもので、直木三十五や吉川英治らよりももっと巧妙に『反動的役割』を果たしている。」と断罪したのである。その「夜明け前」を村山は何ゆえに取り上げたのか、という問題だ。

平野謙が「社会主義リアリズムと中野重治」（『平野謙全集5』新潮社 一九七五年）で指摘しているように、蔵原惟人は、〈藝術作品を単に特定の階級的イデオロギイの反映〉としてとらえるだけでは不十分であって、〈それぞれの時代の客観的現実を反映する〉ものとして、時代の現実の客観性をどの程度正しく反映しているかという「藝術の客観的価値」を測定しなければならぬと（「藝術に於けるレーニン主義のための闘争」『ナップ』三一年一一月 古川荘一郎名）記していた。エンゲルスの手紙を思い出させるような内容だが、まさに「夜明け前」はその「時代の客観的現実を反映」している作品といっていいだろう。が、小林多喜二の「政治の優位性」理論とはやはり乖離する。

「政治の優位性」を支持したと推測される村山は、小林多喜二が切り捨てた藤村の「夜明け前」を敢えて取り上げることで、官憲がこの演劇集団に貼るであろう「赤色」を〈玉虫色〉に、否、〈消去〉すべく意図したのではないかと、わたくしにはみえる。このあとの村山の演出作品――「昆虫記」(ファーブル)、「春の日ざめ」(ヴェデキント)、「科学追放記」(藤森成吉作)、「どん底」、朝鮮半島の「春香伝」などを見ても、政治的には安全路線をとっていることがわかるからだ。しかも評を見る限り芸術的にも「どん底」を除き、特筆すべき舞台はない。劇作家としても久板栄二郎や久保栄の方がいい仕事をしている。さらには一九三五年に社会主義リアリズム論争が森山啓・中野重治・久保栄などで展開されたが、それにも積極的に関わっていない。一歩引いているのだ。もちろん演劇雑誌『テアトロ』で松本克平の批判に応えて長い反論は書いているが、明らかに方法論や導入論の是非で表面に出るのを避けているように見える。これはどうしたことかと、思う。

ところが一九三六年に新協劇団名で出された『演劇論』(初版『唯物論全書』三笠書房【発禁】、再刊一九四七年)を見ると興味深いことがわかる。〈進歩的演劇の観客〉のために編まれた世界と日本の過去と現在の演劇書で、筆者は、村山・杉本・松尾哲次・鈴木英輔。もちろん村山中心の本だ。彼は前書き(「進歩的演劇運動起つて既に八年を経る」に始まる――一九二八年の左翼劇場から計算している…井上注)と最後の「日本における進歩的演劇の当面の諸問題」(「発展的リアリズムの演劇の創造と提供」)を書いた。何にゆえ〈発展的〉であったのかが、この中でおぼろげにではあるが理解されるのである。

「読者なり観客なりの全存在に働きかけようとするもの」が芸術で、それは「リアリズムの芸術」であり、ブルジョア・リアリズムのように部分的・断片的に現実を見るのではなく、「われわれのリアリズムは現状の正しい発展に対する明るい展望を持つてをり、そのために豊かなロマンテイシズムを含んだリアリズムで」(傍線…井上)、「健康な空想も飛躍もここに約束される。かういふ発展的リアリズムの演劇の創造と提供」が重要で、自分たちが行おうとしていることだという。これは「創造方法の基本スローガン」社会主義リアリズムの実践を行おうとしているに他ならない。

久保栄が反資本主義リアリズムまたは革命的リアリズムと称した〈日本における社会主義リアリズム〉を村山は発展的リアリズムと命名したのだ[8]。久保は党員でなかったから伏字の〈革命〉を堂々と使用したが、逮捕歴のある党員村山は流石に使えなかった。おそらく村山は革命的ロマンテイシズムを取り込むために――〈明るい展望・豊かなロマンテイシズム＋リアリズム〉――発展的リアリズムと「よび変えた」。そしてこれは新興芸術の先頭を切って歩いてきた村山知義にとっても杓子定規のリアリズム表現に拘らずに済む恰好のスローガンであり風穴であったと思われる。

他方でこんなことも書く。未だ自然主義的リアリズムを抜け出られない〈われわれの演劇〉には、「未来を担ふ労働者農民が主人公となり、生産部面が舞台となる戯曲がまだ一つも現れない」のが「大きな欠点」だと（生産部面を描く～～云々は、社会主義リアリズムの提唱にもある…井上注）。これをみると、「政治の優位性」理論をも捨てていない。短絡的に云えば、意識の上では小林・蔵原両者の理論を入れながら〈発展的リアリズム〉で左翼劇場以来の新劇運動を乗り切ろうとした。その恰好の作品が「夜明け前」であったのだ。そしてこの視点は、『演劇論』がそのまま一九四七年に再刊されたことでも理解されるように、基本理念はその後も変わらず、村山の裡にあったのではないかと推測している。それが戦後の村山の社会主義リアリズム中心の創造へといく。

このあと新協劇団は、「火山灰地」一部二部（久保作・演出）、久板栄二郎「北東の風」第二部（村山演出）、「夜明け前」「ファウスト」（久保演出）、「神聖家族」（村山演出）、「石狩川」（村山演出）などを出して多数の観客を動員して大好評の内に一九四〇年の皇紀二六百年を迎える。

この年、「興行取締規則（警視庁令）」（「国民精神ノ涵養又ハ国民智徳ノ啓培ニ資スル脚本ノ上演」「技芸者ノ申請と許可」「許可証ノ発行」等など）が改正される。新協劇団は二月の芸術祭にどこよりも早く「大仏開眼」（長田秀雄作・伊藤道郎演出・鈴木英輔演出協同）を上演し、奈良文化講座まで開催したのであった。まことに至れりつくせりであったが、〈赤色要注意演劇集団〉のレッテルは塗り替えられはしなかった。〈進歩的演劇〉集団新協劇団と新築地劇団は、一九四〇年八月に国家権力の弾圧により解散を余儀無くされ、一〇〇人余の新劇人たちが逮捕される。多くはそこそこ留められながらも上申書を書いて帰されたが、村山・久保・千田は巣鴨東京拘置所に送られた。

第6章　戦時中――匿名演出と朝鮮半島

一九四二年六月、村山は保釈される。裁判が続き、懲役二年執行猶予五年の判決が一九四四年六月に出る。もちろん執筆・演劇活動の停止だ。「私は裁判所や警視庁に頼んだ末、やっと匿名で演出をしてもいいという許可を得た。（略）ただし、（略）実在の人物であり、その人の許可を得たうえ」（『自叙伝』四巻）でと言われる。

保釈後から生計を立てるために村山は演出をしていた。順不同にあげると、北条秀司の名で「閣下」、堤千代の名で「あしかの茶碗」「我が家の風」、真山青果の名で「岩崎谷」、菊田一夫の名で「桑港から帰った女」「今年の歌」「つばき」「紅の翼」「都会の船」「わが町」「雁来紅の女」を、北村小松「上陸第一歩」、山本有三「米百表」などなど、四二年から四四年におよそ一九作品の商業演劇の演出した。最も多く演出をさせた菊田一夫は、当時緑波劇団の作・演出をする東宝の嘱託であった。両者の記述を見てみよう。

村山は「東宝の有楽座での菊田作品は、東宝の有力者だった彼の力で、何度も彼の名前で演出をさせて貰った（略）彼はその間私にまかせっ放しで、一度も稽古（舞台稽古）にも初日にも、出て来たことがなかった。（略）私は彼には全く一度も会ったことがなかった。」と書く。このあと「目が悪くて」～～云々や菊田の六〇年代の行動への罵倒が続く。会った事がない～～云々は、戦後菊田が村山にあったとき挨拶をしても知らん振りをしていたことについて、菊田が怒っていたから記したのだと推測される。村山の記述には戦時中と戦後という時間的な差があるのだが、それが同時に書かれていて思い違いも多い。

戦時中菊田は有力者ではなく嘱託だった。菊田の記録によると菊田は東宝の演劇担当重役渋沢秀雄に呼ばれて「保釈で出ているMさんから仕事を頼まれている、何か仕事を与えてやってもらいたい」といわれる。〈治安維持法違反〉で捕まった村山知義が、資本家（経済界）にも〈助けられる〉存在であったことを知ると、この社会は権力・反権力の単なる二項対立で成り立っていないことを理解せねばならないだろう。菊田は警視庁保安課を訪ね、「菊田の名前でM氏に演出をやらせていいか」と聞き、「検閲係はまあいいだろう」と応えた。そして菊田は四二年から井上演劇道場の演出をやらせ、第二次東宝劇団「紅の翼」「都会の船」（四三年）の演出を任せた。が、東宝劇団の「運河」の稽古場で菊田を批判し、自分で演出をする。以後菊田は村山に匿名演出をさせていない。詳細は拙著『菊田一夫の仕事 浅草・日比谷・宝塚』（社会評論社 二〇一一年）を参照されたいが、この時期及び敗戦直後の村山と菊田、それに薔薇座（千秋實）に関する逸話と『自叙伝』の記述の齟齬は、客観的にみたところ、村山の誤解（と言っていいのかどうか迷うが…井上注）による一方的な独断が『自叙伝』には述べられているように思われる。いずれにしろ村山は東宝や松竹の舞台の匿名演出で生き延びることができたのである[9]。

そして戦局が危うくなった時、朝鮮へ渡る。村山が戦時中に朝鮮へ行き、演劇活動をしてきたことは、戦後の新劇運動の展開に重大な影響を与えた。帰国した村山が、久保・滝沢・薄田の三者で東宝傘下に作った東京芸術劇場への参加を拒否される原因になり、第二次新協劇団再建の因となったからだ。そしてこれはその後の新劇団の歩みにも大いに関係する。が、村山はそんなことになろうとは思ってもいないで海峡を越えたのである。

朝鮮行きは、第二審の裁判長からの話であったと村山は書く（「朝鮮での敗戦」『八・一五敗戦前後・現代史の証言5』汐文社 一九七五年）。軍部がナチスの秘密拘禁所のようなものを作り、敵軍上陸の時には「君達を皆殺しにする予定だ。そこで「君を朝鮮にやりたいと思う」」、最近出来た〈京城の朝鮮演劇文化協会〉の嘱託という名義にしてあげようと。経済界ばかりでなく国家権力側も村山に手を差し伸べていた。この時期、自由に渡航のできるはずはなく、何らかの〈国家の力〉で朝鮮に渡ったと推測していたが、事実はこういうことであったのだ。そして朝鮮へ渡る。

当時の朝鮮は「本名の朝鮮名を全部新しく日本名に直すことを命じられ」ていた。使用言語は、もちろん日本語だ。村山は種々の演劇公演計画をしたと記しているが実現していない。満州映画から招かれて朝鮮から満州へ行く。木村荘十二監督の映画に「舞踊を中心とするシナリオを書いて」送っていたからだ。が、どのようなシナリオか、映画が完成したのか否かも不明だ。そこで「満人の顔が、いままでとは違い、敵視するような顔だ。ソ連軍がいつ攻めてくるかもし知れず、それを待っている顔だ。」「これはもうあぶない」と直感して京城へ逃げ帰ったという。そして八月一五日が来た。戦後、朝鮮で「日本人狩り」が始まるが、村山は革命劇場で「検察官」を演出したという。使用言語は不明。が、早く帰国した方がいいという「おためごかしの勧説」で最後の帰還船で帰国する。朝鮮で書いた肖像画は七一点あって、その画料を銀行に預けていたらしいが、「皆、逍沢元が取ってしまい、私には一つも返らなかった。」とも追記に書いている。

以上のような記述が一九七五年に発表されたのだが、帰国当時、久保や滝沢の質問にどのように応えたのかは記録されていない。結局、何をしに朝鮮に行ったのかは、これでは分らない[10]。上手く行けば朝鮮の演劇人との〈統一戦線〉の可能性を探るつもりがあったとも推測されるが、記述を見るとそれはなかったようだ。やはり生き延びるために行ったのだと思う。それは久保栄が、予審判事から「宣戦の詔勅がくだった(略)あるいは軍法会議に廻るかもしれない」と聞かされたとき「激しい動悸がして、椅子にかけた体の安定を失いかけた」(一月二日〈日記〉)のと同様に、村山にとっては「君達を皆殺し」というのは、恐ろしい現実であったからだ。

第7章　敗戦直後の活躍とその後

村山知義は、一九四五年一二月に帰国した。一二月には、東京芸術劇場（東芸）の結成と新劇人のお祭り公演「桜の園」があった。村山はかつての仲間たち（久保・滝沢・薄田）の東芸に参加したかったが、断られる。理由は〈朝鮮でした村山の仕事〉〈戦争責任〉などに明確な回答を与えなかったからだといわれている。詳細は拙著「敗戦後の芸術運動　久保栄の東京芸術劇場」（『近代演劇の扉をあける』社会評論社　一九九九年）に譲るが、村山が納得させる回答をあたえられなかったのも、これまで見て来た在り様を思うとわかるような気がする。彼は日を待たずして第二次新協劇団を立ち上げた（一九四六年一月一九日[11]）。

新協劇団の再建について、三つの既存集団、俳優座（千田・青山杉作・東山千栄子ら旧築地小劇場系の伝統の上に活動　四六年三月一九日　第一回公演「検察官」東京劇場）・文学座（久保田万太郎・杉村春子・中村伸郎ら芸術至上主義的傾向を新時代に適応大二九回公演　和田勝一作「河」三月二六日　東京劇場）・東京芸術劇場（久保・薄田・滝沢らアカデミックな研究的態度の標榜 第一回公演「人形の家」三月一日 有楽座）の存在意義を認めながら彼等にない部分、「大衆の盛り上がる芸術的エネルギーの高揚に応え、その創意性を生かし、真に民主主義的な新劇を大衆のなかから、大衆とともに創り上げる」（「新協劇団活動再開の経過」）という必要を感じたからだと記した（『新劇年代記　戦後編から引く）。

そしてどこよりも早く二月一九日から邦楽座で、フォードロフ作・村山脚色演出装置「幸福の家」を新協劇団第三九回公演と銘打って戦後の出発を始める。これまで進歩的演劇運動の先頭に立って歩いてきた[12]と自認する村山は、敗戦後も出発第一号を意図したのだと思われるが、この立ち上げは村山の意識の上では、戦前の「進歩的演劇集団」である新協劇団のつづきであり、更には一九二八年以来の革命的演劇運動の延長線上にあることを意味していた。村山には演劇運動に断絶はなかったのだ。驚き以外の何ものもないが、これが村山知義なのである。

連合軍が日本を占領統治することになり、当初は軍国主義を撲滅する為の民主化政策がとられた。「今や新劇ならでは夜も明けられぬといった熱愛を寄せられた終戦後の劇界変動」（久住良三）と評されたごとく、弾圧されていた日本共産党も新劇も時代の寵児となる。四五年一〇月八日に出所した土方与志も村山知義も新しい現代演劇を動かす重要な存在になり、村山は「共産党の文化的な仕事もいそがしく」（『自叙伝』）なる。薔薇座の芝居（四六年「新樹」）の演出を頼まれた村山が高額の演出料（商業演劇作家の大家の倍）を取りながら、稽古には「二度」しかこないと千秋實に非難された逸話や共産党から戦犯容疑者として提訴されていた菊田が、劇作家を集めた会議でGHQの将校と「楽しげに振舞っている」村山に会い、挨拶をしても「にこりともしないで去ってしまった」（「敗戦日記」『菊田一夫の仕事』）という既に触れた逸話……などなど、戦後の〈寵児時代〉の村山非難にはこと欠かない。村山は、やっと訪れた思想も舞台も自由に作れる時間の到来に浮かれていたのかもしれない。

四五年から五〇年のレッドパージまでの間、民主化政策や労働組合運動の高揚で思わぬ演劇状況が生まれる。自立演劇運動である。日本共産党の芸術学校出身の劇作家が出て、自分達の状況に合った戯曲を書き、上演した。その人たちを村山は育てたのだ。アマチュア劇団が数多く存在してその後彼等は俳優になり、劇作家になり、観客になる。六〇年代半ば過ぎまで続く新劇ブームの礎が、この時期に作られ、その後リアリズム演劇を掲げた大小の新劇団（新協劇団・俳優座・民芸・文学座・ぶどうの会・文化座などなど）が新劇ブームを拡大した。

先にも触れた『演劇論』を三笠書房からそのまま出したのが四六年、『新劇の40年』（民主評論社）と『現代演出論』（早川書房）が四九年で、後者の中に社会主義リアリズムに関する一文がある。

社会主義リアリズムという創造方法がどういう内容を持たねばならぬかという点については、ソ同盟でもまだ充分に豊富な答案が出されていない。（略）或る人たちは「社会主義的世界観を持つている芸術家の創造方法」という意味に解釈しており、これもまた正しい考え方だと思われる。（略）社会主義リアリズムが「社会主義的現実を実現する過程にある現実の形象化のために、唯物弁証法を適用する創造方法」または「社会主義的世界観を持つている芸術家の創造方法」であるということになるなら、その名称を採用してもよいであろう。

芸術について「芸術は、美、崇高、勇気、愛情等の感動をわれわれの心にひき起すものである。芸術は感覚、感情の手段によつて表現するのであるが、その表現されるものは、感覚、感情に限局されず、それを通して思想をも表現し、受け取る側の思想にも働きかける」と記す。やはり左翼劇場以来、村山は変わっていない。「時代によって美が移り変わる」（「現代芸術の課題」講演 一九七六年八月）と指摘する村山も、その「美」の創造方法は世界観との関係から「移り変わる」ことが出来なかったのだろうか……と思う。

『いま、村山知義』（東京芸術座 村山委員会編 一九九一年。第二次新協劇団は一九五九年に劇団中芸と合併して東京芸術座になる。）によると、村山の演出作品は四一四本、上演戯曲は一九四作品、油絵肖像画二五〇点（推定）、舞台美術一五〇余、小説多数、挿絵・装丁・ポスター多数、とある。一九二五年に始まる村山演出が一九七六年の「回転軸」（勝山俊介作）までの五二年間で四〇〇作を超えると言うのは、ラインハルトの記録に追いつくらしい。もちろん自分の劇団だけではこれほどの数にはならない。代表作の大作「死んだ海」（一九五二年）――恐らく久保栄の「火山灰地」二部作に匹敵するものを意図して四部作を書いたと推測しているのだが、これを完成・上演後から前進座や文化座、東西の松竹係劇場（歌舞伎座・新橋演舞場・明治座・松竹座などの歌舞伎・新派・

新国劇・新喜劇など）の演出を始める。時代は新劇も商業演劇も共にリアリズム演劇の時代であったから、演出力が買われて村山は商業演劇で重用視されたのだ。東宝にはヒットを飛ばしていた重役菊田一夫がいたから松竹は村山を呼んだ。

更に六〇年には民芸創立十周年で「どん底」を演出し、六二年には久保栄没後記念で「火山灰地」を演出する。ここでは紙幅の関係から「死んだ海」も演出も論評できないが、残されている「火山灰地」（一部のみ）公演のビデオ（NHK所蔵）を見る限り、村山演出も民芸の俳優達も素晴らしい舞台を生み出している。新協劇団以来のリアリズムの演技や舞台が民芸公演に結晶しているのがよくわかる。時代劇の「終末の刻」（五六年）、「国定忠治」（五七年）や「蟹工船」（六七年、近年村山演出で再演）の完全上演なども含めて、これらの舞台は今後検討されなくてはならないだろう。

村山演出について西島悌四郎は「演出家としてのトムさんは俳優のありきたりな紋切型の演技を嫌った。セリフとジェスチュアのコントラプンクト的結合をしばしば要求している。コントラプンクトとは元来が音楽用語で、対位の法則とでもいうのでしょうか。『現実というものは、複雑なものです。近視眼的に、一面的に見てはいけない。色々の要素がからみあって構築されているんですよ。それを俳優が如何に発見し表現出来るかが演技というものです。そのためには現実をリアルに的確に表現している優れた小説（例えばバルザックの作品のように）を読みなさい。哲学を勉強しなさい。それが俳優の勉強なんですよ。』と噛んで含めるように俳優達に」話したという（「日本最初の民主的演劇の擔い手、トムさん」『いま、村山知義』）。

村山の基本にあるのは、リアリズムであることがよくわかる。わたくしも、演劇の基本はリアリズムにあると考えているから、この村山の助言は的を射たものであると思う。俳優達は、これを基礎においてそこから飛翔するのだ。

菅孝行は、〈村山が「社会主義リアリズム」の演劇人としては死ぬまで不遇だった。第一の理由は、集団を構成する人材の力量に起因し、芸術の実作者としての村山は、本質的に社会主義リアリズムに馴染まなかったという思いが去来する。村山の中にあるアヴァンギャルド性がアキレス腱だったのではないか〉(「試論村山知義」前掲文)という。そうであろうかと、わたくしは思う。

戦前と戦後は、演劇運動として村山の意識上では同一線上にあった。リアリズムに対する考え方も表面的には変わっていない。が、その内実は微妙に変化していたのではないかと推測している。異なる社会情勢に生きる劇作家・演出家・俳優が同じであろうはずはないからだ。それは〈巨人村山知義の戦後の仕事〉を見ていくとおのずと明らかになるのではないだろうか……。

[注]

1 築地小劇場という名称は、劇場と演劇集団の両方に使用される。京橋区築地二丁目二五番地の借地二四〇坪、建坪八〇坪、建築費約一〇万円、中栄一徹・浦田竹次郎設計、舞台間口四〇尺、奥行二五尺、高さ四〇尺、舞台奥にクッペル・ホリゾント、舞台前面中央にプロンプター・ボックス。土方与志が私財を投じて建設した。集団は同人組織で、小山内薫・土方与志・友田恭助・和田精・汐見洋・浅利鶴雄の六名。客席は一階のみで傾斜があり、六人掛けの木のベンチが並び、収容人数約四五〇名であった。千人以上の大劇場が大半の東京の劇場の中では少ない客席数であったから小劇場と名付けたのであろう。尚、わたくしには「演劇の100年」(『20世紀の戯曲 Ⅲ』社会評論社)という演劇史がある。全体の演劇史については、これを参照されたい。

2 先駆座・築地小劇場・左翼劇場(一九二八年)の三つの演劇運動を、私は新興芸術の演劇集団と位置付けている。詳細は一八六八年から一九六八年を対象にした演劇史「演劇の100年」『20世紀の戯曲』3巻(社会評論社)を参照されたいが、写実でもなく自然主義でもなく、舞台は演技も装置も照明も、これまでにないアバンギャルドの表現形式であったからだ。

先駆座の面々は『種蒔く人』のメンバーでもあった。『種蒔く人』は、一九二一年一〇月東京で発刊された版とその八ヵ月前に三号発刊された土崎版（二月から）とがある。革命的文学運動のルーツをどこに求めるかは議論のあるところらしいが、分銅惇作は次のように言う。

プロレタリア文学の概念がほぼ定着したのは、『文芸戦線』であり、一般化したのは「日本プロレタリア文芸連盟（一九二五年）が発足したころからであり、その高揚した時期が「ナップ」成立後と考えてよいかと思うが、プロレタリア文学が意識され模索されたのは『種蒔く人』からである。（「『種蒔く人』の成立の思想的背景―土崎版を中心として―」『「種蒔く人」の精神』所収、「種蒔く人」顕彰会二〇〇五年）

つまり『種蒔く人』は、革命的芸術運動（文芸も演劇も）のルーツとなったのである。尚、『種蒔く人』の延長線上に位置する『文芸戦線』新生第一号は、一九二四年五月に創刊され、一九二五年一月号で休刊した（全八冊）。その後同年六月に再刊される。

3　井上理恵編『新劇と移動演劇』（コレクションモダン都市文化60 ゆまに書房二〇一〇年一〇月）を参照されたい。

4　村山の入党に関する論に、林淑美「『演劇的自叙伝』は、一九三〇年で終っている」（『水声通信』3 水声社二〇〇六年一月）がある。ここで当時の文学芸術関係の作家達の中で村山が一番早く党員になったことが明らかにされている。紙幅の関係から引くことができない。

5　前芸からは、蔵原惟人・林房雄・川口浩・村山知義・永田一修・山田清三郎・佐々木孝丸。プロ芸からは、中野重治・谷一・鹿地亘・森山啓・佐藤武夫・佐野碩・久板栄二郎が参加した。この中で俳優・劇作家・演出家は村山・佐々木・佐野・久板だけだ。

6　村山知義著『暴力団記・志村夏江』新日本文庫菅井幸雄解説一九八二年一〇月

7　村山壽子著・村山知義編『ありし日の妻の手紙』（櫻井書店一九五〇年）は、村山の初めての入獄時の妻からの手紙が収められている。壽子は一九四六年八月四日に他界、一周忌に編まれたもの。一九三〇年五月二二日から一一月二九日までの壽子の手紙と新劇事件で捕まった時の、一九四一年三月二七日から一九四二年四月一七日までの手紙。

8　久保栄は「リアリズムの一般的表象」の中で次のように書き、村山の単に「よび変える」やりかたを批判していた。

「われわれのリアリズムの一般的表象は――資本主義的秩序が生み出す個々の社会悪を部分的に描き出す自然生長的なリアリストから、資本主義体制の全面的批判を通じて、明日へのゆるぎなき歴史の歩みをあばき出す目的意識的なリアリスト作家をひろく包含するものとして規定されなければならない」と書き、そのための合い言葉は社会主義リアリズムではなくて反資本主義リアリズムだといった。「社会主義リアリズムか反資本主義リアリズムかという命題の立て方を、単なる名称争いのごとくに軽視する傾向が、われわれの間にある。たとえば村山知義君は、グロンスキーが革命的ロマンチシズムを社会主義ロマンチシズムとよび変えることを承認したという一例を盾にとって、この基本的命題の立て方を平坦化しようとする態度に出ている。だが、ソ同盟の社会主義段階において社会主義的ということがただちに革命的とよび変え得るのにたいして、われわれの体制のもとでは、社会主義的ということと反資本主義的ということとの現実的な概念の完全な一致がないところにこそ、われわれの深く研ぎすまさなければならない問題がひそむのではないのか？（略）われわれのリアリズムの正しさは、その反資本主義性にあるのであり、プロレタリア芸術のみの単独的な力が、われわれの場合、芸術の経済へおよぼす変革的な力を形づくるのはない。」（『久保栄全集』六巻　一九三五年）

9　村山に限らず、千田も匿名で仕事をしたし、逮捕され出所した多くの新劇人は、移動演劇や商業演劇で生計を立てた。村山・千田同様に活動禁止をされていた久保栄は、自由が丘で「小山内薫」論を執筆し、匿名の演劇活動はしなかった。戦後久保が村山の戦争責任を追求したことについて、菅孝行は「久保には吉田隆子という、彼の生活を支えるパートナーがあった。」（「試論村山知義――ある20世紀的精神の彷徨」『寄せ場』21号　二〇一一年）と指摘しているが、これには若干誤りがある。戦時中、久保は生活の足しにと細川ちか子の好意でドイツ語の出張教授をしていた。吉田は結核で起き上がることも出来ない状態で自宅療養していた。そんな吉田に栄養価のある食べ物を運んでくれたのは、日本女子大学校時代の友人やピアノの弟子たちであった（久保マサ談）。尚、久保栄の戦中戦後については、拙著『久保栄の世界』（社会評論社　一九八九年）を参照されたい。

10　喜多恵美子「村山知義にとっての朝鮮」（前掲『水声通信』3）の一文でも明らかではない。喜多は満州に「しばしば出張」というが、一度行って帰ってきただけ、と村山文では読める。菅孝行も［注8］に上げた文章で村山の行動を「朝鮮での敗戦」にそって跡付けているが、証明はされていない。

11　演出　村山・八田・客員土方、俳優　三島雅夫・松本克平・加藤嘉・山田巳之助、大森義夫・下条正巳・織田政雄・細川ちか子・原泉・小峰千枝子・土方つま子、清洲すみ子らに井上正夫が演劇道場を解散して一座を率いて参加。戸板康二は「井上正夫が新協にはいったのは、マスコミ的表現をすれば、戦争直後の十大ニュースの一つですね。初日に『幸福の家』を見に行って、井上が新協の芝居に出た時、いいようのない異常な感銘を受けました」と村山との対談で語っている（『対談日本新劇史』青蛙房 一九六一年）。

12　菅井幸雄は、「村山知義の演劇史的位置」（『演劇創造の系譜』青木書店 一九八三年）で、村山の戯曲集が一九七一年に出たときの村山の〈御挨拶〉を引く。「今年で七十歳になった（略）戯曲家、演出家、舞台装置家として、常に日本の新劇運動の尖端にたって闘って来た。（略）いくつかの劇団を創立しつつ、一貫して闘いを続けてきた」（傍線…井上）と挨拶した。

　この時村山は、新協劇団と中央芸術劇場が一つになった東京芸術座の主催者であった（一九五九年に合併）。「尖端」という言葉は、「歴史とともに歩んでくることが可能な世代であったからこそ」言えたのだと菅井は書く。それにしても自己肯定感の強さには驚きを禁じ得ない。

　本稿は、岩本憲児編『村山知義　劇的尖端』（森話社 二〇一二年）所収論文である。誤字・脱字を改め若干加筆した。

第Ⅲ部

村山知義と朝鮮［1］

はじめに

韓国併合に関する日韓条約調印は一九一〇年八月に行われた。大日本帝国は「韓国王室を皇族の礼をもって遇する詔書を下し、条約を公布、即日施行」「韓国の国号を改め朝鮮と称し、朝鮮総督府」を置き、大韓帝国を併合し統治下においた。九月には「朝鮮の全政治結社を解散させる方針」で「一進会に解散を命じ、解散費15万円を与える」と記録されている（『近代日本総合年表』岩波書店 一九八四年）。以来、一九四五年九月二日のポツダム宣言受諾―降伏文書署名まで朝鮮半島の領有は続いた（正式には九月九日に朝鮮総督府が連合国軍への降伏文書に調印後解放）。

戦後、金達寿が「玄界灘」（『新日本文学』一九五二年一月号～五三年一一月号、『〈在日〉文学全集1金達寿』所収 勉誠出版 二〇〇六年）で、「それは一九一〇年八月の、まだ暑いある日であった。朝鮮人は、あの総理李完用ほか数人以外の朝鮮人は全くあずかり知らなかったことだ。知らぬ間のことであった。（略）李王家は日本へつれていかれて、日本天皇一家の〝宮様〟というものに加えられ、総理李完用は侯爵などという、貴族に列せられた。」と表現した「朝鮮併合」、国家をあげて同化政策をとっていた朝鮮へ、大日本帝国統治下の朝鮮へ、村山知義は一九三八年二月以降、度々訪れていた。最初の渡鮮は朝鮮古典「春香伝」の資料収集だと報じられる。が、村山演出「春香伝」（張赫宙作）の初日は三月二三日だから、二月半ばに今さら資料収集でもないはずで、他に目的があったと考えられ、「春香伝」の公演日程やその後の行動を見るとそれは自ずと理解された。

「春香伝」は築地小劇場で上演された後、四月二七日～五月三日まで大阪・京都で公演し、秋には新協劇団員たちと朝鮮に渡った。一〇月二五日から京城（ソウル）と平壌（ピョンヤン）で、一一月一日から八日まで大田（テジョン）・全州（チョンジュ）・群山（クンサン）・大邱（テグ）・釜山（プサン）と巡演（平壌を除き全て南朝鮮…井上）。つまり最初の訪問は、後で触れる村山シナリオ「春香伝」映画の相談が主目的で、その時話が出たのか、あるいは初めから予定していたのか、明らかではないが、朝鮮公演の取り決めもしたと推測される。何故なら、朝鮮の衣装を既に借りて東京で公演していたのだから……（後述）。通常、巡演の〈先のり〉の場合は公演日に近い日に行われることが多いから直前にも出向いているだろう。これも後で触れるが二度目の村山と仁木独人と二人の渡鮮がその相談で、三度目が巡演時であった。

戦後新劇にとっての問題は一九四五年の村山の渡鮮だった。「三月末から十二月末まで、まる九ヶ月、朝鮮の京城に住みました」（「朝鮮の婦人」［2］）と後に記したように、朝鮮を「領有」した大日本帝国の芸術家として朝鮮に渡る。村山はこの渡鮮を後年『戯曲集』（一九七一年）の自筆年譜に「亡命」と記載している。が、植民地に「亡命」はないだろう。後付けもいいところだ。この辺りも後で触れたい。

朝鮮解放前に満州国奉天にも行き［3］、八月一五日は京城の趙澤元舞踊研究所でラジオ放送を聴く。村山がテキストを書いた「朝鮮最初の朝鮮語」のオペラ「春香伝」の稽古をしていたのだ（「八月十五日の記」櫻井本）。

解放後に京城でゴーゴリーの「検察官」演出、小説「明姫」執筆、「全線」の演出（上演は不許可になったようだ。これらの行為を自筆年譜では「直ちに朝鮮の進歩的新劇のために活動」と記載）をして一二月に帰国。すぐに久保栄・薄田研二らと東京芸術劇場参加について会談するが決裂し一九四六年二月第二次新協劇団を再興する。これについては第二部でも触れた。

村山の朝鮮行きと一九四五年の半年以上に亘る彼の地での在りようとそれへの自己批判の欠如…等々が、戦後の新劇関係者、戦後新劇の出発に多大な影響を与える。

以下、可能な限り村山の渡鮮を明らかにしていきた。

第1章　朝鮮芸術へ向かう

欧州に興味が向いていた村山は、戯曲集『スカートを穿いたネロ』（原始社 一九二七年六月）、『最初のヨーロッパの旗』（世界の動き社 三〇年一月）の二冊の戯曲集を出している。前者にはプロレタリア演劇作品、後者には、「スカートを穿いたネロ」以降の戯曲作品が収められ、序で「移動演劇活動の重要さ」「未組織大衆に訴へかける戯曲の生産の必要さ」をいい「我々の戯曲は、めあてを違えずにうみだされねばならない。」と記す。「薔薇」（ヘルミニア・ツール・ミューレン原作童話、荒畑寒村訳、村山脚色）、「小さいペーター」（同原作童話、林房雄訳、村山脚色）、「トラストD・E」（イリヤ・エレンブルグ原作「ヨーロッパの滅亡」、昇曙夢訳、村山脚色）、「馬鹿の療治」（ハンス・ザックス原作、久保栄訳、移動演劇用に改作村山）、「西部戦線異状なし」（ルマルク原作小説、村山脚色）、「ヨーロッパの旗」（阿片戦争題材を江馬修が戯曲にし、村山演出で加筆上演、所収時に全面書き下ろす）、シナリオ「犬にされたカスベル」（カスパー・ハウゼル原作・左翼劇場訳戯曲を基にシナリオ化）が収録された二冊目は、更に明確なプロレタリア戯曲集になっている。

その彼が、朝鮮芸術を射程に入れるようになった理由は詳らかではない。初めに記したように日本国は朝鮮半島を領有していたから、東京で朝鮮の人たちと早くから知り合う機会はあったかもしれない。が、村山が直接親しい関係を結んだという記録は、管見のかぎりない。おそらく村山の左傾化と関係があり、その契機は第Ⅰ部の5回で記したように一九二六年の〈無産者の夕〉だから、やはりプロレタリア演劇運動時代であろう。

全日本無産者芸術連盟（ナップ）が、三・一五の共産党大検挙後に組織されそれまで支部ごとの文学・演劇・

美術・音楽・映画などの芸術専門分野が一九二八年一二月に全国組織に改められた後の可能性が高い。村山の参加する左翼劇場は、各支部の演劇部を全国的に統一する組織――日本プロレタリア劇場同盟（プロット）の加盟劇団となり、代表者として佐々木孝丸・佐野碩・松永敏・村山が選出された。活動方針の中に〈演劇戦線の統一、国際的提携〉等が見いだされるが、プロットに加盟した演劇集団の中に朝鮮演劇集団は一九三〇年四月の第二回全国大会の中央執行委員会にはない[4]。この大会の様子はプロット機関誌『プロレタリア演劇』六月創刊号で把握できる（発禁処分）。七月号の広告に『プロレタリア科学』が載っていて、そこに林怨「朝鮮における近代劇運動」論が、一〇月号裏表紙広告に『プロレタリア映画』（植民地解放闘争号一〇月号）があり、「植民地に於て映画は如何に歪められるか」（松崎啓次）、「朝鮮に於けるプロレタリア映画運動」（金幽影）論が出ている。演劇にも映画にも朝鮮関係者が参加していることがわかる。

朝鮮総督府警部兼外務省警部だった坪江汕二の著書によれば朝鮮語の劇団――学生芸術座・東京新演劇研究会・朝鮮芸術座が、重圧下の一九三四年頃には〈青息吐息ながら〉存在していたことがわかる。朝鮮劇団はプロット全盛期には左翼劇場などと協力関係にあったと推測される（『朝鮮民族独立運動秘史』日刊労働通信社一九五九年）。

一九三四年三月に「執行猶予三年」で出てきてから新劇人に村山が大同団結を語っていたことは第Ⅰ部第16回で触れた。五月に『テアトロ』が創刊され、村山は創刊号で表紙デザインと劇評（新派若手集団裸座、ムーランルージュ、築地小劇場特別公演）を担当する。その後、六月一九日に日本プロレタリア演劇同盟は「同盟解散に関する決議」を発表。村山は『新潮』七月号（六月発売）で「新劇の危機」を発表、『テアトロ』は七月号で「新劇の危機」座談会、八月号で大同団結問題について演劇人の意見を載せ、一一月号に大岡欽治の「大阪の新劇団大同団結についての私見」を載せた。

既に七月二九日の東京朝日新聞に「新劇合同」の記事が出ているが、その中に次のような一文があった。

「我が国の新劇運動は殆んどその全部が東京を中心として行われ現在存在する劇団の数も旧プロット所属の

中央劇場、新築地、めざまし隊、三・一劇団を始め、築地座、美術座、金曜会、テアトル・コメディ、劇団新東京、スタデオ東京、東京演劇協会等無数に上り、プロット関係を除いてはそれ〴〵孤塁に立籠もりようやく生命を支えていると言う有様、（略）」

ここに出て来た三・一劇団は、朝鮮演劇集団の三・一劇場の誤記であろうと思われる。この集団は『テアトロ』（一一月号）で「プロット解散後のわが三・一劇場の新しい出発に際して」を記していた。唯一の革新的朝鮮演劇集団の成り立ちなどが把握できる。

「わが三・一劇場は、今から四年前一九三〇年六月に『東京朝鮮プロレタリア演劇研究会』から出発して、我我みんなの欲求を充足し、新しい生活の鑑となり、精神の糧となる真正な演劇を創造するために、研究と実践を重ねて、同年十月に『東京朝鮮語劇団』として発展したのです。（略）第一回の試演を築地小劇場で開く（略）在日本朝鮮民族演劇（文化）発展のために、社会存在を認められる（略）翌年二月八日にプロットに加盟（略…加盟と同時に三・一劇場と改名…井上）プロットが解体するまで、満三ヶ年以上プロットの旗の下で、在日本朝鮮民族演劇の樹立を目的として、献身的努力をしてきた（今後は…井上）純然たる演劇芸術集団として（略）日本に居る朝鮮民族演劇の先鋒隊になりたい（略）劇団の名称も改めるつもり（略）わが民族演劇を愛するみなさんには、われらを包囲してゐる内外的困難を御諒解下さい。」（一九三四年十月一日）

この一文は「資料」欄に掲載されていた。これは報告あるいは宣言だ。劇団名称変更は、左翼劇場が中央劇場と改めたのと同じで官憲への配慮だろう。「三・一」が一九一九年の朝鮮独立運動に由来するからで、国家に危険視される集団であったから「資料」としなければならなかった。

これに呼応するかの如く翌一二月号に村山の「朝鮮の演劇のために」が載る。この年の九月二一日高知県室戸岬に上陸した台風は、京阪地域に多大の被害をもたらした（室戸台風）。村山は本所公会堂で開催された「南朝鮮と関西の風水害の被害朝鮮人救援の爲の音楽舞踊会」に参加する。この救援活動には「東京にある朝鮮の三十余団体が協力した」ようだが、村山はこの会に参加した理由を三つあげ、①朝鮮は「日本文化の母胎」である、②崔承喜の踊りを見るため、③「嘗て三一劇場を先登として、プロレタリア的見地から朝鮮の民族演劇（乃至芸術）が開花の緒に著いたのに無残にも莟のうちに散つてしまひ、新しい方針が立たないでゐる」からだという。村山は「みづみづしい美少女」崔承喜の踊りに熱狂する観客を見て、かつてコップ（日本プロレタリア文化連盟）がやった「朝鮮の夕」を思い出すと記した。やはり朝鮮民族の解放を目的とする文化運動のころから村山は朝鮮の芸術に向かい合っていたとみていい。「朝鮮の夕」でも救援の舞踊会でも、朝鮮人観客の熱狂はすさまじく、高度な芸術と大衆的芸術の違いを伝えなければと感じたようだ。

ここで村山は新協劇団を立ち上げる時のように「芸術的に高度な、観客と妥協せぬ、従つて可なり文化的に高度な観客を」対象とする演劇創造を「在内地朝鮮人」集団に求めている。これは村山が新劇大同団結で「1進歩的な、芸術的に良心的な、2観客と妥協せぬ、3演出上に統一のある、という三つの指標」（『新協劇団五周年記念出版』）の提唱と同じだ。高麗劇場と名称変更した三・一劇場は〈唯一の朝鮮人の朝鮮語による進歩的な、主として大衆的な、民族的な演劇を創造提供することを目的とすべき〉と、村山はいう。そして日本新演劇倶楽部主催で朝鮮民族芸術の夕をしたらどうかと日本と朝鮮の新劇人にアッピールしている。

日本と朝鮮の芸術家が手を結んで進もうと告げる村山が、プロットは解散しても、権力に〈一通〉書いて出てきても、その思想的・芸術的姿勢に全く変化はなく、あくまでも進歩的芸術指導者として演劇運動に向かっていくつもりであることが分かる。

第2章　村山と朝鮮の芸術家

先に上げた坪江の著書に、朝鮮語三劇団──学生芸術座・東京新演劇研究会・朝鮮芸術座の三劇団合同は村山知義の斡旋で一九三六年一月五日に牛込倶楽部で可能になり、一月末に蒲田の糀谷劇場、鶴見の岩戸館、神奈川玉川の高津館、芝浦青年会館で「土城廊」「猟火」「牛」を上演したとある（『朝鮮民族独立運動秘史』）。ここは日本と朝鮮の労働者たちの多い地域京浜工業地帯の劇場で、朝鮮語の上演だった。村山が一九三四年以降、積極的に彼らとかかわり、「在内地朝鮮芸術家」の活動に指導的立場にいたことが理解される。

上演戯曲のうち「牛」は劇作家柳致眞の戯曲、「土城廊」は金史良が佐賀高等学校時代に書いた小説の脚色作品で、これは朝鮮芸術座が上演した。村山は柳致眞とも金史良とも親しくしていたようだ。特に金史良は、保高徳藏が主宰する同人誌『文藝首都』の同人になり、ここに載せた「光の中に」が上半期芥川賞候補作（一九四〇年）になって一躍有名になったが、その前の時点で知りあっている。『新日本文学』「金史良追悼」（一九五二年一二月号〔5〕）や安宇植『評伝　金史良』（草風館　一九八三年）でかなり知ることが出来、時系列で村山の朝鮮との関わりを見ていきたいから、その都度ここから引くことにしたい。

一九七五年春に『季刊三千里』が創刊され、その夏号にプロレタリア演劇時代からの俳優原泉が「朝鮮人二人」を寄稿している。その中でプロレタリア演劇研究所時代に「朝鮮人もたしか参加していた筈」で左翼劇場のメンバーとなって各地へ「アジ・プロ劇をもってとびまわった（とき…略）『三・一劇場』という朝鮮人だけの劇団が小公演活動を続けていたのもこの時期のこと（略）『荷車』という一幕物を『三・一劇場』と『左翼劇場』が上演したことがあり（略…両者の）演技の質というか、全くちがったものに映りました。幼稚なチマチマしたリアリズム演技をひたすら追っていたわたしたちとちがって、朝鮮語で演じる彼らの舞台は並外れてはげしく、しかもユーモアにあふれているように思いました。」と告げている。三・一劇場の演技は左翼劇場の上をいっていたようだ。次いで三四年に始まる新協劇団時代に触れ、「俳優として安英一、許達などが加わって」いたこと、「今日これが第一期『新協劇団』と呼ばれて、四〇年八月に解散するまでの日本新劇史をかざる業績を残してきたとわたしは固く信じています。」と二人の朝鮮人俳優と新協劇団俳優として活躍した時期を誇らしく語る。原泉は、確かに新劇史に残る演者で、日本の演劇界を牽引（けんいん）してきた一人だ。それは残されている多くの評で分かる。

その三・一劇場の俳優で新協劇団に参加したのが安英一だ。友人だった金史良はしばしば劇団に出入りして村山とも知り合った。

「彼はそのころ、長身痩躯に東大の金ボタンの制服を着けていた。そして戯曲が書きたい、といっていた。（略）当時、新協には、朝鮮の人たちが数人いた。演出の安英一（安禎浩）、効果の久保田正二郎（李康福・李康徳）、経営の許達（趙又磧）、（…略）日本の大陸侵略が烈しくなると一しょに、われわれの朝鮮への関心は高まった（略）新協と朝鮮の人たちとの間に、いろいろの形で親しみが生れた。金君と近づいたのも、そういうことからであった。」（村山「金史良を憶う」『新日本文学』前掲）。

金の本名は金時昌（一九一四年生）、平壌の富裕層・旧貴族階級の子弟で一六歳頃から学生反日闘争に参加していた。日本へ来て、三三年に旧制佐賀高等学校に入学、ここで新協劇団地方公演を観ている。三四年に小説「土城廊」（『〈在日〉文学全集』11巻所収 勉誠出版 二〇〇六年）を書き、三六年に東京帝国大学ドイツ文学科に入学、帝大セツルメントで活動する。

彼らの演劇運動は三六年一月の合同公演のあと八月に劇団幹部が検挙され、一〇月には一斉検挙で、金史良・韓遠來・李洪鐘・安基錫らが捕まり壊滅する（前掲『評伝 金史良』）。金の検挙は朝鮮芸術座に「土城廊」を提供したという理由であった。

「一九三〇年代に入ると日本共産党に対する政府の弾圧は激しさを増した。（略）特高警察が弾圧の対象を共産党そのものから、全協やコップといった大衆団体に拡大した」（中北浩爾『日本共産党』中公新書 二〇二一年）からで、朝鮮演劇集団に一斉検挙が入ったのもそうした流れであった。一九三六年夏ごろには日本共産党中央委員会は主要メンバーの相次ぐ逮捕でその機能を奪われていたし、七月にソヴィエトから帰国した小林陽之助が党再建の努力をしたが、翌年逮捕され事実上の壊滅状態となっていた。共産党を壊滅させ、大衆団体も根こそぎ刈り取り、戦時体制を完璧な状態にする政府の目論みであったことが分かる。この延長線上に一九四〇年の新劇団一斉検挙もある。

丁度この三六年の年末に村山は、急進的ではない朝鮮人日本語作家張赫宙に「春香伝」の戯曲を依頼している。朝鮮語戯曲「春香伝」は柳致眞が既に書いていた。金史良は一二月に未決のまま釈放され朝鮮へ帰国、その後東京と朝鮮を何度も行き来し、三八年の村山の「春香伝」朝鮮上演に協力している。そして小説「光の中へ」（『文藝首都』一九三九年一〇月）を発表、あとで触れる『モダン日本 朝鮮版』の編集に参加する。

以上のような朝鮮芸術家との関わりから、また時局的な意味も込めて村山は伝統的な「春香伝」の上演を考えたと見ていいだろう。権力の弾圧が増していたことを考えると、当時の権力が推進した〈内鮮一体〉に擦り寄った上演とやはり言えなくもない。第二部でも触れたが〈民俗的な演劇〉あるいは〈伝統〉の重視は、たとえそれが芸術であっても〈保守的・体制的〉と認識されやすい。「春香伝」の上演が〈新劇は体制に従順です〉と表明していると見られてもしかたない。村山もそれは計算済みであったのではないか、と思う。これもまた、村山知義の政治性の一面なのである。が、それを許せない新劇人も確実にいた。

第3章 「春香伝」と『文学界』

「春香伝」は、「パンソリ劇が主軸となって伝承されつつ、漢詩、小説、雑歌、短歌、唱劇、大衆歌謡、新劇、マダン劇、映画、オペラ、ミュージカル、新舞踊、時調、戯曲、シナリオ、漫画」等々「多様な芸術形式と伝達媒体を通じて再現を繰り返し（略）小説に限定しても（略）二百年を超える期間を通じて」（薛盛璟著・西岡健治訳『春香伝の世界』法政大学出版局 二〇〇二年）今も作り換えられているという。パンソリは〈ひとりがたり〉を基本とする歌唱であった。近年ではオペラ形式にもなっているというから、あとで触れる朝鮮語の「春香伝」のオペラ・テキストを五〇年以上前に作った村山の先見性・斬新性は、アバンギャルド芸術で登場して二〇年近く過ぎても時々顔をだしていたことがわかる。

〈春香伝〉の原型は、朝鮮民族の「始祖神話であり開国神話でもある檀君神話」（前掲書）であるらしい。日本国のアマテラス神話と異なるのは、一種のシンデレラ物語であることと身分の高い男性主人公に社会的関心・批判的側面が強いところだ。檀君神話の桓因と桓雄（ハンウン）は天上人、桓雄は庶子出身で出自に因る疎外状況を多々受けて来た。それを他者へのまなざしに転換、自らより悪条件下にある者にたいする「愛の精神を感じて人間界に降りてくる。」「檀君神話の熊女が洞窟の中の苦行に耐え、その褒美として人間に変身して桓雄の妻となる」…そんな伝説があるという。

「春香伝」では李府使の息子李道令が「並はずれた関心を社会に示す」「卑賤な妓生の娘春香（チュニャン）に愛情を抱く」「春香が苦難を克服しその褒美として身分上昇をして幸福な人生を送った」…と、似通った筋になっている。玉の輿幻想を上手に使っていることが分かる。世界の家父長制下では、上昇志向と玉の輿幻想を持続させることが、体制維持に繋がるからだ。

ここでわたくしたちの国に、この朝鮮の伝統的な話がいつ頃入って来たのかを、見てみたい。

一六世紀末の豊臣秀吉の朝鮮半島出兵で、日本と朝鮮の関りは特に深くなる。民間に口承で流布されていた可能性もあるが、記録に残されているのは半井桃水（一八六一〜一九二六）の新聞小説が初めであるようだ。長崎対馬生れの桃水は幼少期に一家で釜山へ行き、朝鮮語を身につけた。大阪・東京・釜山と新聞記者としてすごし東京で新聞小説作家として登場する。桃水はわたくしたちには樋口一葉の〈初恋の人〉、あるいは「雪の日」のモデル等々で記憶されている。おそらく「烈女 春香守節歌」（小説）を底本としたと推測されるがこれを脚色翻案して新聞小説「鶏林情話　春香伝」を大阪朝日新聞に二〇回連載（一八八二年）する。日本人が「春香伝」を知った始まりだった。

その後二〇世紀初めに翻訳が出ている。村山が「春香伝」を取り上げようと考えた切っ掛けは映画だと推測される。後で引く新協劇団資料を見ると分かるが、新協はP・C・Lと結成時に契約をしている。村山が二〇年代によく映画をみていて『プロレタリア映画入門』（前衛書房 一九二八年）をだしているのは周知のことだ。二六年に始まる村山のシナリオなどについても、岩本憲児が「プロレタリア映画運動」（『村山知義 劇的尖端』森話社 二〇一二年）で触れている。詳細はこれを参照されたいが、ここでは別の視点で考えたい。

一九三五年に朝鮮最初の発声映画「春香伝」が登場している[6]。鄭琮樺によれば、これは朝鮮に「映画企業化論」を再燃させたという記念すべきものらしい（「朝鮮映画の戦時体制」岩本憲児・晏妮編『戦時下の映画』森話社二〇一九年八月）。最初のトーキーの題材が「春香伝」というところが、日本統治下で検閲を通りやすい伝統的なそれであることを物語る。鄭の論文に大日本映画興行会社京城撮影所の看板前のスタッフたちの写真が載っている（傍線…井上）。まさに日本統治下朝鮮をまざまざと知る。発声映画は朝鮮で芸術家たちにも観賞するものにも新しい芸術世界を拡げていくことになる。同一空間を共有する演劇と異なり、様々な地域で同時期に多数の観客に提供することのできる媒体であるからだ。

もう少し言えば、体制にとっても反体制にとっても演劇（俳優と観客が同一空間を所有）も映画（観客がどこでもいつでも鑑賞可能）も重要なプロパガンダ手段になる。

たとえば宝塚少女歌劇団は、劇空間の時代背景に〈世界〉を置いて一九一四年の創立以来発展し、高尚な歌劇（芝居とショー）を大衆に提供してきた日本で初めての女性集団である。ここでも「春香伝」は歌劇「淑香伝」（香村菊雄原作、中西武夫脚本・演出、星組公演）と名を変えて一九三八年九月に宝塚大劇場で、一〇月に宝塚中劇場で上演した。これも「内鮮一体」の時局迎合公演であるし、さらに同年一〇月に第一回ヨーロッパ公演（日独伊親善芸能使節団）、翌年四月にアメリカ公演（訪米芸術使節団）に出ている。これらすべてが国家的規模の政治的な公演である。これをみても権力が芸術をどのように利用し、運営する者たちはそれを受け入れざるを得ない時代であったことが理解されるであろう。こうした時に芸術に関わる者たちはどう生きればいいのか、今も残されている大きな問題である。

「新協劇団創立5周年記念出版」に各年度のトピックがキャプション・写真付きで一ページ毎にでている。あまり触れられることのない資料だが、「春香伝」公演へ進む道筋を知るのに都合がいいから引く。（A4版 改頁で改行・傍線…井上、ゴチックは原文）

創立第1年　昭和九年（一九三四年）九月から　1 進歩的な芸術的に良心的な　2 観客と妥協せぬ　3
演出上に統一ある　新劇のピックアップチーム　新劇団の大同団結　**新協劇団結成**　提唱者の人たち（藤
森・長田・村山・秋田の写真と名前…井上）　九月二九日東京お茶の水文化アパートにて　P・C・L（東宝映
画の前身）と映画契約成立（一〇月）（写真P・C・Lスタジオ…井上）　旗揚公演（一一月一〇日より）夜明け前

第一部
一二月　築地小劇場一〇周年記念公演（劇場開場一〇年記念…井上）　イワンイワーノヴィチとイワンニキフォロヴィチとが喧嘩した話　ポギー　日本新劇倶楽部の結成　１９３５（昭和十年）　雷雨（３月…井上）　６月花嫁学校（四月…引用者）　５月　浅草松竹座へ進出「白虎隊饅頭」「坊ちゃん」「ホロロン閣下」　江東地区衆楽座デノ公演ヲ企画準備シタガ中止トナル　予定演目ハ　九能克彦作「裏町」銘康雄作「駿東郡院内村」（この作者は朝鮮人か？　検閲で中止になったのかもしれない…井上）　７月　関西第一回　同志の人々
創立第２年　昭和十年九月から　１９３５　新築地劇団築地座創作座新協劇団新劇コンクール９月↓12月　石田三成　断層　12月劇団事務所稽古場の確立
古典の継承　１９３６年　ファウスト第一部　マンハイム教授　夜明け前第二部　流れ　劇団日誌抄
二月西日本巡回公演中止（これも検閲か？…井上）◎築地座解散　三月◎井上演劇道場、新協稽古場に開かる　四月劇団鎌倉へピクニック　甲府公演中止　五月◎テアトルコメディ解散　◎二十七日築地小劇場講演会主催「観客の夕」に新協は「ファウスト」アウエルバッハの害を仮面劇で上演　六月◎ゴルキー死す
八月劇団内に共済会が作られた千葉県那古海岸に有志合宿　１９３６
創立第３年　１９３６・９月　ゴーリキイ追悼公演　どん底　10月東京と大阪（旭会館十周年記念）転々長英　十一月小野宮吉君死去新協名誉劇団員に推す　群盗　昆虫記（一二月…井上）　どん底旅公演（岡山・大阪・京都・名古屋・仙台）
１９３７　劇団マーク決定（１月）　北東の風　科学追放記　春のめざめ　公演の新形式（最初の隔日公演）
北東の風　醒めて歌へ（劇団マークはＳの先端が矢印…井上）
アンナカレーニナ　十月　三周年記念運動会　京王閣ニテ　中央ラケットに玉乗せて走る？　のが　秋田雨雀　**創立第４年**　１９３８　初春は五十銭で見られる夜明け前　第一部第二部新劇最初のロングラン
春香伝

火山灰地のヒット（三、四、六幕の写真…井上）　八月宇野重吉応酬（軍装勇ましい宇野一等兵）デッドエンド朝鮮へ（春香伝写真と朝鮮の地図…井上）

創立第五周年　新劇興隆　文学座　新築地劇団　新協劇団　**新劇協同公演**　千万人と雖も我行かん　一月二五日仁木独人死去劇団葬とす　夜明け前再輯上演　1月大阪・京都・名古屋・静岡　2月ファウスト再演　**演劇に**（一九三九年…井上）

映画に　ハリ切るトムさん（カメラを覗く村山と映画の一シーンの写真に新協第一回ユニットのキャプション…井上）　神聖家族（四月…井上）八月新橋演舞場に再演　デッドエンド　初恋　八月株式会社築地小劇場成立す（新装なった築地小劇場の写真…井上）　**国民映画・演劇の創造へ！**

一九三四年の創立から一九三五年八月までの新協劇団の五年間の在りようが簡略に把握できるように作られている。大衆の中へ進もうとしている様子もこれでよく分かる。三五年には、村山知義は「新劇職業化の道」を東京朝日新聞に発表した（三月一七日）。ここで新劇に与える「映画の圧迫」を上げ、「映画資本の利用。（演劇的活動をさまたげぬ限り、トーキー俳優払底に悩む映画会社のために技術を提供し、同時にお金と映画技術とをもらふ。）」と記した。これが三四年新協創立時のＰ・Ｃ・Ｌ（東宝映画）との映画契約を指す。三四年は小林一三が東京宝塚劇場を開場させた年であり、雑誌『東宝』が創刊されてこの劇場を「大衆芸能の陣営、家庭共楽の殿堂」としたいと記し、興行時間の短縮（四時間）、土日祭日はマチネー、幕間の休憩時間を二一-三〇分、全ての席に前売りと当日売りを用意する。「高尚なる娯楽を本位とする芝居」というハイレベルな大衆的現代劇の上演を意図した。専属俳優も歌舞伎役者から新劇・映画・バラエティー・浅草ムーラン出身と幅が広い。この時から新劇には資本が潤沢にある企業経営の演劇集団というライバルが登場していたのである。これが新劇大衆化論・現代大衆劇論に進むのだ。実際、一九三七年『東宝』一月号は、「現代大衆劇論」の特集で新協劇団の演出家・劇作家久保栄が最初に「大衆劇とインテリゲンチャ」を書いていた。他に坪内士行、八住利雄、永田衛吉、村山知義、金子洋文、井上正夫、鈴木英輔、千田是也が寄稿している。『東宝』を高踏的芸術理論誌にしたい小林一三の意向の分かる人選だ。こういう風潮の中でトーキー朝鮮映画「春香伝」が三五年に登場したのだ。しかも村山は「通俗公演と大衆公演は別物」と煙に巻くような表現をして新協浅草公演（「白虎隊饅頭」「坊ちゃん」「ホロロン閣下」五月一日～一二日）を出す。権力の検閲にも目配りし、多くの大衆にもアッピールし、「お金」も手に入れるという「四方八方丸く収まる」が如きの運営もしていた。そうした様々な局面から新劇の「春香伝」上演を考え、映画「春香伝」のシナリオ作成を意図したと思われる。まさに「内鮮一体」という時局にある意味擦り寄り、利用しながら生き延びようとしていたのである。

先にも触れたが「春香伝」の戯曲は張赫宙が書いた。張赫宙（一九〇五～一九七七・野口赫宙）は三〇年から敗戦まで、日本で活躍した作家で、三六年から日本に住み続け日本語で小説や戯曲を書いていた。村山は三六年の年末に張に戯曲「春香伝」を依頼した。新劇「春香伝」上演は、日本でも朝鮮でも初めてのことで、現代劇「春香伝」の初登場ということになる（村山「朝鮮での敗戦」『八・一五敗戦前後』汐文社 一九七五年）。

新劇初の朝鮮劇は三八年三月二三日～四月一四日まで築地小劇場で二三日間二九回公演し入場者数は八六〇四名だというからほぼ満員、立ち見も出た盛況であったと思われる。観客は日本人だけでなく朝鮮人もいたようだ。「「春香伝」は「内地でやった時、内地人にも受けましたしまた内地に来てゐた朝鮮の方々も泣いたり笑つたり、大へんによろこんでゐました。」と村山は後で触れる『文学界』座談会で発言している。

水木京太はこの舞台を次のように評した（東京朝日新聞 三月三一日『新劇年代記』戦中編から引く）。

朝鮮で愛されている伝説を、張赫宙氏が新たに劇化した六幕十一場。（略）筋も単純人物も型通りで、別に多奇なき貞節美談（略）素材とした彼地の唱劇に拠る所あってか、劇的というよりは叙事的な傾きがあって、いささか平板を免れない。台詞にも時に不熟さへ感じさせる。それにも拘らず、つねに清鮮な感

> 興を以て舞台に終始することの出来たのは、一に用意された地方色の豊かさに依る。そのエキゾチックな魅力に擁されて、この作品は初めて特異な美しさを加へ、生きた絵巻物として十分愉しい見ものになってゐる。（略）レコードによる朝鮮音楽が盛んに使はれ、中に雅楽も加へてゐるが、序幕二場など、もっと庶民的な草笛でもぢかに聞きたかった。（略）風俗劇スペクタルとして成功したが、半島同胞と膝を交へて日鮮協力の舞台に接して、特にこの企画の意義深きを感ずる。[7]

客演の市川春代が清楚で愛らしく、赤木蘭子の夢龍が「男装の麗人」なみによかったらしいが、やはり恋愛部分を強調した風俗劇で終わったようだ。「日韓協力の舞台」「意義深き」の文言を読むとやはり「内鮮一体」の意図を感じざるを得ない。

白川豊によると「衣装は東京では朝鮮的なものができないので、劇芸術研究会が一九三六年秋に「京城」で上演した時のものを借りることになった」（白川著『植民地期朝鮮の作家と日本』大学教育出版 一九九五年）という。柳致眞の劇団の公演でこの時は部分的に上演されただけだったが、翌年全幕上演した。さらに白川は初演の成功が朝鮮公演の話――〈毎日新報社から出た話へ進んだ〉と告げているが、疑わしい（根拠となる村山の発言「京城日報」は未見――この新聞社は日本政府公認の新聞で副社長は御手洗辰雄。金達寿『玄界灘』に登場する）。「はじめに」で触れたように「春香伝」上演企画段階から村山は朝鮮公演を計画していた。それが政治的戦略であったと思う。公演後に話が出たと村山が話したとしたら、そう告げた方が穏やかに受け入れられるからだろう……これはあくまでも推測だがさほど誤りではないと思われる。

村山は『文学界』（文芸春秋社 三九年一月号）に朝鮮映画のシナリオ「春香伝」を載せる。この号には座談会があるこれを読むと、この原稿は三八年一〇月には渡していたことになる。つまりすべてが、前もって予定されていたのである。

村山は、シナリオ「春香伝」の前置き文で定本がない「春香伝」の歴史について語り、それゆえ民間伝説を古典化したゲエテの「ファウスト」やジャンヌダルクの伝説を集大成したシルレルの「オルレアンの乙女」のような作品がこれまでできなかった。だから「春香伝」のエスプリや長所、「没すべからざる価値」をそこなわずに、発展させる「春香伝」が作られつづけているのだろうと言う。新協劇団用の張赫宙の日本語の戯曲と柳致眞の朝鮮語の戯曲が昨年上梓され、〈前者は内地人を、後者は朝鮮人を対象〉に書かれた。村山のシナリオは〈内地人と朝鮮人と、そして外国人まで〉を対象とするもので、それは朝鮮映画の市場の拡大を目的とし、この物語が「朝鮮の誇りとして廣く紹介され（るべき…井上）すぐれた内容と感情を持ってゐるし（略）民族や国境を越えて、誰にでも訴へ掛けることの出来る、普遍性を持ってゐる」からだとする。先に触れた鄭のいう朝鮮映画の企業化、国際化を意図したのだ。

その上で自身の「春香伝」は「大分、現実的なものとする（略）。時代は「粛宗の末期」（絶対的王権の最後…井上）「李朝の封建社会がいろいろの矛盾を表し始めた時」「日本の八代将軍吉宗の将軍宣下」（一七一六年）と今の京城の城壁の第三回修築とを「同じ年の出来事」とした。つまり「歪曲」でない限り「歴史的現実の變改は許され得るもの」だからだ。

さらには人物の類型化と筋の偶然性を避け、「今迄の通念とは、筋や人物の上でいろいろと変わったところがある」「もし歴史的現実をやかましく云うなら」「もともと大官と妓生の娘の結婚を取り扱った『春香伝』の眼目そのものがもう成り立たなくなつてしまう」「歴史的現実に忠実に、結婚ではなくて妾になること」とすれば、「そういふ制度や道徳のなくなった現代人にとつては『春香伝』の美しさは全くなくなり、内地人や外国人には理解しがたいものと」なる。これは「芸術だと云ふことを忘れての考証沙汰は有害ですらある」と記す。

現実的な見方で新協の舞台にも出たような批判を封じ、これは歌舞伎の遊里物と似たところがあると宣言したに等しい。おそらく村山の主眼は傍線部だろう（傍線引用者）。この主張はプロレタリア演劇時代の創作態度に似る。〈伝統・古典〉を利用して可能なことを試みようとした。「このシナリオは朝鮮語に翻訳され、昭和十四年一杯かかって撮影し、十五年春完成する予定である。内地へは日本語スーパー・インポーズではいるつもりだ。」と記したが、この映画は撮られなかった。

第4章　座談会「朝鮮文化の将来」

『文学界』一月号（一九三九年一月一日発行）には、「朝鮮文化の将来」と題する座談会も掲載されている。この発言を巡り、村山に対する負の評価が八〇年代に登場する[8]。そこで長くなるがこの座談会をみていきたい。

註によれば、この座談会は「林房雄氏が渡満の途次京城に於て計画されたもの」で三八年一〇月二四日、丁度新協劇団が「春香伝」を朝鮮京城で公演する前日に話し合われている。村山は途中参加で、しばらくして退席する。はじめに記したごとく、一〇月二五日に京城に始まる公演は一一月八日釜山公演まで続いた。帰国後の初校チェック時の村山の加筆文には「（京城）府民館で演劇講演会があり、僕と秋田氏と張氏は公演の間の時間を盗んで出席した」と記されている。府民館は「春香伝」を上演した劇場。初日前の顔見世講演会だったのだろう。

出席者は、司会役の林房雄・村山・秋田雨雀・張赫宙・古川兼秀（総督府図書課長）・辛島驍（城大教授）・鄭芝鎔（詩人）・林和（評論家）・兪鎮午（普成教授）・李泰俊（小説家）・金文輯（評論家）・柳致眞（劇作家）。

林房雄は、「文化に於ける内鮮一体の途はどこにあるか」で話を進め、満州と北支を観る目的で日本を発ち、朝鮮に立ち寄った。「一番近いところを知らないで遠い満州や北支をいきなり知ろうとしてもしやうがない（略）今度の私達の旅費は実は満州から貰つてゐるので京城で使つてはいけない」などと内輪話をしながら朝鮮の雑誌と作家の現状を聞く。金が近年は雑誌も新聞も少なくなったこと、残っている雑誌は「インチキ雑誌が多い」と告げ、林和は「作家として飯を食つてゐるものは一人もいないのですから皆何かやつてゐます。他に仕事のないものはしやうがないから食ふや食はず」だと現状を語る。こういう作家の現状が告げられたところに村山が参加する。言うまでもないが、こうした座談会は編集部が〈編集し発言をカットする〉から村山登場までに作家の使用言語について発言があっても不思議はない。

さて、村山は「朝鮮には内地の旧劇に当たるものがなくて、新派と新劇がある譯ですが、その現状を」話してほしいと問う。柳致眞がそれに応える。

「京城に在ります。朝鮮の新劇では劇研座、中央舞台等、四つほどあります。新派には京城に東洋劇場と云う常打小屋があつて、豪華船、青春座といふ二劇団が半月交替で出演し、一方がそこに出てゐる時は一方が地方廻りをしてゐます。いつも満員です。(略…新劇も)新派も内地の影響を受けて出来たのです。(略)古い朝鮮の文化、特に芝居は支那の影響を受けたのです。最近は内地の影響を受けてゐますが。」

この村山の質問は、村山にとっては知らないはずのないもので、返事をしている柳も承知の上である。彼は朝鮮語「春香伝」の作者で、彼の劇芸術研究会で「春香伝」を三六年に部分上演、三七年に全幕上演し、その時の衣装を日本の新協劇団公演時に貸したという指摘がある(白川)。つまり知らないことも知っていることも、総督府の役人参加の座談会では聞いている。これをわたくしたちは分かってこの座談会の発言の意味を読まなければならない。

「僕の一番の疑問は朝鮮の踊りの歌とかそういつたものが、どれもこれも殆んど他に類のない哀調につらぬかれてゐることです。軍楽なども、お葬式の音楽のやうぢやありませんか。」

この質問の答えはない。おそらく編集でカットされたと推測するが、仮面劇の話になっている。仮面劇は踊と歌に台詞が入っていると柳が指摘、これは平壌にもあり鳳山には「有名な仮面劇があつて、これを崔承喜が似せてとつても素晴らしいものにしてゐます。」と告げた。伝統的な仮面劇の踊が現代の人気舞姫崔承喜が取り入れていたのだ。朝鮮を訪れた石井漠に師事して早くから日本でモダンダンスを修業し、若くして古典を取り入れたモダンダンスで世界に躍り出ていた。二十代半ばで崔承喜は舞踊研究所を持ち、日本のレコード会社からアルバムも出している。

鄭の発言では歴史がわかる。「朝鮮は李朝になつて圧迫されたために朝鮮の文化、劇、舞踊、音楽等が廃れて終つた。(略)朝鮮には音楽とか、劇文学とか、今誇るやうな何ものもないのです。」(李朝は、村山が「春香伝」のシナリオで時代背景に置いた時間。)

村山「現在になつても朝鮮で芝居がどういふ譯で発達しなかつたのか知りたい(略)」

兪「劇文学が何故発達し充実しなかつたかといふ問題は、朝鮮の政治に比して文化が発達しなかつた、そこに原因を求むべき…」

村山は「朝鮮の文化の将来は現在、何故かういふ状態であるか、そこをはつきりさせなければ発達し得ない(略)今のうちにこの点をどうしたならばよいかといふ処置をわれわれが講じなくてはならない(略)」と応え、張赫宙が、「春香伝」の名前を出す。低迷状態にある芸術、特に演劇をどうするか、そこに村山は向かおうとしているようだ。「春香伝」の話題になれば、翻訳が浮上して、朝鮮の作家たち(林和・兪・金・鄭)は一様に翻訳では「三文の価値もない」という。

村山は「万葉集」を例に挙げ、翻訳では納得できない所もあるが「どしどし翻訳されることを歓迎します。(略…内地での「春香伝」上演は内地人にも朝鮮の方々にも受けた)内地人が皆、朝鮮語を習ふことが可能でない以上、翻訳の「春香伝」も必要だと思ひます。」

張赫宙が「新劇方面では内地朝鮮の将来はどういふやうにすればよいか」を唐突に問う。村山の応えは、三つで①内地における朝鮮人の朝鮮語の芝居を盛んにすること、②内地の劇団がもつと朝鮮を取り扱つた戯曲、朝鮮の古典の翻訳脚色等を上演すること、③たびたび内地の劇団が朝鮮に旅公演し、またその逆が行はれることをあげている。

殆んど発言していない秋田雨雀がここで内地の「春香伝」観客の感動の様子を告げながら発言する。「あの芝居の魅力は時處を超えて通ずるヒューマニズムにある。假令言葉の点での欠点があつても、このヒューマンの要素に十分觸れればそれだけでも見るべきものだと思ふ……この朝鮮文化の中には沢山の芸術があつて、それを拡げるためには内地語に翻訳するのもいいだらう。またそれと同時に内地のものを朝鮮文に翻訳する、詰り朝鮮文でも内地文でもよいのでありますから、創作をどん〳〵出すといふことにしたらよいのです。」

更に李が内地の先輩は吾々に「朝鮮語で書くことを心より希望してゐますか、或は内地文で書くことをより以上に希望してゐますか?」と問う。

秋田「吾々作家の要望、それから大衆の要望として、詰り対照（ママ）を大衆に置く作家としては内地語がよいと思います。

村山「朝鮮の文学を少しでも多くの人に読んで貰い、反響を得るには朝鮮語で書いたのでは読者が少ないから反響が少いと思う。矢張り朝鮮の方でも実際では国語が普及したから大勢に判らせようと思ふならば内地語で書いた方が廣く読まれることになると思ふから、内地語の方がよいですね。」

この後の秋田は一部を朝鮮語で翻譯したらどうかといい、鄭が「双方を書いてもよいと思ふね」と言えば、林房雄は次のようにきっぱり発言する。

林房雄「国語の問題が出たが、これは非常に重大なことだと思ふ。吾々として朝鮮の諸君に申上げますが、作品は總て内地語でやつて貰ひたい。」

秋田「内地語が自由でなければ朝鮮語で書いたものを翻譯すればよいのです。」

林和「これは我々作家として大きな問題です。」

村山「朝鮮語で書けば表現出来るが内地語で書いては表現ができないといふ朝鮮語独特なものがあれば、それを失ふことは非常に残念だと思ふが、さうでない限りここまで来れば目下の問題としては内地語で書いても殆ど支障がないやうであるから朝鮮語で書かなければならないといふことは政治的問題として以外には何も得るところがないと思ふ。」

村山は、植民地に於ける日本語の強要を暗に「政治的問題」と表現したと推測する。この後、林房雄は「アイルランド語を使った文学があるやうに、決して朝鮮文学もなくなるものではないのだから、さう固執しなくとも宜しいのだ。ただ多くの人に読んで貰うために内地語がよいといふのです。」と繰り返し語る。村山は「諸君が作品を出して何を求めるか、広い反響を望むからです。また作家としての個人的な問題から云つても、作家は文学によって収入を得て食はなくてはならない。ところが現在では朝鮮語で書いたのでは殆んど生活が出来ない状態です。さういふ点からも作家は内地語で書けるやうになつた方が幸福だと思ひます。」と話して退席する。

この辺りの村山発言が批判の的になったが、植民地下で作家が生きる、ということを考慮すると「内地語」を使用言語とするのも故ないことではない。村山退席後も使用言語は、朝鮮語か「内地語」（日本語）かという話題は出て、林は内地語で書くべきと言い、朝鮮の出席者は朝鮮語でなければ伝わらないと言って平行線が続く。しかし売る事・読まれる事を考えると内地語で書くことだと林房雄が主張してこの意見交換は終る。当初からの目的はこれだろう。既に小学校でも使用言語は内地語になっていたから日本の朝鮮統治の徹底さがよくわかる。どこの国でも植民地化の始まりは使用言語を押し付けることにある。イギリスやスペインの植民地国が英語やスペイン語で読み書きし、会話も流暢であることを思い出すといい。同様なことが日本統治下の朝鮮で行われていたことを、ここでは記憶しておきたい。

座談会の最後に林和が、検閲を円滑にしてほしいと話題に出す。総督府から出席した古川の返答で、彼の出席理由が明らかになる。総督府の古川の出席はこの種の会では初めてで、「内鮮一体」の権力側の意向が透けてくる。古川は「総督府に来れば早くやります」と応え、いくつかの質問に以下のような回答をする。

兪鎮午「どんなものが押へられるのでせう、私等が考へてさう悪いとも思はれないものが……」（押さえられている…井上）

古川「反社会的なもの、反日的なものは断然取締まります。それ以外の純文学的立場から見たものは大抵は寛大にやつてゐます。」

兪「結論まで見ないで押へられては困りますが……」
古川「共産主義のやり方をずつと書いて最後の五六行で『斯の如きであるからいけない』と云つたやうなものは例へ一見結論がよいやうに見えても押へます。」
兪「途中の段階が悪くとも結論がよかつたらよいと思ひますがね。」
古川「さうはいかんです。途中が悪いと今云つたやうに…」
林房雄「もうこの位ひでやめませう。あとは飲みながら話しませう。」（座談会終了）

こうした朝鮮の状況下で新協劇団の「春香伝」公演が許可されたという意味を考えると、やはり体制に従順であるという姿勢を示すための巡演であったことが分かる。と同時に村山が朝鮮の演劇に乗り出していく意味、村山の思惑は何処にあったのか、が問われることになる。同時期に出た雑誌を今少し見よう。

第5章　『モダン日本　朝鮮版』（一九三九年・四〇年版）

『モダン日本 朝鮮版』は、〈内鮮一体〉の国家的戦略を喧伝する一冊だ。文芸春秋社の菊池寛が一九三〇年に月刊誌『モダン日本』を創刊した。これは「主に生活、科学、娯楽、趣味の記事とともに都市文化など、当時のモダニズムを紹介する大衆的教養雑誌としてスタートした。」（解題『モダン日本 朝鮮版』復刻版…引用時新字使用）

朝鮮版は一九三九年、四〇年と二度出た『モダン日本』の臨時大増刊号。日大芸術科を卒業後文芸春秋社に入社した馬海松が菊池寛の後押しで、文芸春秋社から枝分かれしたモダン日本社の社長になり、『モダン日本』を大衆娯楽雑誌に成長させる。その馬海松は〈朝鮮ブーム〉のただなかに朝鮮版を作った。既存の誤った朝鮮認識を覆し「日本本土の人々に、幅広い朝鮮理解を促すために発案された」（前掲解題）という。目次をみるとわかるが御手洗辰雄「内鮮一体論」、関屋貞三郎「内鮮一体と協和事業」、公爵近衛文麿や朝鮮総督南次郎などの「朝鮮版へのことば」等々…〈内鮮一体〉色満載であるが、たしかにモダンで新しい朝鮮紹介雑誌に出来上がっている。村山は、「新しき朝鮮を語る座談会」に参加し、「我が朝鮮交遊録」欄に石井漠（「崔承喜その他」）と共に「朝鮮の友人達」を執筆した。

座談会は、『浅草の灯』（新潮社 一九三八年）の作者濱本浩の司会で加藤武雄・村山・関口次郎・池田林儀・東郷青児・伊藤祐司・伊藤宣二らが出席。濱本は村山を「朝鮮へ行くと村山さんのお噂をずいぶん伺います」と紹介する。この濱本の発言をそのままとると有名人村山ということになるが、別の見方をすると朝鮮の左翼的な芸術家たちと親しいという皮肉にも取れる微妙な発言だ。

出席者は各人朝鮮体験を告げるが、村山は新協が「春香伝」を持って廻ったことには触れず、映画「春香伝」を撮るために旧跡を回ったことを話す。朝鮮の人々について問われると、「若い人も知っては居ますが、そうでないはうを申上げませう」といって、伝統的な人々に触れ、親しい反日の友人たちは避ける。意図的な発言と考えるのも可能だ。民間音楽についてふれ、このままでは滅びるということを感じ、七〇歳ぐらいの名人の歌を聴いたとき、朝鮮の民間音楽は「自分が浸つて溺れきつて唄はなきや唄へない」ということを知ったと語る。新劇の状況を振られると、「新劇はしよつ中変わるらしいですね。去年初めて行つた時は新劇は五団体あつて、府民館でコンクールなんかやつて大変盛んだつたんですが、今は一つもないですネ」と語り、饒舌な東郷青児に比して寡黙で多くを発言していない。三八年に比して一年後の新劇人の状況が悪化していることを理解していたと思われる。

他方「朝鮮の友人達」の文章では、「多勢のいい友達を持つて居る」から迷うといい次の人達の名前をあげる。「春香伝」で世話になった二人の友人——柳致眞と宋錫夏で、前者は公演準備と公演中も世話になったと書く。朝鮮語「春香伝」の作者柳致眞は日本に居る時からの友人で村山の最初の朝鮮訪問（一九三八年二月）では駅まで出迎えていたようで『モダン日本１９４０』にその写真が載っている。後者は考古学者で「春香伝」の考証などをして公演を成功に導いたと指摘する。伝統的な李王職雅楽部の李鍾泰は雅楽の伝統を絶やさないために青少年の教育や「雅楽を西洋音符に取る事業を起こし」、新協「春香伝」の初日をみて、蓄音機の演奏であったから「本物を使はなきや」と翌日に笙と笛の楽師を連れてきて舞台横で演奏してくれたと告げる。意図的に伝統に触れたようだ。

安英一は朝鮮の友人の中で一番古い一人で、「嘗ては朝鮮芸術座、学生芸術座、三一劇場等の名優（略）新協劇団の『どん底』の韃靼人も素晴らしくユニークな演技」だったし、「春香伝」では演出助手で大活躍をした。今は満州へ芝居の仕事で行っていると話す。

詩人の林和、舞踊の趙澤元はフランスに行く前からの知りあい、崔承喜も売り出さない前からの知りあい……等々、簡略に触れる。趙澤元については石井漠も上げていて、村山映画「春香伝」の主役をやる予定だと語った。新協の「春香伝」公演が村山のプロレタリア演劇時代の朝鮮の芸術家とのつながりから成功に導かれていたことが垣間見られる。

戦時体制下に出た『モダン日本1940』は、「『親日派』の活動内容や一般人の『戦争協力』、『日本的なこと朝鮮的なこと』が混在した日常生活の姿を現わし、他方で「当時の日本と朝鮮の知識人が思い描いた『朝鮮』とは何か、を新たに省察することもできる内容となっている」「『帝国日本』が死に物狂いで最後の航路を進んでいたこの時代の緊張感を持つ当時の人々の意識もつたわってくる」と、復刻版の編者韓日文化研究センター(団体名で個人名はない)は書く。解題を執筆した一人ユンソヨンは「『内鮮一体』の絶頂期一九四〇年と『ローカル』としての朝鮮」で「私たちが日帝の植民地期を理解しようとする時、その帝国主義の抑圧性とこれに対抗する『抵抗』に焦点を置くのに対し」、この本は「そのような私たちの期待を裏切る内容を数多く提供してしまう」と、これが大日本帝国側の視点に立った雑誌で問題の多い増刊号だったと指摘した。一九四〇年版にも村山は登場する。

村山の登場は「旅のアルバム」の見開きページで、八枚の写真を載せ同ページ内に「朝鮮での私」という写真の説明文を記す。それによると写真は「他人のうつしてくれた私の旅のアルバム」で、正確には覚えていないが写真は「一昨年朝鮮へ三度行った」時のものだという。一九三八年の最初の訪問時の三枚は、朝映の人々が出迎えている。これは二月に朝鮮へ行ったときと思われる。京城停車場前の写真で、写したのは朝鮮映画株式会社のカメラマンだ。演出者朴基采、劇作家演出家の柳致眞(当時朝鮮最高の新劇団劇芸術研究会の指導者)と説明されている。

二度目の時と思われる四枚の内①は朝鮮服を着た村山と仁木独人(明月館)。仁木は新協劇団公演の下交渉をしたらしい。②③は映画「春香伝」のロケ地ハンティング、④は京城唯一の常設劇場東洋劇場を柳の案内で訪れた時に青春座の団員と写したもの。仁木・安英一・洪海星（当時東洋劇場の舞台監督）がいる。この劇場については先に触れた『文学界』の座談会で新派の常設劇場と説明されていた。三度目が一〇月新協劇団朝鮮公演時、京城公演を終了し平壌を発つ時、京城駅で秋田雨雀と村山が写っている。

この号から見ると、村山の渡鮮は朝鮮映画関係者や新劇演出家柳が出迎えているから〈映画シナリオ〉と新協「春香伝」の朝鮮公演に関するためのものであったことが、あらためてわかる。

『モダン日本　朝鮮版』を二冊見て来た。この雑誌とこれまで論じて来たところから浮かび上がったのは、村山知義と朝鮮芸術家との関係はプロレタリア演劇運動時代に始まり、朝鮮の進歩的革命的芸術家と交流を深めた結果であることだった。新協劇団が「春香伝」を上演したのも、映画のシナリオを書いたのも、朝鮮公演をしたのも、その延長線上で可能になったのである。

金達寿は「彼らには三つの道しか与えられていなかった。眉をあげて前へでるか、眼をつぶって絶望するか、へこへこと妥協し、『降伏し裏切』るかの三つの道しかなかったのだ。」と記した。これが植民地統治下の「朝鮮民族の生きる道」と多くの人々に認識されていた在り様であった。

そうした植民地統治下の彼らと日本人村山知義が、どのくらいわかりあえ手を差し伸べられたのか、詳らかではないし、その辺りの機微は具体的には分かっていない。また、この時代に日本人芸術家が植民地朝鮮へ行くのは、誰にでも可能であったわけではなく、それを可能にしたのは何かという所にも行きつかざるを得ない。

さらに言えば、『モダン日本１９４０　朝鮮版』は一九四〇年八月一日に発行されている。そのすぐあと新劇人一斉検挙で村山知義は八月一九日に捕まったのである。あちこち目配りをしていたにもかかわらず……。寝耳に水の出来事だったはずだ。久保栄・千田是也と共に最も長く捕らえられていた村山が、一九四二年六月に保釈出所後、演劇活動を禁じられていたから他人名義で商業演劇の舞台の演出をする[9]。その上で、四五年三月に朝鮮に渡ったのである。朝鮮滞在中に朝鮮芸能界の人々の「素顔の人物画」を描き、四五年八月一日～五日まで京城三越で展覧会をしている[10]。

それは何ゆえか、ということだ。保釈出所後の行動と共に敗戦前の渡鮮が、そして敗戦後の村山の在りようが、新劇人に追及されることになる。

次章でそれを見ていきたい。

第6章　敗戦前の渡鮮

村山知義は、敗戦間際の三月に朝鮮へ渡り、一二月に帰国した。治安維持法違反で刑が確定した村山が、いかなる手段で何のために朝鮮に行ったのか、これが問題であった。

渡鮮の日も帰国日も明確ではない。村山は一九〇一年一月に生まれ、一九七七年三月に逝った。生前に出ている各種資料や今回初めて引く新資料等々を検討しながら可能な限り闇の部分を明らかにしていく。ついでに記すと久保栄は一九〇〇年一二月に生まれ、一九五八年三月に逝った。薄田研二は一八九八年九月に生まれ、一九七二年五月に逝った。千田是也は一九〇四年七月に生まれ、一九九四年一二月に逝く。各人の没年は〈当事者発言〉を引く場合、常に重要な示唆になる。

さて、一番よく知られているのは次の敗戦後に関する村山発言だ。これは戸板康二の新劇人との対談集にある（戸板康二編『対談日本新劇史』青蛙房 一九六一年）。これを糸口にまず後付けよう。

帰ってみたら「桜の園」を稽古してたわけですよ。ちょうど十二月にね。おやおやと思った。もうそれぞれできてましたから、劇団が。さっそく、滝沢（修）に会ったり、久保（栄）に会ったりして、こんなことでどうするんだ、ということで、「お前たちのこさえた劇団におれを入れるか」ということになったわけだね。そうすると、裏のことはよくわからないが、あまり歓迎してくれない。「平劇団員なら入れる」という、「それなら勝手にしろ」ということで、さっそく新協をこしらえたわけですよ。

「桜の園」は敗戦後初めて有楽座で上演された新劇合同公演だ。毎日新聞社の後援で四五年一二月二六日～二八日に開催された。帰国日は、この発言から新劇合同公演「桜の園」の初日より少し前、二六日に近い日に帰国したと理解することになる。さらにここで指摘された「できて」いた昔の仲間の劇団は二つ、戦前新築地劇団にいた千田是也の俳優座、そして千田同様新築地劇団にいた薄田研二とかつて新協劇団で村山と一緒だった久保栄と滝沢修の三者で創った東京芸術劇場（東芸）、これは東宝株式会社が資金とプロデューサーを出すが演目選定には口出ししない前提で演出家も俳優も各人で東宝と契約するという新しいシステムの集団であった。村山が共に行動しようと思ったのはもちろん東芸で、ここには日本共産党のシンパと推測される薄田と新協時代の久保と滝沢がいたからだ。俳優座は、俳優を中心にした劇団にするという姿勢であったから村山とは相いれない。

東芸の立ち上げから村山との話し合い、東芸の内紛と解体に至るまでについては既に明らかにした。薄田の『暗転　わが演劇自伝』（東峰書院　一九六〇年）や久保栄の「東芸をつくるまで」、「選集Ⅵ『古典と現代劇』あとがき・草稿」「自稿制作年譜」「日記」（『久保栄全集』七・一一・一二巻所収　三一書房　一九六一～六三年）で把握できる。詳細は、拙著『久保栄の世界』（社会評論社　一九八九年）や「敗戦後の芸術運動」――東芸の場合――」（『日本演劇学会紀要29号』一九九一年三月、のち『近代演劇の扉をあける』に収録、社会評論社　一九九九年）を参照されたい。

今回村山の戦後の著書を再読して新たな発見をした。村山の帰国日について、わたくしも含め多くの人が見落としていたことだ。一九七一年新日本出版社から出た『村山知義戯曲集　上』所収の自筆年譜には記されていないが、早くに触れられていて、『随筆集　亡き妻に』にあったのである。

一九四六年八月四日に妻壽子が病で死ぬ。その年の一二月に「妻の枕頭で書かれた」随筆集を村山は編む（『随筆集　亡き妻に』櫻井書店　一九四七年四月発行、以後『随筆集』）。林浩治は「村山知義の朝鮮行きについてなど」（『戦後非日文学論』所収　新幹舎　一九九七年、初出『新日本文学』一九九五年六月号）で、『随筆集』と『ありし日の妻の手紙』とを同一の本と勘違いしているが、後者は村山壽子著・村山知義編で櫻井書店から一九五〇年に出された過去の手紙を集めた本である。何故か村山についてはこうした間違いが多い。おそらく実際の本に当たってないのだろう。

さて、この『随筆集』は1～4の節に分かれていて三〇年代のものや敗戦前の朝鮮での文章も含まれている。各項目の末尾の日付を確認しないと誤りやすい。ここに「風俗時評」（その一～五、一九四六年一月一日～八月二九日、掲載紙不明）があり、「その一」で「もう去年になつたが、その一二月の十九日に博多にあがつた。九ヶ月振りの日本であり、敗戦後初めての日本である。」と記している。誤植があったり（「四月に、やつと博多の町に吐き出されて」傍線…井上）、「ただ東京迄の三十四時間余りの間」、「数日前、隣組から大神宮と荒神様のお札を配布して来た」等々の時間的経過が不分明な記述もあるから、注意しなければならない資料だ。

一月一日付「風俗時評」は六頁あり、内容も先に記したごとくつながりがなく飛んでいる。ここから推測するに、一二月十九日博多到着後、一日半かかって東京中野の家に到着、すぐ鎌倉に転居し、「その一」を思い出すままに執筆した。その後の内容からみると、「その一」は一月一日（火曜日）掲載予定であったから、鎌倉についてすぐ執筆し原稿を渡した。いずれかの新聞に掲載されたと思われるのは、「その二」（二月七日木曜日）の文章のはじめに「この前に本紙に最近の青年が無気力だ、と書いたら、私の息子を初め二三の青年から抗議を受けた。」とあって、「本紙」とあるから新聞掲載とみた（未確認だが『赤旗』かもしれない）。たしかに「その一」には、「最も期待した青年層、学生層にそれが欠けている」（それとは、理性的科学的追求をしようという意欲）という一文があった。

次に、村山発言の「『桜の園』を稽古していた」云々についてだ。千田是也が「『桜の園』が選ばれた事情については、この公演の舞台稽古の第一日、十二月二十四日の午前中に共同通信社の要請で行われた演出家座談会「わが新劇の前途を語る」（山田肇、北村喜八、青山杉作、八田元夫、村山知義、千田是也）の中で北村喜八が…」（『千田是也演劇論集1巻』未来社　一九八〇年）云々と書いていて、カッコ内の出席者に村山の名前がある。確かに村山は一二月一九に博多着、二四日に新劇人の前に姿を見せていたことになる。

東芸の久保や滝沢・薄田たちに村山が「お前たちのこさえた劇団におれを入れるか」、「平劇団員なら入れる（という）、そんなら勝手にしろ」（戸板前掲書）と言った会見については、久保栄が次のように記している。〈十二月二十五日　帰国した村山知義と同人とが、今日で二度目の会見「村山の匿名でしていた仕事や朝鮮でして来たことにたいする『東芸』側の評価と彼の主張との間に食いちがいがあって、もの別れとなる」〉（久保「東芸をつくるまで」『久保栄全集』7巻）と記している。

薄田研二は、「村山が東京芸術劇場に参加出来なかったことは、戦前の『社会主義リアリズム』論争のなかに含まれていた政策的見透しの微妙な食いちがいが、結論を得ぬまま戦争の終わった現在まで持ちこされ、しかも戦前は新協劇団という枠をつくって脈落なく自己主張したところに問題の一つがあって、それだけの理由ではありませんが、（略）」と『暗転』で戦前とのつながりを記すが「それだけの理由ではありません」の中身については触れていない（傍線…井上）。ここで薄田が指摘した「社会主義リアリズム論争」時にあった「政策的見透しの微妙な食いちがい」は、村山と久保の間のそれだ。

東芸解体後に自らの選集をだすことになり、そのあとがきに次のように久保は敗戦後の村山との齟齬を記している。久保と村山はやはり演劇芸術にむかう根本的な姿勢で異なっていたようだ。

「すぐれた現実感覚によって、多かれ少なかれ社会の本質的な特徴を描き出す作家も、芸術に於いては革命的なのである。芸術の歴史を、客観的弁証法の形象への反映の歴史と観る限り、社会の発展的な方向に対する根本的な理解と無理解といふやうな抽象命題で、われ〳〵のリアリズムと過去のそれとを区別することは、（略）間違ひだと思ふ。」（『久保栄選集5　リアリズムへの道』あとがき　一九四九年）

これらを踏まえながら村山知義の朝鮮行きと戦後の対応を、かつて触れることの出来なかった新資料も引き、312頁に本論に沿って作った簡単な年表も利用して新劇人たちの戦後の一時期を見なおしていきたい。

〈戦前・戦中・戦後の村山と新劇に関して〉（井上作製）

一九二八年	一二月：ナップの芸術専門分野全国組織になる。翌年プロット代表委員の一人に村山選出される。
一九三〇年	五月：治安維持法違反で検挙・起訴され豊多摩刑務所入り、一二月末に釈放。（村山は翌年五月というがこの年の五月に入党と推測。）
一九三一年	四月：左翼劇場「勝利の記録」演出。 一〇月：プロット第四回大会で中央委員長。
一九三二年	四月：作・演出「志村夏江」舞台稽古時に治安維持法違反で検挙、豊多摩刑務所。
一九三三年	一二月：保釈出所。
一九三四年	三月：懲役二年執行猶予三年の判決。 六月：日本プロレタリア演劇同盟「同盟解散に関する決議」を発表。 七月：村山新劇団大同団結の提唱。 九月：新協劇団創立。 一二月：創立公演「夜明け前」第一部（村山脚色・久保栄演出・滝沢修主演）。
一九三五年	五月：新協浅草公演。韓国トーキー映画「春香伝」登場。
一九三六年	一月：井上正夫一座の演出、以後商業演劇演出始まる。 一二月：「春香伝」の脚本張赫宙に依頼。
一九三八年	二月：第一回渡鮮。 三月：第二回渡鮮、新協劇団「春香伝」公演・演出。 四月〜五月：「春香伝」大阪・京都を巡演。 一〇月〜一一月：「春香伝」朝鮮を巡演、『モダン日本朝鮮版』（一九三九年発行）の座談会「新しき朝鮮を語る座談会」に出席、「朝鮮の友人達」を執筆。
一九三九年	一月：『文学界』に「春香伝」シナリオ発表、座談会「朝鮮文化の将来」に参加。
一九四〇年	八月：『モダン日本朝鮮版』発行。一九日、新劇人一斉検挙、治安維持法違反で久保栄・千田是也、その他多数。のち巣鴨刑務所へ収監。（久保、眼病で四一年一二月二六日出所）
一九四二年	六月：一〇日、公判、午前新協グループ七人（村山・久保・滝沢・中村栄二・松尾哲次・松本克平（赤澤）・染谷格、午後新築地グループ。二三日、村山・千田保釈。二四日、裁判、以後新劇事件関係者の裁判続き、

	八月一〇日判決、懲役三年村山（繰りこみなし）・千田（繰りこみ三五〇日）、久保二年（繰りこみ二〇〇日）、直ちに控訴。判決後村山他人名義で演出始める。 ★村山は『村山知義戯曲集上』の巻末「自筆年譜」で四二年「年末保釈出所」と記している。これが誤りの拡がる原因となった。村山は六月二四日の裁判前日に保釈され、八月の判決後、皆と共に控訴し他人名義の演出を始めるのである。
一九四三年	控訴審始まる。
一九四四年	二月：俳優座創設（青山杉作・遠藤慎吾・東野英治郎・小沢栄太郎・岸輝子・田村秋子・村瀬幸子・信千代…判決後千田是也加盟） 四月：二四日、判決、村山・久保・千田懲役二年執行猶予五年（久保のみ通算二〇〇日を本刑に繰りこみ）。
一九四五年	三月：村山渡鮮。 八月：朝鮮から満州へ、敗戦を朝鮮京城で知る。 一〇月：一五日、新劇懇談会開催（青山杉作・北村喜八・千田是也・八田元夫・遠藤慎吾・薄田研二・滝沢修・中村伸郎・山田肇・山本安英）。 一二月：四日、新劇人クラブ結成（発起人：青山・北村・久保・杉村・薄田・滝沢・千田・東野・中村・八田・三島雅夫・山本）。一四日、久保・薄田・滝沢ら東京芸術劇場創設。一九日、村山帰国、博多に上陸。二〇日、新劇初の公演「思い出」（宮田輝明作・若者集団）。二一日、村山東京着か…その後、東芸の三者と会談・決裂（傍線…井上）。二六日〜二八日、新劇合同公演「桜の園」。（一二月末で情報局廃止される。連合軍の検閲始まる。）
一九四六年	一月：一九日、村山第二次新協劇団再建（松竹と提携）。 八月：妻壽子死去。 九月：帝劇主催新劇合同公演村山制作・演出「どん底」に薄田出演後、東芸を辞め新協に参加（のち、一九五〇年に脱退）。 一二月：村山随筆集を編む。
一九四七年	三月：久保栄作・演出「林檎園日記」上演後東京芸術劇場解体。 四月：『随筆集 亡き妻に』発行。 七月：民衆劇場結成（滝沢修・森雅之・清水将夫・加藤嘉・宇野重吉・北林谷栄・岡倉史郎・夏川静江・望月美恵子・山口淑子・椿澄江・柴田早苗ら）
一九四八年	三月：俳優座第六回公演「火山灰地」第一部（久保栄作・演出、千田是也・小沢栄太郎・永井智雄・松本克平・東野英治郎・村瀬幸子・東山千栄子・菅井きん・岸輝子・木村功・青山杉作ほか出演）

まず敗戦前の朝鮮行きについてみよう。

村山は一九七一年の自筆年譜で「三月、朝鮮に亡命。（略）七月、満州へ行く。八月敗戦。直ちに朝鮮の進歩的新劇のために活動。小説「明姫」オペラ「春香伝」のテキストを書く。十二月、帰国。鎌倉に住む。」（前掲519頁）と記し、これが流布されている。既に記したが、植民地へ行くのに「亡命」とはいわない。

『随筆集』の最後のページ「大阪と新劇」（一九四六年九月二九日）の冒頭に「去年の三月、私は爆撃で焼けてゐる大阪を汽車で通過して朝鮮に亡命した。」と既にあり、それより早い別の一文には「私は去年、三月から十二月末まで、まる九ヶ月、朝鮮の京城に住みました。（略）次々と三つの朝鮮人の家庭に（以下略）」（「朝鮮の婦人――東京放送局からの放送原稿――」一九四六年二月三日）と書く。「京城に住みました」が七か月後に「朝鮮に亡命した」に変わっていた（傍線…井上）。そしておそらくこの「大阪と新劇」は、多くの人――特に新劇人の目に触れることがなかったのではないかと推測される。

四六年三月八日付の「朝鮮の文化人へ」では、なぜ朝鮮へ行ったのかが、記されている。

「私が朝鮮に行ったのはあのころわれわれ思想犯人は保護観察所の観察に附され、一々の行動が全部保護司の監督の下でなければ出来なかった。（略）軍部はわれわれを何処か一箇所に纏めて監禁する方針だといふことが裁判所側からも、保護観察所側からも洩れて来た。（略）私は内地を離れることを決意した。その方法としては、丁度朝鮮の演劇文化協会から嘱託になつて来いといふ希望があつたので、それを利用するしかなかつた。これは総督府情報課の外郭組織であるが、そのメンバーは会長一人を除いて全部朝鮮演劇人である、私のかつての同志であり、また弟子であり、気心の解つてゐる人たちである。内地にゐるよりも、演劇の退廃を食ひ止め、演劇の正道を守ることに私の力が要求され、また実行できる条件にあるのだ。私はごくフリーな嘱託といふことでそこに渡り（略）全部朝鮮語のトーキーを初めて作ることを情報課に承認させ、（略）朝鮮語のオペラ「春香伝」を書き稽古を初めた。」

この朝鮮行きは一九七五年に出た『現代史の証言5　八・一五敗戦前』(汐文社・解説村山知義)では、自身の〈八・一五〉について次のように記された。この時、久保は既に没していたし、薄田研二も亡くなっている。

「その時に(村山は一九四四年四月一四日と書くが、これは誤りで判決が出たのは四月二四日…井上)私は第二審の裁判長から呼ばれて、その人の私宅に初めて行った。(略)万一敵軍上陸ということになれば、君達を皆殺しにしてしまう予定だ(略)君を殺させるにしのびない。そこで一計を案じて、君を朝鮮にやりたいと思う。京城の最近出来た朝鮮演劇文化協会に僕の知っている男がある。(略)そこの嘱託という名義にして上げようと思う。朝鮮なら万一日本が占領されるということになっても安全だ。嘱託といっても別に何もこれという仕事はない。」(104頁)

村山は、「朝鮮に戦禍の及ぶ機会はなさそう」「平壌には左翼劇場以来の演劇初め、いろいろの文化関係の朝鮮の人たちが多ぜいいる。」と続け、おまけに「具合よければ新協劇団も、新築地劇団などの昔からの人たちを向うに呼んで、劇団をつくることも夢ではないだろう――そう思って私は彼の意見を受けることにした。」と書く。これではバラ色のお伽話ではないか……。朝鮮は植民地で朝鮮総督府のある京城と北の平壌では地理的にもかなり隔たりがあり、演劇人の様子も異なることを知りながらこういう発言をする村山には驚きを禁じ得ない。一九三八年の朝鮮での在りよう、三九年四〇年の『モダン日本　朝鮮版』の座談会に出席した時の様子など、全て忘却したような一九七五年の発言だ。これを読むと、東芸に入りたいと話し合いをした時、匿名の演出や「朝鮮文化協会」を頼っての渡鮮について、薄田・久保・滝沢を納得させる回答をしなかったという村山は、これと似たような返答をしていたのかもしれないと思う。これでは「『東芸』側の評価と彼の主張との間に食いちがいがあって、もの別れとなる」はずだ。この話し合いの内容については、東芸の三者は詳細に記していない。おそらくそれは村山がかつて共に闘ってきた仲間であったからではなかったかと、わたくしは〈良く〉解釈している。

村山の四五年三月の渡鮮について、次のような朝鮮からの手紙がある。これは久保栄の養女久保マサ宛てに一八八八年六月五日にペヨンヤンが記した手紙である[11]。

「久保氏の記録（選集）に〈村山が渡鮮して総督府側の文化政策に従うという新聞記事を読んだのは終戦の年の春だった〉とありますが、当時、村山氏が理事だか、顧問だかをやっていた〈朝鮮演劇協会〉（金寛洙という朝鮮人の理事がいた）というのは朝鮮総督府と朝鮮総司令部の統制下にあって、朝鮮人民を侵略戦争にかりたてる爲の道具でしかなかったのです。そのことでも解るように、かつてのプロレタリア演劇運動の先駆者ともあろう者が、自分の信条も良心も投げ捨てて朝鮮人民を侵略戦争においやる手伝いをしたということ、これは、如何ようにも辯解の余地のないことです。／私は日本が敗戦する前年には当時の満州（中国東北地方）に逃避して居たので、村山氏がどういう経緯で朝鮮から満州へ渡り、〈終戦の年の末に〉満州からソウルへ逃れてきたのか解りません。」（／改行）

ペヨンヤンは、三〇年代に日本で学び、築地小劇場で上演される芝居を観ていて、「入り浸っていた」というから金史良などと同じように新協劇団の人々と知りあっていたと推測される。久保栄とも交流があったのだろう。その関係で久保マサはペヨンヤンと付き合いがあったと思われる。氏は一九四〇年の新劇弾圧後朝鮮に帰国し、四二年に朝鮮映画製作会社（正式名称は社団法人朝鮮映画製作株式会社）に関係する。この会社も「総督府と国の統制会社で、そこで作られるものは侵略戦争の謳歌でしかありませんでした。（略）それに我慢しきれなくてとうとう満州への遁行をきめたのでした。（略）戻ってきたのが終戦の年の九月、私はソウルで秋民（後のピョンヤン国立映画撮影所総長）らと朝鮮映画同盟を組織して朝鮮映画の再建に没頭していました。（一九四五年の末頃）でしたが、村山氏がひょっこりソウルに現れました。（略）満州からひそかに潜ってきたのでした。その頃私たちといっしょに活動していた許達（略）の案内でしたが、阿現町の友人宅で何人かが集まってささやかな慰労の席をもうけたのでした。当時南朝鮮は、米占領軍の陰謀と右翼のテロなどによって物情が騒然としていて日本人の独り歩きはむずかしかったので、組織の力をかりて彼を釜山まで案内をし、密航船に乗せて無事に帰れるようにはからったのでした。」

ペ氏は更に村山の行動に触れる。「彼が酒席でいうことには、米占領軍に対する朝鮮共産党の政策がなっていないとかいって罵るのでした。私が残念に思ったのは、彼が朝鮮や満州でした自分の行為に対して少しも反省のいろがみえなかったことでした。／戦争後日本に帰った村山氏に対して久保氏が新劇運動を再建する爲に自己批判をもとめられたのは至極当然のことでしょう。それにすなおに応じられなかったのは、彼の犯した行為の傷痕があまりにもおおきかったからではないでしょうか。」

村山の送別会の酒席には、秋民・許達・李基星・金基鎬が参加し、彼らは一九八八年には皆他界している。しかしこれを読むと、村山の戸板康二との対談時の発言も含めて東芸の三人との会見の様子が理解されてくる。


「風俗時評」「その二」に東京に向かう汽車の中の様子を記した部分がある。

「その後しばしば『だから日本は負けるんだ』といふ言葉を街頭で聞いたが、それがさっぱり自分自身に対して自己批判として云はれる言葉ではなく、みんな他人を罵るための言葉だつたのはどうしたことであらう。」（67頁）

これを書いた村山は、東芸同人との話し合いの時には存在しなかったのだ。おそらく東芸の三人、特に久保は、「自分自身に対して自己批判」する村山知義であってほしかったのではなかったか……と思う。戦後の新劇人との話し合いの場で戦争責任問題を棚上げしたことに対する久保の主張と新劇人たちとの乖離を知ると、一層そう思わざるを得ない。

さらには戦前・戦中・戦後の新劇人が置かれてきた状況も知ると、ここで見て来た村山発言は自己正当化以外の何ものでもない。が、ある意味、こういうところもいかにも村山知義であるのかもしれない。

すでに3章で触れた一九三五年の新協での村山が「まさに『内鮮一体』という時局にある意味擦り寄り、利用しながら生き延びようとしていた」あの時と同じで、四五年の渡鮮も体制に擦り寄り生き延びようとしていたのである。そしてそれを認めない村山は、最後まで自身を新劇運動の指導者として存在させたかったのかもしれない。転ぶのも村山、先頭に立つのも村山で、それがその後の新しい演劇運動の中心から外れていく要因でもあったと言える。

［注］

1　本論は村山の朝鮮行きを論じた新稿である。
論中に出る敗戦後の村山と東京芸術劇場に関しては「敗戦後の芸術運動――東芸の場合――」（『日本演劇学会紀要 29号』一九九一年三月）を参照されたい。この論は、その後拙著『近代演劇の扉をあける』（社会評論社 一九九九年一二月）に収録（第三二回日本演劇学会河竹賞を受賞 二〇〇〇年六月）。また、敗戦後の新劇と久保栄・村山知義に関しては、『久保栄の世界』（社会評論社 一九八九年）所収の「林檎園日記」論でも詳細に論じた。
なお、本論では引用文中の旧字は適宜新字に改めた。

2　村山著『随筆集 亡き妻に』所収 櫻井書店 一九四七年。以後本書からの各論引用はタイトルの後に櫻井本と記す。

3　村山「朝鮮での敗戦」（『現代史の証言5 八・一五敗戦前後』所収 汐文社 一九七五年）の冒頭に奉天で山田清三郎・のちの朝鮮人民共和国の文部大臣・張赫宙らと一緒の写真がある。村山は北の文部大臣の名前を忘れたと記しているが、『モダン日本 朝鮮版』の写真をみると、柳致眞であるように、わたくしには思われる。意図的ではないかと推測。

4　東京 左翼劇場、大阪 大阪左翼劇場、京都 青服劇場、神戸 労働者一夜劇団、高知 街頭座、金沢 金澤前衛劇場、静岡 静岡前衛座、松本 松本青服劇場。翌年には、新築地劇団、劇団築地小劇場、心座、松江プロレタリア劇場、青森八戸新興劇団、門司戦士劇団、高知平民座…その他多数加盟。（秋葉太郎『日本新劇史 下』理想社 一九七一年）

5　この号は、金達寿「玄界灘」（連載中）、佐々木基一「リアリズムの問題」、大西巨人「意図と実現との問題」、江口渙「我が文学半世紀」（連載）、対談「文学的抵抗―椎名麟三・佐多稲子」等と共に「金史良追悼」があった。金達寿・村山・間宮茂輔・保高徳藏が執筆。

金史良は、一九五〇年の朝鮮戦争開始と共に従軍作家として朝鮮人民軍と共に南下し、一〇月以降のアメリカ軍の仁川上陸に対し朝鮮人民軍撤退時に「持病の心臓病がもとで江原道原州付近で落伍、その後こんにちにいたるまで消息を絶っている。死亡したものと判断される。」（安宇植『金史良』所収 年譜）と言われている。一九五二年の村山の追悼文は、金のルポルタージュ集『海がみえる』が文芸出版社から四月に上梓され、その死を確認したからではないかと推測される。

6 鄭琮樺によれば、一九二三年に無声映画「春香伝」が登場し、韓国無声映画のルネッサンスが始まるという。これは京城で黄金館を経営していた日本人興行師早川増太郎（早川孤舟）が運営していた興行団体「東亜文化協会を通じて（略）『春香伝』を脚色し、映画化」したもので、日本人に拠る「春香伝」の制作が当時に映画人たちに刺激を与えたという（参照：鄭著『韓国映画100年史』明石書店 二〇一七年）。

7 「春香伝」初演出演者：市川春代（春香・特出）・小沢栄・伊達信・三島雅夫・西康一大森義夫・宇野重吉・信欣三・鶴丸睦彦・大町文夫・中村栄二・島田友三郎・下条正巳・三好久子・小峰千代子・赤木蘭子（夢龍／春香）・末広美子・清洲すみ子・本橋和子・山岸美代子・北林谷栄・大宮久子。（下線朝鮮公演不参加）
初演は赤木が男装の麗人並みに主役夢龍を、朝鮮公演では滝沢修が演じた。宇野は出征し朝鮮公演は不参加。演出助手天野晃三郎と安英一（アンヨンイル）、舞台監督加藤純。（『新協劇団五周年記念出版』所収 香盤表参照）

8 高崎隆治『文学の中の朝鮮人』（青弓社 一九八二年）、白川豊『植民地期朝鮮の作家と文学』（大学教育出版 一九九五年）、林浩治『戦後非日文学論』（新幹社 一九九七年）。
なお、白川は、第3章の最後で「春香伝」の新協以外の公演を上げている。部分的に誤りが多い。これらの他公演は新協の反響成果で生まれたものではなく、あくまでも「内鮮一体」という政治体制が各集団に朝鮮物を上演させたのである。上演に関して権力側からの要請があったかもしれない。

9 井上理恵著『菊田一夫の仕事』（社会評論社 二〇一一年）第二章「アメリカの日本占領――ラジオ・舞台・映画」で村山知義の仕事について触れた。以下にその一部を引く。
「第二次東宝劇団が組織され（一九四三年八月）、有楽座や帝劇で三回ほど公演を持ったときのことだ。菊田は企画制作を担当した。劇団担当重役渋沢秀雄会長に呼ばれ、新劇弾圧のときに捕まり、今は保釈で出ているMさんから仕事を頼まれている、何か仕事を与えてやってもらいたいと言われる。このときも菊田は警視庁保安課を訪ね、菊田の名前でM氏に演出をやらせていいかと聞いていた。検閲係は「まあいいだろう」と返事をする。このあたり、芝居をみているようでどこまでが真実かと思いたくなるが、とにかく菊田は出獄後のM氏―村山に仕事をあげたのだ。」(61頁)

村山は、井上正夫演劇道場作品四作、第二次東宝劇団作品二作、合計六作ほど菊田の戯曲を演出した。他にも北条秀司・堤千代・真山青果・北村小松・巌谷三一・山本有三・日野葦平・木村荘十二・織田作之助・岩下俊作等々の作品も演出した。

10 村山の渡鮮と展覧会について五十殿利治の論が近年出された。

"Korea, Last Retreat in Wartime for Murayama Tomoyoshi, a Modernist": Routledge Research in ART HISTORY, 2022.

11 この手紙のコピーは、「新協劇団5周年記念号」と共に一九八九年五月に、久保栄の養女であった久保マサ氏から託されたものである。そのころわたくしは『久保栄の世界』を出す予定であった(一二月に上梓)。七三年頃からマサ氏と知りあい、久保栄の資料に関してご協力を頂いていた。敗戦後の東芸や村山の朝鮮問題、東芸の解体等に関してマサ氏に聞き取りをしていて、時機が来たら発表していいという約束で頂戴した。全ての関係者が鬼籍に入った今、村山知義の演劇史には欠かせない問題と判断し引用した。

12 『久保栄の世界』『近代演劇の扉をあける』所収論文を参照されたい。

おわりに

村山知義が獄中にいた一九三三年の秋、『文學界』(武田麟太郎と林房雄、小林秀雄ら11人の編集同人)が創刊された。その年の暮れに村山は保釈出所、翌年三月判決(懲役二年・執行猶予三年)、四月に小説「白夜」を発表する。これは「転向小説」と言われたが、中身は知義と花柳はるみらしき女優との恋愛、壽子と蔵原惟人らしき男性との恋愛が綴られた〈私小説〉だった。夏に新劇大同団結の提唱、秋に新協劇団結成、冬に「夜明け前」初演、という目まぐるしく変わる一年を村山は持つ。年が明けた三五年一月号から演劇に関する時評を、毎号タイトルを変えて『文學界』に寄稿し、一二月から森山啓・島木健作・船橋聖一・阿部知二・河上徹太郎と共に同人になった。

一月号の「年末の新劇」でかつて築地小劇場で芝居を作った友田恭助と田村秋子の舞台について次のように触れている。

「あれから何年たつたらう? その間にプロレタリア演劇の全盛期と衰退期が横はつてゐる。この時代の渦の只中に立つて演劇の問題をその最も根本的な土臺からその全社會生活との聯關において解決しようと努力しつゞけた人々と、それのそとに立つて『純粋に』演劇の中に閉ぢこもつた人々との二つの群がこの期間を通りぬけてここに一應、或る特殊狀勢のために、相似た外貌を呈して、手を握り合はさんばかりにしてたむろしてゐる。演劇をめぐるこの二つの群の人々のした事と、現在と將來とをしらべることは演劇において最も大きな問題の解決のために絶對に必要なことだ。」

この書き出しを読むと「二つの群れ」の前者が村山たちプロレタリア演劇に関係した人たちで、後者が友田・田村らの反体制思想を持たない体制内思想の人々、築地座という位置づけであることがわかる。両者の人々が入り乱れて相よりあっているかのごとき状況を告げている。それは「或る特殊狀勢」故に今回の村山の『文學界』への執筆もあるのだと知らせているかのようだ。

「築地座を見て私が驚いたのは田村秋子の進境である。外國には珍しくないが、少くも彼女は日本一の女優である。彼女は他の女優達を極端に軽蔑してゐるといふ。しかし事實、彼女と他の女優達との距離は相當に大きい。素質もあるが、主として、じつくりと腰を落着けた、絶えない訓練のおかげである。」

そして村山は、新協劇団の女優達が「腰を落着けて藝術をみがくのに専心出來ぬ」ことを気の毒がる。この一文の裏には、俳優の職業化—経済的安定があると告げていて、田村は〈金稼ぎ〉しなくていい存在だからだ。次いで演技に話は進み、宝塚少女歌劇の芦原邦子の演技が昔と変わらないことを指摘する。演技は時代の変化と共に「進展」しなければならないし、戯曲のスタイルによって演技もまた変わらなければならないと書く。

三月号ではテアトル・コメディについて、この集団の演劇様式は「非築地系」「外国映画系」といわれていたらしい。未だ舞台を観ていない村山はみたいと言う。小山内・土方の築地系演技は翻訳劇の演技だから「外國の演劇から脈を引いてゐる」。ここに演劇の演技と映画の演技との相異の問題が生まれる、どんな演技なのかと興味を持つのである。

同時にこの集団は「教養ある人々の豊かな娯楽機関」としての新劇と唱っていた。そういう新劇の舞台、外国映画系演技の集団の舞台が、どういうものか知りたいし、「商業主義的でなく、しかも娯楽のための演劇」というのは「特異な存在であり、それが健康なものであるかどうかは大きな問題」だと指摘する。村山は「娯楽」を商業主義と結びつけている。

この村山の興味と疑問は、五月号のテアトル・コメディの舞台を観て答えが出る。有島武郎作・金杉惇郎演出「ドモ又の死」、ベルナアル作・岸田國士訳・高木次郎演出「マルチイヌ」の舞台だ。まず演技には「何の相異もない」ことがわかる。いわゆる「演技の類型」の問題は「時代の典型を描出する」問題と共に、解決されにくい重要なカードだ。

そして演目の「ドモ又の死」（一九二二年）は、「白樺全盛時代の作品で藝術家が金銭と傳統に反抗して、『何物にも縛られない』『純粋な』ボヘミアンであることを主張した頃のもの」、「マルチイヌ」もフランスの同じころの作だ。「観者が歴史的な立場から見なければ感興を起し得ないやうな戯曲を提出することが、『豊かな娯楽としての演劇』と云い得るだろうか?」と書く。村山は同時代に生きる観客に過去の作品をどのように提供すれば「感興を起し得」るかという、現在にも通じる問いを投げかけていた。

六月号の「朝鮮流行歌の夕」（歌と新派芝居）では、観客について触れる。かつての三一劇団や朝鮮芸術座公演の観客とは異なり、在京朝鮮人の「上流階級」であったそうだ。菊池寛の「父帰る」が朝鮮俳優によって朝鮮語で演じられた。演者は旅回りをしている新派の俳優であったが、芝居のテンポがはやく、一人の女優が自然な演技で実に上手であったという。翻って「日本の芝居（新劇を特に問題にしてゐるのだが）ぐらゐ、テムポののろい芝居はないらしい。これはただ日本語の罪だけなのだらうか? 何かもつとほかに原因があるのだらうか?」と記す。日本の芝居は、今でも「のろい」から依然解決されていないことがわかる。

村山は、大仰な宣言や理論を立ち上げ演劇運動者として先頭を走っていたばかりではなく、現代劇はどうあればいいのかをあらゆる側面から考えていた演劇人だった。現在のわたくしたちの国の演劇にも通用するような芝居への疑問を『文學界』の時評で記していたのは、興味深い。そうした疑問に現在の「新劇」界は、小劇場系は、商業演劇は、どの位応えられているのか、と思う。

本書は、村山知義という複雑な演劇人の一九二〇年代から敗戦直後までを追ったものである。一部と二部は発表する場が異なったために重複する時間・内容が多い反面、論の進展や紙幅の都合もあり触れることのできない事項もあった。その都度少しずつ増やしてきたつもりだが、村山と二度と出現しないような演劇的時間が明らかな相貌を帯びて浮かび上がっていたらうれしい。

後ろに入れた本論の引用文献は、全てではないが、よくある「本の署名や雑誌のタイトル」だけを並べるのはさけたかった。論者がどこで何について記していたのかをなるべく明らかにすることで、〈個々人が時代の中で生み出してきた結果の演劇史〉というわたくしの意図が分かればいいと考えた。そのために分かりにくくなったかもしれない。

最後に入れた「井上理惠の研究」について若干記したい。

いつも本を出してくれる社会評論社の松田社長に、この本はわたくしの最後の単著かもしれないと話したら、それなら研究一覧を入れたらどう……、と言われた。退職された先生方が記念著書に入れる立派な一覧がすぐに浮かんで、困った。これは記念著書ではないし、しかもこれは『村山の本』だ。一応、私は「久保栄の研究者」だったのに！　どうしよう、と戸惑ってしまった。

早稲田大学演劇科の諸先生方や先輩研究者の学恩に始まった研究生活は、日本演劇学会と分科会の日本近代演劇史研究会、有島武郎研究会、日本社会文学会、日本近代文学会、日本文学協会と分科会の新・フェミニズム批評の会、昭和文学会、そして吉備国際大学と桐朋学園芸術短期大学、そこで出会った諸先輩や同輩の研究者たちと論戦しながら、彼らに多く育てられたことを思い出した。

昨年亡くなった鳥越文藏先生が、坪内逍遥も河竹繁俊先生も郡司先生も実際の舞台に関係されていたから自分も何かしたいと思ったが、結局座元みたいなことしかできなかったと語られたことがあった（研究に入れた『歌舞伎の出口・入口』所収 鳥越文藏「私の研究歴　弟子たちに伝えたいこと」）。

わたくしの研究を演劇人に読んでもらうことで、現代演劇の役に立てればいい。演劇の過去を知ることは現在を見つめなおし未来を生み出す糧になる、そんな想いから演劇研究の血肉になった論考を選んで表にした。共著に担当した論題を入れたのもそんな理由からだ。

多くの現役演劇人に、そしてこれから演劇に向かおうという人たちに、この中のいくつかでも読んでもらえればうれしい。素敵な本をいつも作ってくれた松田社長やデザイナーの中野多恵子さんに深く感謝したい。

二〇二二年一〇月二三日　　井上理惠

主な引用文献

村山知義

「連鎖劇」『文芸市場』一九二五年一一月創刊号

『構成派研究』中央美術社 一九二六年二月

「兄を罰せよ」『改造』一九二六年一〇月号

「勇ましき主婦」『演劇新潮』一九二六年一一月号

「進水式」『文芸公論』一九二七年四月号

「第一戯曲集」『スカートをはいたネロ 他11編』原始社 一九二七年六月

『最初のヨーロッパの旗』世界の動き社 一九三〇年一月

「新劇の危機」『新潮』七月号 一九三四年、「新劇団大同団結の提唱」『改造』一九三四年九月号

「夜明け前」批判（高田保）への反論 東京日日新聞 一九三四年一一月一六、一七、一八日

『白夜、劇場』（小説）竹村書房 一九三五年五月、『現代日本文學大系』筑摩書房 一九七二年

「進歩的演劇のために」（松本克平への反論）『テアトロ』三五年九月号

〈演技について〉『東寶』一九三六年九月

「発展的リアリズムの演劇の創造と提供」『演劇論』（唯物論全書）新協劇団編 三笠書房 一九三六年九月（発禁）、戦後再版 三笠書房 一九四六年、『新劇の40年』民主評論社・『現代演出論』早川書房 一九四九年

『嗤ふ手紙』評『演芸画報』一九三七年九月号

「トーキー連鎖劇後日譚」『東寶』「トーキー連鎖劇の検討」特集 一九三八年新年号

「劇団はどう進むか」『中央公論』一九三八年四月／「劇界月評」一二月／「劇界月評」

〈新劇の現在と未来〉『中央公論』一九三九年一月号

「朝鮮文化の将来」『文学界』一九三九年一月号

「演劇的自叙伝」『テアトロ』一九三九年九月号～一九四〇年夏まで

「八月十五日の記」「朝鮮の婦人」『随筆集 亡き妻に』櫻井書店 一九四七年四月

村山編籌子著・村山知義編『ありし日の妻の手紙』櫻井書店 一九五〇年一月
『演劇的自叙伝』一巻 一九七〇年、二巻・三巻 一九七四年、東邦出版社、四巻　東京芸術座 一九七七年
『村山知義戯曲集 上巻』（自筆―作品解説・戯曲リスト・年譜）一九七一年三月
『村山知義戯曲集 下巻』（自筆作品解説）一九七一年六月
「朝鮮での敗戦」「解説」『八・一五敗戦前後・現代史の証言5』汐文社 一九七五年八月
村山著『暴力団記・志村夏江』新日本文庫 菅井幸雄解説 一九八二年一〇月
『いま、村山知義』村山委員会編 東京芸術座 一九九一年八月
村山亜土『母と歩く時』JULA 出版局 二〇〇一年一月
「多喜二の思い出」「蟹工船」プログラム再録」二〇一〇年三月
☆『村山知義 グラフィックの仕事』編集刊行委員会編 本の泉社 二〇〇一年一月
☆『村山知義の宇宙』神奈川県立美術館葉山・京都国立近代美術館・高松市美術館・世田谷美術館巡回展図録 二〇一二年二月～九月（☆印は美術の参考に上げた）

青木笙子『沈黙の川　本田延三郎　点綴』河出書房新社 二〇一一年
青野季吉　劇評「夜」『演劇新潮』一九二七年新年号
秋田雨雀「旅立の朝の光で」『築地小劇場』第二巻第一号 一九二五年一月／「骸骨の舞跳」『演劇新潮』一九二四年四月（発売禁止）、『日本の近代演劇』所収 日本近代演劇史研究会編 翰林書房 一九九九年／劇評「解放されたドン・キホーテ」『演劇新潮』一九二七年新年号／「検察官」評『秋田雨雀日記』一九二七年一〇月二五日／『秋田雨雀日記 第二巻 一九二七年～三四年』未来社 一九六五年
安宇植『評伝金史良』草風館 一九八三年
浅野時一郎『私の築地小劇場』秀英出版 一九七〇年
安藤鶴雄「ファウスト」劇評 都新聞 一九三六年一月一三日
太田咲太郎「石狩川」劇評『劇作』一九四〇年一月号
池谷信三郎「望郷」『時事新報』一九二五年一月一日から連載
井東　憲「原敬」劇評『演芸画報』一九二八年九月

井上正夫『化け損ねた狸』右文社 一九四七年
井上理恵「演劇の１００年 一八六八～一九六八」『20世紀の戯曲Ⅲ』日本近代演劇史研究会編／『久保栄の世界』／「慶応義塾三田講演の波紋」「上演台本の検閲」「敗戦後の芸術運動 久保栄の東京芸術劇場」『近代演劇の扉をあける』／『川上音二郎と貞奴Ⅲ ストレートプレイ登場する』／『菊田一夫の仕事』／『木下順二の世界 敗戦日本と向きあって』（出版年等は「研究」に記載）
伊原青々園「都新聞」評 一九二六年五月
岩本憲児編著「プロレタリア映画運動」『村山知義 劇的尖端』森話社 二〇一二年
上田 進「ソヴェート文学の近況」『プロレタリア文学』一九三三年二月
上田文子（円地文子）「演劇時評」『女人芸術』一九二九年八月
宇野重吉『新劇・愉し哀し』理論社 一九六九年
遠藤慎吾「デッド・エンド」劇評 東京朝日新聞 一九三九年八月三日号
エスリン／マーチン『不条理演劇』小田島雄志訳 一九六二年
大岡欽治「大阪の新劇団大同団結についての私見」『テアトロ』一九三四年一一月号
大笹吉雄『日本現代演劇史 昭和戦中篇１』白水社 一九九三年一月
岡村春彦『自由人 佐野碩の生涯』岩波書店 二〇〇九年
小山内薫「『青い鳥』を見て」一九二〇年／『築地小劇場』第一巻七号一九二四年一二月／小山内演出「検察官」劇評 東京朝日一九二七年一月一二日／メイエルホリド舞台「検察官」「滞露日記摘要」一九二七年
小田中章浩『現代演劇の地層』ぺりかん社 二〇一〇年
五十殿利治「村山知義の意識的構成主義――ダダの破壊」『彷書月刊』六号 二〇〇一年五月
上泉秀信「神聖家族」（村山知義演出）劇評 東京朝日新聞 一九三九年四月二一日号
川崎賢子「『忍びの者』の周辺」『村山知義 劇的尖端』前掲
河原崎長十郎「ある歴史のながれ」「トラストＤ・Ｅ」『トラストＤ・Ｅ』上演パンフレット 一九二九年一〇月
菅 孝行「20世紀演劇の精神史⑮」『テアトロ』二〇一〇年 一二月／「『村山知義の宇宙』をみる」「社会と演劇の視野15」『テアトロ』二〇一二年一〇月／『木下順二の世界 敗戦日本と向きあって』（社会評論社）書評 図書新聞 二〇一四年五月一七日号／「試論 村山知義――ある20世紀的精神の彷徨」『寄せ場』21号 二〇一一年

菊池　侃・東京朝日新聞 K生「断層」劇評 一九三五年一一月二〇日号／「夜明け前」第二部 劇評 一九三六年三月二二日号／「春の目ざめ」劇評 一九三七年四月二九日号

岸田國士『ハムレット』評 東京朝日新聞 一九三三年一〇月一一日号

喜多恵美子「村山知義にとっての朝鮮」『水声通信3』「村山知義とマヴォイストたち」特集 所収 二〇〇六年一月

喜多村緑郎『喜多村緑郎日記』一九二八年八月六日

木下順二「暗い火花」「無限軌道」一九六五年／『木下順二集』所収 岩波書店 一九八八～八九年

金達寿『〈在日〉文学全集1金達寿』勉誠出版 二〇〇六年

久保　栄「村山知義の今と昔」一九二九年／「『母』についての対話」雑誌『帝劇』七月号 一九二九年／「『全線』を観る」『劇場街』二九年八月号／「メイエルホリドとドイツ・プロレタリア演劇」『プロレタリア演劇』一九三〇年七月号／「社会主義リアリズムの輪郭」一九三三年七月／「ソヴェート演劇とわれわれ」一九三三年八月／「迷えるリアリズム」都新聞 一九三五年一月二〇日～二三日／「社会主義リアリズムと革命的（反資本主義）リアリズム」『文学評論』一九三五年五月号／「『夜明け前』プログラムの端に」一九三六年／「ノアの方舟」一九三七年／「演劇時評に代える日記抄」『日本映画』一九四〇年一月号／「あとがき」『久保栄選集5　リアリズムへの道』中央公論社 一九四九年／「選集Ⅵ『古典と現代劇』あとがき・草稿」「自稿制作年譜」「日記」「東芸をつくるまで」「伝記おぼえ書」、以上『久保栄全集』5・6・7・12巻所収 三一書房 一九六一年～六三年／「久保栄の手記」『久保栄研究』11号に復刻 一九八八年

蔵原惟人「プロレタリヤ・レアリズムへの道」『戦旗』創刊号 一九二八年五月／「一九二九年の日本文学」『都新聞』一二月／「藝術に於けるレーニン主義のための闘争」『ナップ』一九三一年一一月 古川荘一郎名

倉林誠一郎『新劇年代記』白水社 戦前編（一九七二年）・戦中編（一九六九年）・戦後編（一九六六年）

栗原幸夫「運動としてのプロレタリア文学」『国文学 解釈と観賞』二〇一〇年四月号

『劇場街』一九二九年六月創刊号

小林茂夫解説『蔵原惟人集』新日本出版社 一九九〇年

小林多喜二「右翼的偏向の諸問題」『プロレタリア文学』一九三三年二月号／『蟹工船　一九二八・三・一五』岩波文庫 二〇〇八年 第九刷

小宮豊隆『新小説』一九一五年一一月号

佐々木孝丸『テアトル』（高田保編輯）一九二六年三月創刊号／「左翼劇場由来記」『新劇の40年』民主評論社 一九四九年

／『風雪新劇志』現代社 一九五九年
佐野 碩「報告プロット創立大会」『劇場街』一九二九年一二月／佐野碩の手紙『久保栄全集5』所収（前掲）／「プロレタリア演劇運動の害虫について」『プロレタリア演劇』一九三〇年六月一〇日 創刊号（表紙絵は村山）
白川 豊『植民地期 朝鮮の作家と日本』大学教育出版 一九九五年
『春香伝の世界』薛盛璟著・西岡健治訳 法政大学出版局 二〇〇二年
「新演劇人協会創立の提唱」『築地小劇場』一九三三年一一月
新藤兼人「三巻・解説」『忍びの者』（村山知義作）岩波現代文庫 二〇〇三年
『新日本文学』一九五二年一月号〜一九五三年一一月号
杉本良吉「反動化した築地小劇場」『プロレタリア演劇』一九三〇年六月一〇日 創刊号
菅井幸雄「村山知義の演劇史的位置」『演劇創造の系譜』青木書店 一九八三年／菅井編『俳優・丸山定夫の世界』未来社 一九八九年
薄田研二『暗転 わが演劇自伝』東峰書院 一九六〇年
千田是也『もうひとつの新劇史』筑摩書房 一九七五年／『テアトロ』特集村山知義氏追悼 一九七七年六月号／『千田是也演劇論集1巻』未来社 一九八〇年／「公開インタビュー抄録」聞き手 大笹吉雄 一九八九年一二月二日 於明治大学百周年記念館、藤田富士男監修『劇白 千田是也』所収 オリジン出版んセンター 一九九五年
『戦旗』一九二八年五月 創刊号
高田 保「心座・村山知義」『演芸画報』一九二六年七月／「夜明け前」評 東京日日新聞 一九三四年一一月一四〜一五日
武田 清『新劇とロシア演劇』而立書房 二〇一二年
田島 淳『演芸画報』一九三〇年三月号「吼えろ支那」劇評／『演芸画報』一〇月号 一九二九年
立花 隆『日本共産党の研究（一）』講談社文庫 一九八三年、初版一九七八年
館野 晳「村山知義」『韓国・朝鮮と向き合った36人の日本人』明石書店 二〇〇二年
『種蒔く人』一九二一年二月 土崎版／一〇月 東京版
鄭琮樺『韓国映画100年史』明石書店 二〇一七年／『朝鮮映画の戦時体制』岩本憲児・晏妮編『戦時下の映画』森話社 二〇一九年八月
鄭大成「八・一五前夜の〈越境的〉知識人」『社会文学』22号 二〇〇五年

『築地小劇場検閲上演台本集』全12巻 日本演劇学会分科会日本近代演劇史研究会編 一九九〇~九一年、解説：藤木宏幸・西村博子・井上理恵
坪江汕二『朝鮮民族独立運動秘史』日刊労働通信社 一九五九年
『テアトロ』一九三四年五月 創刊号
東京朝日新聞「左翼劇場旗揚げ劇評」一九二八年四月二四日／新築地劇団「生ける人形」評 一九二九年五月一〇日号／一九三四年六月一六日号
東京日日新聞「演劇時評」一九二九年九月六日号
『東宝』「現代大衆劇論」一九三七年一月号
戸板康二編『対談日本新劇史』青蛙房 一九六一年
徳永　直「創作方法上の新転換」『中央公論』一九三三年九月
『特高史観と歴史の偽造　立花隆「日本共産党の研究」批判』日本共産党中央委員会出版局 一九七八年一〇月
富田常雄「暴圧下の『ゴー・ストップ』」『プロレタリア演劇』九月号
冨田博之『日本児童演劇史』東京書籍 一九七六年
中山弘明『戦間期の「夜明け前」』双文社出版 二〇一二年
半井桃水「鶏林情話　春香伝」大阪朝日新聞 一八八二年六月二五日~七月二三日（二〇回連載）
萩原恭次郎詩集『死刑宣告』長隆社 一九二五年一〇月
八田元夫「わが演劇的小伝」『新劇の40年』民主評論社 一九四九年
「母」劇評　都新聞 一九二九年七月一一日号
原　泉「朝鮮人二人」『季刊 三千里』一九七五年夏二号
林　浩治「村山知義の朝鮮行きについてなど」『新日本文学』一九九五年六月号／『戦後非日文学論』新幹社 一九九七年
土方与志『なすの夜ばなし』河童書房 一九四七年
平野　謙「創作方法に関する問題」／「社会主義リアリズムと中野重治」『平野謙全集 5』新潮社 一九七五年
『文学界』一九三九年一月号
『文芸公論』一九二七年四月号
分銅惇作「『種蒔く人』の成立の思想的背景――土崎版を中心として――」『「種蒔く人」の精神』所収「種蒔く人」顕彰会

二〇〇五年
堀井謙一「村山知義小論」『日本近代文学』16集　一九七二年
正木喜勝「様式の交代」『待兼山論叢』38号　二〇〇四年
松本克平「村山体系と進歩的演劇」『テアトロ』一九三五年八月号／「自伝的文章」『新劇の山脈』朝日書林　一九九一年
水木京太「回顧」都新聞　一九二四年一二月一四日／「夜明け前」劇評　東京朝日新聞　一九三四年一一月一八日／「春香伝」
　劇評東京朝日新聞　一九三六年三月三一日
『モダン日本 朝鮮版』一九三九年　一九四〇年・復刻版韓比較文化センター　二〇〇九年三月
八住利雄「メイエルホリドとD・Eの演出」『築地小劇場』七号　一九二四年一二月
柳瀬正夢　復刻「自叙伝」『ねじ釘』第一号　柳瀬正夢研究会二〇〇二年
山崎　怜「村山籌子研究上の若干の資料について」『香川大学学術情報リポジトリ』一九九三年一〇月
山田清三郎『プロレタリア文学史　下』理論社　一九六九年
米川正夫「私のメイエルホリド観」『メイエルホリド研究』原始社　一九二八年五月
吉田謙吉『築地小劇場の時代』八重岳書房　一九七一年
林　淑美「『演劇的自叙伝』は、一九三〇年で終っている」『水声通信3』水声社　二〇〇六年一月

井上理惠の研究　1984～2022（単著・編著・共著・論文─全て選択して入れた）

発行年	種類	タイトル等	出版社
1984	論文	「農民演劇集団『嫩葉会』と安元知之」『演劇学』25号　郡司正勝教授古稀記念特別号　早稲田大学演劇学会	
1989	単著	『久保栄の世界』	社会評論社
1990	共著	『日本語の聴解』	社会評論社
1991	共編著	『築地小劇場検閲上演台本集』解説　日本近代演劇史研究会編	ゆまに書房
1992	論文	「日本近代演劇史への一視角 ── 小山内薫の三田講演をめぐって」『演劇学』35号　河竹登志夫教授退任記念号　早稲田大学演劇学会	
	編著	『久保栄「火山灰地」』解説・解題	社会評論社
1994	共編著	「無限の闇『十三夜』」『樋口一葉を読みなおす』新・フェミニズム批評の会編	学藝書林
1995	共著	「〈境界のドラマ〉のドラマトゥルギー」『有島武郎研究叢書 有島武郎の作品 下』有島武郎研究会編	右文書院
1996	共著	「委託された〈立身出世〉」『文学・社会へ　地球へ』西田勝退任・退職記念論文集編集委員会編	三一書房
1998	共編著	『20世紀の戯曲　日本近代戯曲の世界』日本近代演劇史研究会編	社会評論社
	共編著	「〈華々しき〉女たち ── 戯曲」『「青鞜」を読む』新・フェミニズム批評の会編	学藝書林
1999	単著	『近代演劇の扉をあける　ドラマトゥルギーの社会学』	社会評論社
2002	論文	「パリの岡田八千代と藤田嗣治・薩摩次郎八」『国際社会学研究紀要』10号　吉備国際大学国際社会学研究所	
	論文	「岡田八千代の研究 ── 蘆花作『灰燼』脚色の新しさ」『演劇学論叢』第五号　大阪大学大学院文学研究科	
	共著	「南方のもの言わぬ女たち ── 愚衆の幻想『村岡伊平治伝』」『買売春と日本文学』	東京堂出版
	共編著	『20世紀の戯曲２　現代戯曲の展開』日本近代演劇史研究会編	社会評論社
2004	共著	「メディアの中の女たち ── 無自覚のプロパガンダの恐ろしさ」『女たちの戦争責任』	東京堂出版
2005	論文	「序論 日本の女性劇作家概観」『演劇学論集紀要43号』特集　井上理恵責任編集　日本演劇学会	
	共編著	『20世紀の戯曲３　現代戯曲の変貌』日本近代演劇史研究会編	社会評論社
	資料	「岡田八千代の著作年譜」『吉備国際大学社会学部研究紀要』15号　吉備国際大学社会学部	
	共著	「戦争の影 ──『東京物語』の原節子」『家族の肖像 ── ホームドラマとメロドラマ』岩本憲児編	森話社

2007	共著	「『金色夜叉』上演と岡田八千代の劇評 ―― 本当らしさ〉という〈実〉の」追求」『明治女性文学論』新・フェミニズム批評の会編	翰林書房
2009	単著	『ドラマ解読 ―― 映画・テレビ・演劇批評』	社会評論社
2010	共著	「社会への視点　女優誕生」『大正女性文学論』新・フェミニズム批評の会編	翰林書房
	編著	『新劇と移動演劇　コレクション都市文化』60 巻　解説・解題	ゆまに書房
	共著	「贖罪の戯曲『牛山ホテル』―― 岸田再発見のために」『岸田國士の世界』日本近代演劇史研究会編	翰林書房
	共編著	「演劇」「老船長の幻覚」「ヨーロッパ旅行」「イプセン」「島村抱月」「松井須磨子」「有島武郎 年譜」『有島武郎事典』有島武郎研究会編	勉誠出版
2011	単著	『菊田一夫の仕事　浅草・日比谷・宝塚』	社会評論社
2012	共著	「村山知義の演劇的足跡」『村山知義　劇的尖端』岩本憲児編	森話社
	共編著	「井上ひさしの〈演劇〉」『井上ひさしの演劇』日本近代演劇史研究会編	翰林書房
2014	編著	「木下順二の出発」「暗い火花」「沖縄」「オットーと呼ばれる日本人」『木下順二の世界　敗戦日本と向きあって』	社会評論社
2015	単著	『川上音二郎と貞奴　明治の演劇はじまる』	社会評論社
	単著	『川上音二郎と貞奴２　世界を巡演する』	社会評論社
2017	共編著	「明治の柩」『革命伝説・宮本研の劇世界』日本近代演劇史研究会編	社会評論社
2018	単著	『川上音二郎と貞奴３　ストレートプレイ登場する』	社会評論社
2019	共編著	「消された〈知〉　既存概念への叛逆」『つかこうへいの世界』日本近代演劇史研究会編	社会評論社
	共著	「川上音二郎と貞奴の世界巡演から見えてきたもの」『日本の舞台芸術における身体』B・ルペルティ編	晃洋書房
2020	共著	「宝塚〈美〉の中の思想」『宝塚の 21 世紀　演出家とスターが描く世界』	社会評論社
	掌論	「資料として見る『□ランプの下にて』(『明治の演劇』)」『歌舞伎の出口・入口』郡司正勝先生二十三回忌追善　郡司正勝先生研究会	
	単著	『清水邦夫の華麗なる劇世界』	社会評論社
2021	編著	「序論」及び「演劇史の文芸協会と芸術座」『島村抱月の世界　ヨーロッパ・文芸協会・芸術座』	社会評論社
2022	論文	「『幻に心もそぞろ狂おしのわれら将門』の宇宙」桐朋学園芸術短期大学紀要 2021 年度版　桐朋学園大学図書館 OPAC	
	単著	『村山知義の演劇史』	社会評論社

著者紹介■井上理恵（いのうえ　よしえ）

演劇学・演劇史・戯曲論専攻
桐朋学園芸術短期大学特別招聘教授

著書●『久保栄の世界』『近代演劇の扉をあける』『菊田一夫の仕事　浅草・日比谷・宝塚』『ドラマ解読』『川上音二郎と貞奴全三巻』『木下順二の世界』『清水邦夫の華麗なる劇世界』（全て社会評論社刊）他。

共著●『20 世紀の戯曲　全三巻』『革命伝説・宮本研の劇世界』『つかこうへいの世界―消された知』『宝塚の 21 世紀―演出家とスターが描く舞台』『島村抱月の世界』（社会評論社）他

「井上理恵の演劇時評」https://3yos-vevue.seesaa.net/

村山知義の演劇史

2022 年 11 月 16 日　初版第 1 刷発行

著　者　井上理恵
発行人　松田健二
発行所　株式会社 社会評論社
東京都文京区本郷 2-3-10　〒 113-0033
tel. 03-3814-3861 ／ fax. 03-3818-2808
http://www.shahyo.com/

装幀・組版デザイン　中野多恵子
印刷・製本　株式会社ミツワ

「人間とは食べるところのものである」

――「食の哲学」構想

河上睦子／著

フォイエルバッハの「食の哲学構想」の解読を基礎に、現代日本の食の世界が抱えている諸問題を考察する。

2200円＋税　46判上製272頁